W9-BRR-608

Cosas Gratis y Ofertas

para ADULTOS MAYORES

Cómo ahorrar en víveres, servicios públicos, recetas médicas, impuestos, pasatiempos y más!

Nota de la editorial

Los editores de *FC&A* han tomado medidas especiales para asegurar la precisión y utilidad de la información presentada en este libro. Mientras que se hicieron todos los esfuerzos por asegurar la precisión de la información, algunos sitios Web, direcciones, números telefónicos y otra información puede haber cambiado desde la impresión del libro.

Este libro está diseñado para proveer sólo información general. Éste no constituye consejo o práctica médica, legal o financiera. No podemos garantizar la seguridad o efectividad de ningún tratamiento o consejo mencionado. Se anima a los lectores a que consulten con sus propios consejeros financieros, abogados y profesionales del cuidado de la salud.

La editorial y los editores se descargan de toda responsabilidad (incluyendo cualquier lesión, daño o pérdida) que resulte por el uso de la información de este libro.

Y amarás al Señor tu Dios con todo tu corazón, y con toda tu alma, y con toda tu mente y con todas tus fuerzas.

Marcos 12:30

Cosas gratis y ofertas para adultos mayores: ¡Cómo ahorrar en víveres, servicios públicos, recetas médicas, impuestos, pasatiempos y más! y todo el material que contienen *copyright* © 2010 por *FC&A Publishing*. Todos los derechos reservados. Impreso en los Estados Unidos de Norteamérica.

Este libro, o cualquier parte del mismo, no puede ser reproducido o distribuido en cualquier forma o por ningún medio, sin el permiso por escrito de la editorial. Para mayor información, o para solicitar copias, diríjase a:

FC&A Publishing®
103 Clover Green
Peachtree City, GA 30269

Producido por el personal de FC&A

ISBN   978-1-932470-94-9

Contenido

Contenido

Antigüedades

Busque un subastador de calidad

Uno de los mejores sitios para encontrar antigüedades es
en una subasta. Usted puede encontrar listas de subastas
en muchos sitios, incluyendo avisos clasificados de su
periódico local. Pero una vez que usted esté listo para
ir con su billetera, vaya sólo a subastas hechas por
casas de buena reputación. Verifíque su reputación con
la "Oficina de mejores negocios" (Better Business
Bureau), con la oficina estatal que otorga licencias a
subastadores, si existe en su estado, o con la oficina de
protección al consumidor de su condado o estado.

La Asociación Nacional de Subastadores
(*National Auctioneers Association*; *NAA*, por
sus siglas en inglés) es otro recurso de
listas de subastas y otra información.
Sólo sus miembros pueden colocar
subastas en su página Web, asegurando
que cada subasta sea hecha por un
subastador de reputación. Visítelos en la página
www.auctioneers.org. Una vez que usted haya estado
en una casa de subasta que le guste y le inspire confianza, usted puede inscribirse en su lista de direcciones
para recibir avisos de eventos futuros.

Haga su tarea: No pague más

Lo último que usted quiere es regresar a casa de una
subasta con algo en lo que usted gastó demasiado
dinero. Así que haga su tarea, especialmente si está
buscando un artículo específico. Eso quiere decir saber
en cuánto se venden piezas similares, ya sea al detalle
o a través de otras subastas.

Si es posible, consiga el catálogo de subastas por adelantado, y estudie los artículos a subastar. Averigüe si los puede ver por adelantado, lo que le permitiría inspeccionar los artículos con una hora a una semana de anticipación. Hable con el personal de la subasta acerca de los artículos que son de su interés. A veces le hablarán sobre su valor. Lleve un experto o pague por el consejo de un negociador, ya sea un conocedor de carros o de porcelanas chinas.

Luego, en base a toda esta tarea, fije su límite de oferta. Muchas autoridades en subastas dicen que no pague más de la mitad del precio al detalle de cualquier artículo.

Conozca cuales ofertas son mejores

Las mejores ofertas en subastas van desde juegos de cubiertos hasta muebles, de acuerdo a *Leslie Hindman*, subastadora, autora, presentadora de eventos de valoración y ejecutiva de alto nivel de

Subastas: Bonanza de ofertas

Visite una subasta, y usted podría entrar en un depósito lleno de automóviles de lujo embargados, una sala reluciente con antigüedades, o un pequeño granero de campo lleno de herramientas y otros objetos relacionados con la cultura norteamericana. Usted está ahí porque quiere comprar algo y quiere una ganga. Usted podría gastar 25 centavos, o un cuarto de millón de dólares, sumándose al total de más de 200 billones de dólares anuales gastados en subastas y que aumenta cada año.

La razón número uno por la cual la mitad de todos los norteamericanos asistieron a una subasta en vivo el año pasado fue por la emoción de conseguir una buena oferta. Las subastas les dan a las personas la oportunidad de vender sus tesoros valiosos por un precio al por menor, que puede ser mayor si los postores se emocionan y compiten entre sí aumentando el precio de la oferta. Pero también es posible que el artículo más valioso sea ignorado, y usted sea el que lo compre por unos cuantos centavos.

Eppraisals.com. Ella cree que las siguientes son las 10 mejores ofertas que usted encontrará.

- Muebles tapizados: Si un sofá (o una silla) maltratado fue bien hecho en primer lugar y tiene buenos "huesos", un trabajo de tapicería relativamente económico puede convertirlo en un mueble magnífico.

- Araña de luces: Éstas son difíciles de exhibir, así que si usted puede reconocer la grandiosidad potencial de una araña colgante mientras está en una pila, usted tiene la ventaja sobre los que no pueden reconocerlo.

- Vajillas y cristalería: La demanda por vajillas finas es baja debido al cambio en las costumbres de entretener visitas y la abundancia de platos en tiendas departamentales. Encuentre un diseño que a usted le guste, y éste será probablemente una ganga.

- Cubiertos de plata: Ésta es otra oferta ignorada porque la mayoría de la gente no piensa en ver plata en una subasta.

- Objetos con monogramas: Si tienen valor como antigüedades o reliquias familiares, ¿qué importa si no son sus iniciales?

- Libros viejos: No siendo objetos usualmente populares en subastas, cajas de 10 ó 20 libros, que algunas veces contienen raros hallazgos, son a menudo vendidas por menos que el precio de librería de sólo un libro.

- Joyería: Mucha gente no quiere los objetos personales de otras personas, y nada es más íntimo que un anillo de compromiso, un aro de matrimonio o un prendedor grabado. Esto puede resultar en una oferta increíble para alguien que sólo aprecia la calidad.

- Obras menores de arte contemporáneo: Si el artista no es muy conocido, no es inusual que el precio de la pintura no sea más que el precio del lienzo.

- Muebles de gran escala: Objetos de más de ocho pies de altura a menudo no se venden a pesar de la llegada de techos de 12 pies y enormes salones en donde los artículos grandes son sólo la etiqueta.

■ Lotes de cajas: Chucherías u otros objetos misceláneos son a menudo puestos en cajas y vendidos como un solo lote. Busque el artículo que haga que valga la pena llevar a casa la caja completa.

No sea quemado por una compra

Los artículos de subasta son comprados "como están"; esto significa, por supuesto, que no hay garantías o devoluciones. Ahora, si usted está comprando manteles, esto no es problema. Pero cualquier objeto eléctrico o mecánico puede ser un asunto riesgoso. Usted puede a menudo encontrar electrodomésticos, herramientas eléctricas y otros artículos en subastas rurales por mucho menos que al detalle. Una buena oferta no es buena oferta si usted gasta más en reparaciones que en comprar el artículo nuevo. Aquí es cuando es más importante ser conocedor del artículo, o llevar a alguien que sí lo sea.

10 formas de determinar el valor

El valor de las antigüedades, las obras de arte u objetos de colección es determinado por lo que alguien está dispuesto a pagar. Una subasta es un buen sitio para descubrir eso. ¿Cómo debe usted decidir si vale la pena comprar algo? Aquí está el criterio que muchos expertos en subastas creen que usted debe usar:

■ Autenticidad: ¿Es real?

■ Condición: ¿En qué estado está?

■ Rareza: ¿Cuántos más hay?

■ Proveniencia: ¿Quién fue su propietario anterior? ¿Tiene una historia rastreable?

■ Significancia histórica: ¿Estuvo donde algo histórico ocurrió?

■ Tamaño: Lo más grande no siempre es mejor. ¿Puede usted moverlo, exhibirlo o llevarlo puesto convenientemente?

- Medio: Una pintura al óleo es más valiosa que un dibujo, el cual es más valioso que una impresión.

- Tema: ¿De qué es la pintura? Algunas escenas son simplemente más agradables que otras.

- Moda: El coleccionar tiene sus tendencias, tanto como la ropa de mujer como para el mercado de valores.

- Calidad: ¿En dónde se perfila hacia ser "lo mejor de su tipo"?

Conozca antes de ir

Si usted está interesado en un tipo específico de artículo, por ejemplo una vitrina, y el anuncio de una subasta indica que ellos estarán ofreciendo una gran selección de vitrinas, no dude en llamar antes de ir. La idea de una persona de lo que es una gran selección, puede no ser la misma que la suya. Usted no quiere gastar tiempo y esfuerzo sólo para encontrar que en la subasta usted y su competencia están haciendo ofertas en un solo artículo. No hay ninguna ganga.

Aprenda lo básico antes de zambullirse

No intente una zambullida de cisne en su primera vez en el trampolín de una subasta; se puede caer de panza. En lugar de eso, sumerja su dedo gordo del pié en el agua al ir a varias subastas sin intenciones de ofertar en algo. Usted puede observar, aprender y ponerse cómodo en ese medioambiente.

Si usted está de suerte, su subastador invertirá tiempo enseñando a la multitud acerca de la práctica de las subastas. De acuerdo a la Asociación Nacional de Subastadores (*National Auctioneers Association*; *NAA*, por sus siglas en inglés), un buen personal de subasta quiere que la gente siga asistiendo a sus subastas, así que están dispuestos a responder a sus preguntas.

Pero es muy fácil cometer un error costoso. Es mejor calcular su propia máxima oferta con anticipación, y luego apegarse a ella cuando la subasta se caliente. Tenga estos otros factores en mente.

- Conozca los cargos "ocultos" como las primas de los vende- dores (usualmente la comisión del 10 al 15% del subastador, la casa de subastas o la galería), gastos de envío, impuesto de ventas, etc. Usted tendrá que agregar todos estos cargos a su oferta ganadora. Repentinamente esa buena oferta podría no parecer muy buena.

- Averigüe si es una subasta en donde sólo se acepta dinero en efectivo. Muchas subastas de autos y de la policía así lo son.

- Tenga en cuenta que podría haber un "precio de reserva", éste es el precio más bajo que el vendedor va a aceptar. Usualmente a los subastadores no se les permite revelarlo, pero la subasta puede comenzar con éste mínimo o llegar hasta él. Si esta cantidad está por encima de su límite, man- téngase fuera de la subasta.

- Tome seriamente cada una de sus ofertas ya que no hay mar- cha atrás. Mucha gente se puede dejar llevar por la emoción y ofertar más allá de su límite.

- Busque las reglas de la subasta en la tarjeta del subastador, o en carteles o en folletos. Le pueden revelar el uso de "pos- tores de la casa" plantados en la subasta para elevar los precios. Si es así, tenga más cuidado de no ofertar de más.

  A menos que las reglas indiquen un incremento de oferta, siéntase cómodo en ofertar menos de lo que el subastador está pidiendo — un incremento de $5 ó $10, en lugar de uno de $50, por ejemplo.

Estrategias inteligentes para una mejor oferta

Ofertar en una subasta es casi como jugar póker. Usted quisiera saber las intensiones de los demás postores, y al mismo tiempo mantener en secreto su propia estrategia. Vigilar a sus oponentes durante la subasta lo ayuda. Muchos compradores experimentados en subastas también usan los periodos de prelanzamiento y registro para reconocer y "leer" competidores potenciales.

Durante la subasta, algunos expertos prefieren pararse en la parte de atrás del salón de forma que ellos puedan ver a toda la gente. Otros dicen que es mejor sentarse en una de las esquinas del frente, en donde usted puede girar ligeramente y ver la cara de casi todos, y aún así ser visible al subastador. Entonces podrá ver expresiones faciales e identificar los movimientos sutiles que algunos postores usan — no todos ofertan gritando y agitando sus brazos. Usted puede también asegurarse de que el subastador no está subiendo la oferta por sí mismo.

También ayuda descubrir a los comerciantes profesionales que estén en el público. Ellos serán los postores más serios que compran muchos artículos. Los comerciantes tienen una buena idea de cuánto cuesta algo al detalle, así que tratarán de conseguirlo por un 50 al 75% de ese costo en la subasta. Si usted quiere muchísimo un artículo, puede aumentar un poco su oferta y aún así estar por debajo del precio al detalle.

Unas pocas herramientas pueden hacer que su experiencia en subastas sea mucho más fácil. Usted nunca sabe cuándo tendrá que mirar detenidamente a una esquina oscura, verificar una medida o identificar una marca pequeña. Lleve estas herramientas en una cartera pequeña, un bolso grande o en un bolsillo trasero, y usted estará preparado para todo.

- ✓ Linterna
- ✓ Cinta métrica
- ✓ Lupa
- ✓ Destornillador
- ✓ Pinzas
- ✓ Cuaderno y lapicero

Sin embargo, no deje que los comerciantes lo engañen. Pueden dejar de ofertar, o decir cosas para hacerle pensar que un artículo no vale la pena, y regresar luego de que usted haya renunciado.

Ahorre $$ — evite una guerra de ofertas

Todo lo que se necesita son dos compradores potenciales determinados y usted tendrá una guerra de ofertas, lo cual se traduce en un precio inflado del artículo. Evite entrar en una guerra de ofertas en donde usted probablemente empezará a ofrecer cantidades de dinero muy por encima de su límite original.

- No exprese entusiasmo evidente en algún artículo durante el prelanzamiento de la subasta, que pueda alertar a otros sobre su hallazgo e incrementar la competencia.

- Trate de ofertar calmada y pensativamente. Gritar, agitar los brazos, o sostener constantemente su paleta en el aire no es necesario, o sabio.

- Ni es admitir que usted quiere un artículo, sin importar nada. Ofertar temprana y ferozmente sólo hace que los demás crean que vale la pena ofertar por el artículo.

- Y ofrecer su máxima cantidad temprano significa que el precio puede sólo aumentar a medida que otros se unan a la oferta, dejándolo a usted fuera de la subasta.

La mayoría de los subastadores profesionales mueven un promedio de un artículo por minuto. Esta no es una gran cantidad de tiempo para titubear, pero es suficiente tiempo para unirse a la batalla sin anunciar sus intenciones.

Muebles de pino, una ganga de subastas

Cuando usted busque una ganga en antigüedades, piense en muebles de pino. Largamente considerado inferior a la caoba, el cerezo, el arce, y aún el roble, el pino está ganando prestigio como madera de buena vista. Una de las mejores características del pino es su asequibilidad. Un armario del año 1900 costará mucho menos que uno hecho de roble, por ejemplo. El color neutral del pino se combina bien con muebles de otras maderas y oculta mejor el polvo que las maderas oscuras. Es también más cómodo, como usted puede decirlo al sentarse en una silla de pino, en comparación a sentarse en una de caoba o roble.

Los oportunistas agarran ofertas

Una buena forma de agarrar ofertas es la llamada "alimentación del fondo" (*bottom-feeding*). Un artículo que, o no se vendió, o no logró el precio de reserva del vendedor, es llamado un artículo de lote pasado (de largo). Usted puede colocar una oferta privada en ese artículo inmediatamente después de que es retirado del bloque. Esto puede tomar un poco más de trabajo y de tiempo, ya que la casa de subastas debe ponerse en contacto con el vendedor. Pero si el vendedor acepta, usted podría retirarse con una gran compra.

Electrodomésticos

Compre electrodomésticos grandes a la mitad del precio

¿Porqué quebrar el banco en una nueva lavadora de platos o refrigerador cuando usted puede conseguirlo por menos que el precio de venta al por mayor? Los negocios de rentas ofrecen buenos precios en electrodomésticos previamente rentados. Éstos no son nuevos, pero usualmente han sido reacondicionados completamente. Si tienen algun rasguño o desportilladura, deje que esos defectos lleven a un descuento mayor.

Los descuentos dependen de por cuánto tiempo el electrodoméstico ha sido rentado. Usted podría comprar un electrodoméstico con una larga historia de renta con un 50% en ahorros, pero aún aquellos con una corta historia de renta pueden ser comprados con un ahorro de al menos un 20%.

Centros de rentas de electrodomésticos como *Rent-A-Center*, una compañía con miles de sucursales en el país, tienen un flujo constante de electrodomésticos disponibles para la venta, y la mayoría han sido usados por menos de siete meses. Los servicios de renta más importantes reacondicionan los electrodomésticos luego de que el arrendador los regresa, así que lo que usted compre lucirá y funcionará como nuevo.

La mayoría de los electrodomésticos rentados recientemente vienen con las garantías completas del fabricante y pueden venir con una generosa garantía durante la renta del negocio de rentas mismo.

Comience su búsqueda de un electrodoméstico grande en negocios de renta y de "renta a compra" en su área. Puede ser su mejor oportunidad de encontrar la oferta que usted ha estado esperando.

Una oferta que usted no puede perder

Usted puede ahorrar mucho dinero al comprar un modelo de piso, un nuevo electrodoméstico que ha estado en exhibición. Eventualmente, son movidos a liquidación, incluyendo sus garantías originales.

Comience su búsqueda de modelos de piso antes de que lleguen al área de liquidación. Mantenga sus ojos abiertos para electrodomésticos en exhibición en la sala de ventas. Note su condición. Si usted ve alguna señal de desgaste, hágale saber al empleado que usted está interesado y hágale una oferta. Aún si el dice que no, puede decirle cuándo puede volver a hacer una oferta.

Merodear por ventas con rasguños y abolladuras

Un electrodoméstico nuevo con un gran descuento y una garantía completa es una oferta fantástica. Un pequeño bulto, golpe o abolladura en una bodega de ventas al detalle puede ser todo lo necesario para volver un inmaculado refrigerador, secadora, o procesador de comida en un artículo con rasguños y desportilladuras. Y, afortunadamente para usted, ese artículo probablemente encontrará su camino hacia la sección de liquidación o a una tienda de ofertas, y será vendido por una fracción del precio sugerido de venta.

Piénselo. ¿Qué pasa si el panel lateral de un congelador nuevo tiene una rasgadura larga? ¿En dónde piensa poner el congelador? ¿En su garaje o sótano? Un congelador rasguñado mantendrá las cosas congeladas así como lo haría su gemelo perfecto.

Vale la pena merodear alrededor de los electrodomésticos con rasguños y desportilladuras, pero asegúrese de merodear en los sitios correctos. Muchos negocios de venta al detalle tienen departamentos dedicados a la venta de artículos devueltos e imperfectos. Otros tienen sus propias tiendas de ofertas. *Sears* es uno de los más conocidos por sus ofertas en sus tiendas de ofertas, pero *Sears* no está solo. Pruebe con *Home Depot* o *Lowe's*; cualquier negocio de venta al detalle que tenga electrodomésticos. Llame al negocio de ventas al detalle de su área local para ver qué hacen ellos con los electrodomésticos rasguñados o desportillados, imperfectos, devueltos o de liquidación.

Otros sitios para buscar incluyen tiendas de rentas de electrodomésticos y de artículos de segunda mano. No pase por alto los periódicos gratuitos, y los boletines para compradores y de ofertas. La gente que negocia con artículos con rasguños y desportilladuras a menudo coloca su publicidad ahí.

Electrodomésticos pequeños, como batidoras, licuadoras, planchas y cafeteras, que han sido usadas como modelos de exhibición, pueden terminar en liquidación en las tiendas departamentales, porque los compradores los han manipulado. Asegúrese de entender las condiciones de la venta de artículos con rasguños y desportilladuras. A menudo son vendidos "como están" pero usualmente vienen con una garantía completa del fabricante.

Ahorro importante en tiendas de liquidación

Los fabricantes de electrodomésticos a nivel mundial usan las tiendas de ofertas para vender productos que se mueven por fuera de los medios de venta normales. Por ejemplo, las tiendas de liquidación de fábrica tienen electrodomésticos con imperfecciones menores, modelos descontinuados, modelos de exhibición, excedentes, devoluciones o cambios, aún modelos únicos en su tipo usados en eventos de ventas.

A causa de que el inventario es fugaz y los precios bajos, planee comprar un tipo de electrodoméstico, como refrigeradores de lado a lado, en lugar de un modelo específico.

Todo es esencialmente nuevo y viene con garantías completas de fábrica. Las imperfecciones son siempre menores y no afectan el funcionamiento.

Ejemplos incluyen las tiendas de oferta de *Sears* y cadenas regionales como *ApplianceSmart* con tiendas en Minnesota, Ohio, California, Texas y Georgia.

Busque el premio del año pasado

Los modelos descontinuados son a los electrodomésticos como los modelos del año pasado a los carros nuevos. Lo "nuevo" ha llegado. Lo "viejo" ha perdido su brillo. Pero aún es nuevo, y los comerciantes quieren deshacerse de ello de sus bodegas. Es el momento de hacer un trato.

La forma más fácil de hacer salir modelos descontinuados de su escondite, es preguntándole al vendedor si él tiene alguno en inventario. Si lo tiene, ponga la mira en una oferta.

Ya que el margen de ganancia en electrodomésticos grandes es típicamente del 15%, y en los pequeños del 30%, puede esperar ahorrarse eso o más.

Planee ahora para ahorrar después

La próxima vez que usted esté en el mercado para comprar un electrodoméstico nuevo probablemente se dará cuenta que usted ha visto el mismo artículo en liquidación en los últimos 12 meses. Si sólo pudiera recordar cuándo.

Los electrodomésticos, y casi todo lo demás, tienen sus propias temporadas de liquidación. Algunos artículos, como acondicionadores de aire, se venden según la temporada, así que usted puede contar con descuentos por fin de estación. Y a igual que los carros, los electrodomésticos son presentados en cierta época del año. Los modelos del año pasado son vendidos con buenas ofertas para darle espacio a los de la siguiente generación. También puede contar con liquidaciones de temporada de artículos excedentes almacenados de sobra.

Considere cuántos años es probable que sus electrodomésticos sobrevivan en vista de éstas estadísticas industriales.

- Refrigeradores, de 15 a 20 años
- Estufas, de 17 a 25
- Hornos de microondas, 10
- Lavadoras de platos, de 7 a 12
- Procesador de desperdicios, de 5 a 10
- Compactador de basura, de 7 a 12
- Lavadoras, de 10 a 13
- Secadoras, de 10 a 15

Una cosa por recordar, que le ayudará a decidir, es cuánto han mejorado los electrodomésticos a lo largo de los años. Son más silenciosos, más fáciles de operar y limpiar, y más ahorradores de energía.

Los compradores despabilados saben del flujo y reflujo de la industria de los electrodomésticos y compran adecuadamente. Programar la compra de electrodomésticos correctamente le ahorrará un fajo de dinero, así que marque su calendario.

Diciembre es un gran mes para hacer planes, no para comprar. Raramente encontrará buenas ofertas en electrodomésticos, a menos que pueda esperar para la semana entre Navidad y Año Nuevo.

Mientras que algunas ventas se extienden de dos a tres meses, es mejor esperar la llegada de algunos meses en particular. Su paciencia le asegurará las mejores ofertas.

Enero es un buen mes para comprar electrodomésticos, en general. En febrero, concéntrese en acondicionadores de aire. Puede no necesitar uno en ese momento, pero es un gran momento para comprar.

Con la llegada de marzo llegan las ventas en lavadoras y secadoras. La primavera es un buen tiempo para televisores y *VCRs*, especialmente durante el mes de mayo.

Julio es otro mes bueno para encontrar acondicionadores de aire en liquidación, pero probablemente encontrará grandes descuentos en otros electrodomésticos también. Uno de los mejores momentos del año para comprar electrodomésticos es al final del otoño, durante octubre y noviembre.

Encuentre una oferta en los clasificados

Los avisos clasificados son un buen sitio para encontrar ofertas de electrodomésticos usados. La gente que se muda o remodela se preocupa acerca de qué hacer con los electrodomésticos que están reemplazando. Mantenga sus ojos abiertos a los ofertas en la sección de electrodomésticos, así como en las secciones de mudanzas, y de ventas de garaje y de patio.

Otra estrategia es colocar un aviso en la sección de "se busca". Usted puede decir, "busco un combo de secadora y lavadora de gran capacidad, usado y en buen estado". Ofrezca recogerlo usted mismo. Esto podría ser todo lo que se necesita para motivar a alguien que tenga un electrodoméstico almacenado en su garaje, o que desea un modelo más nuevo.

Haga que los avisos trabajen para usted

Piense en todo lo que lee para mantenerse al día con los avisos que usted recibe por correo. Aquí le explicamos cómo hacer que su tiempo valga.

Los comerciantes quieren hacer negocios con usted. Uno de sus lemas es "garantía de igual precio". Ellos igualarán o mejorarán los precios de la competencia. La igualación de precios es especialmente atractiva cuando el competidor con la lavadora en venta está en el otro extremo de la ciudad, y el que iguala los precios está más cerca.

Ésto es lo que hay que hacer. Lleve el aviso del electrodoméstico, incluyendo la marca, número de modelo, precio y fechas de venta, a su vendedor al detalle ubicado más convenientemente. El administrador quiere la venta, pero es un negociador. Él se asegurará que usted esté comparando "manzanas con manzanas". La igualación de precios no funcionará si usted está comparando una lavadora *Hotpoint* con una *Maytag*.

Una vez usted ha llegado a un acuerdo en el precio, es su turno para asegurarse que es manzanas con manzanas. Si el competidor ofrece entrega gratis, insista en que su electrodoméstico sea entregado gratis, también.

Alerta con los clubes de venta al por mayor

BJ´s, Costco, Sam´s y otros clubes de venta al por mayor pueden ser de gran ayuda para los que compran en grandes cantidades, pero no son convincentes como fuente de ofertas en electrodomésticos grandes.

En primer lugar, usted debe pagar una membresía anual de $35 a $45 para tener la oportunidad de comprar en dichos sitios. Algunos de estos gigantes de las ventas al por mayor sólo permiten a sus miembros entrada a la tienda para echar un vistazo y comparar precios.

Aún más, la disponibilidad de electrodomésticos grandes en estas tiendas va desde escaso a pasable, y varía de un local a otro. Y si usted no puede llevar los productos a casa por sí mismo, el costo de entrega es adicional.

Si usted es un miembro, no asuma que las ofertas de tiendas al por mayor son mejores que las ofertas en otros negocios. Compare precios en varios sitios.

Seleccione los "bombos y platillos" con cuidado

Los electrodomésticos pueden hacer cosas sorprendentes. Tome por ejemplo las cafeteras. Todas ellas pueden preparar una fina taza de café, pero algunos modelos hacen más, como percolar mientras usted está en cama, ajustar la intensidad y la temperatura del café según su gusto, permitirle retirar una taza de café mientras usted está esperando a que se llene el recipiente, y aún moler sus granos de café. Desafortunadamente, estos "bombos y platillos" tienen su precio.

La mayoría de los electrodomésticos vienen en tres versiones: básica, de grado medio y de alto grado. Con esto en mente, esté en guardia cuando compre. Hágase las siguientes preguntas:

- ¿Qué necesito que este electrodoméstico haga?
- ¿Cuán fácil es de operar?
- ¿Es un modelo ahorrador de energía?
- ¿Tiene las características de seguridad que yo necesito?
- ¿Son otras características, como controles digitales, temporizadores programables y opciones de autolimpiador, importantes para mí?

Los factores decisivos en la compra de cualquier electrodoméstico deben ser costo, utilidad, facilidad de uso y seguridad. Si el modelo básico hace lo que usted necesita que haga, cómprelo. Usted estará deleitado con su electrodoméstico y sus ahorros.

Mucha gente que compra modelos de alto nivel raramente usa las características de alta tecnología. Estas opciones extra hacen un poco más complicado el proceso de operación.

Una opción extra que usted no debe pasar por alto es la característica de apagado automático en electrodomésticos con elementos calentadores.

¿Alguna vez ha dejado usted su casa sólo para estar con dudas de si apagó su plancha, cafetera o tenazillas para el cabello? Un electrodoméstico que se apaga solo le liberará de esas preocupaciones.

Los fabricantes de electrodomésticos han hecho su trabajo y merecen su interés si han hecho sus productos fáciles de usar. No ignore el manual del propietario, sin embargo su principal uso debe ser el de guía para la solución de problemas, no el de un mapa con un laberinto de direcciones complejas. La operación ordinaria de la mayoría de electrodomésticos debe ser casi intuitiva.

Cuándo comprar una garantía extendida

Las garantías extendidas son una opción costosa ofrecida para todos los electrodomésticos de alto precio. Son pólizas de seguro que cubren las reparaciones una vez las garantías del fabricante caducan. Las garantías han sido por mucho de gran rendimiento para los vendedores, porque muy pocos compradores de pólizas toman ventaja de ellas.

La mayoría de los expertos en consumo no recomiendan las garantías extendidas excepto para productos notorios por sus frecuentes fallas y reparaciones, un problema no característico de electrodomésticos importantes de calidad, y probados por el tiempo.

Pero para darle a las garantías extendidas un trato justo, siga estos pasos:

- Investigue la historia de reparación y confiabilidad general del electrodoméstico y la marca en cuestión. Es fácil encontrar esta información en línea o en revistas del consumidor. ¿Quién quiere un limón, a pesar de la cobertura de la garantía?

- Sepa quién cubre la garantía. Garantías de compañías independientes son las menos confiables. Aquéllas de parte del comerciante, si es que hay alguno cerca, son mejores; pero las garantías del fabricante son las mejores. Una vez usted ha enviado por correo la tarjeta de registro del producto, el fabricante seguramente se pondrá en contacto con usted para ofrecerle la garantía extendida. Pondere cuál de estos tres es más probable que permanezca en el mercado a lo largo de la vida del electrodoméstico, y cual será más fácil de localizar cuando usted necesite ayuda.

- Sepa qué dice la garantía. ¿Qué está cubierto? ¿Partes? ¿Mano de obra? ¿Menciona exclusiones o deducibles? ¿Será usted responsable de conseguir estimados y segundas opiniones, o de enviar su electrodoméstico a un centro de reparación? ¿Pagará por la ropa quemada en una secadora que está fallando, o por la comida arruinada en un congelador que no está funcionando bien? ¿Proveerá un reemplazo mientras su electrodoméstico está fuera de servicio?

Si usted tiene una garantía, sea la original del fabricante o un plan extendido, guarde todos los documentos que pueda encontrar. Sin ellos, su garantía será inútil cuando llegue el momento de reclamar.

Quizás el mejor seguro para reparaciones de electrodomésticos es el plan del "jarrón de galletitas". Éste consiste en dividir la cantidad que usted pagaría por una garantía en cuotas semanales o mensuales y separarlas en una cuenta de reparación de electrodomésticos. Los fondos en esta cuenta serán suyos para usarlos después de que expire la garantía extendida, y estarán a su disposición para los servicios y reparaciones de cualquiera de sus electrodomésticos importantes, o para el reemplazo de electrodomésticos más pequeños y menos costosos.

Mantenga sus electrodomésticos en buen estado

Sus electrodomésticos necesitan su tierno cuidado para mantenerlos en buen estado. Siga esta simple rutina de mantenimiento, y usted los mantendrá funcionando bien por muchos años.

Los electrodomésticos de cocina necesitan una revisión alrededor de dos veces al año. Comience con su refrigerador.

- Primero, abra las puertas y verifique las juntas que sellan los compartimentos de enfriamiento. Éstas deben formar un sello a prueba de aire contra el marco. Si están rajadas, reemplácelas. De otra forma, simplemente lave las juntas y el marco con agua caliente jabonosa.

- Limpie el ventilador de enfriamiento y las bobinas del condensador. Éstos están usualmente por debajo, o en la parte de atrás, de su refrigerador. Use un cepillo diseñado especialmente para limpiar estas partes delicadas. El polvo acumulado reduce la eficiencia del refrigerador.

- Reemplace el filtro de su máquina para hacer hielo cada seis meses. Esto elimina olores que hacen que el hielo sepa y huela mal.

- Revise las paredes de su congelador por si hay acumulación de hielo. Si es así, tiene un problema en su sistema de auto-descongelamiento. Para sacar el exceso de hielo, descongele el refrigerador. No lo raspe con una herramienta.

Luego, ocúpese de su estufa. Verifique las bandejas de goteo y las bandejas de la parrilla. Si están demasiado sucias para ser limpiadas, reemplácelas. Los repuestos no son caros y son fáciles de encontrar. No cubra las bandejas de goteo con papel aluminio. Esto hace que la estufa no se ventile adecuadamente y puede causar un cortocircuito en estufas eléctricas.

Échele una buena revisada a su lavadora de platos. Limpie o reemplace el filtro. Los filtros sucios o dañados afectan la bomba de la lavadora de platos y los sellos del motor. Asegúrese que los pequeños orificios en los brazos rociadores están abiertos y libres de residuos. Vea si hay óxido en las rejillas de la lavadora de platos y repárelas o reemplácelas si están oxidadas. Pedazos de óxido pueden dañar la bomba de agua.

Usted puede revivir a su viejo electrodoméstico y ayudar al medioambiente, también, al reciclar.

Poca gente sabe que los electrodomésticos reciclados son la segunda fuente más grande de metal reciclado, particularmente acero. Y lo que es mejor, el acero de fabricación hecho a partir de chatarra reciclada sólo toma un cuarto de la energía requerida para hacerlo a partir del mineral virgen.

Si usted necesita ayuda para reciclar un electrodoméstico, llame al número 1-800-YES-1-CAN ó 1-800-937-1226. Alguien ahí lo puede guiar hacia un reciclador de electrodomésticos cerca de usted.

Ahora diríjase a su cuarto de lavado. Investigue estas cosas en su lavadora dos veces al año.

- Llene de agua las mangueras para buscar goteras o señales de envejecimiento. Aún goteras pequeñas pueden tener efectos desastrosos en su casa. Reemplace las mangueras cada tres a cinco años.

- El goteo de agua en la tina, cuando la lavadora está apagada, es un signo de una mala válvula de entrada de agua.

- Una lavadora nivelada en un piso bien apoyado. Si cualquiera de estos no es adecuado, el propio peso y movimiento de la lavadora contribuye a ese horrible golpeteo durante los ciclos de enjuague, ni qué mencionar la muerte antes de tiempo de su máquina.

Dos veces al año, deshágase de la acumulación de pelusa de la secadora al limpiar el tiro de aire que llega al exterior de su casa. Cepillos de 10 a 20 pies de largo para ventiladores de secadoras hacen de este trabajo sucio una tarea fácil. Si usted nota que el tubo del tiro al aire entre la secadora y la pared es de vinil blanco, reemplácelo. Éstos ya no cumplen con el código. Los tubos de aluminio rígido son los mejores.

Descargue los manuales de usuario perdidos

Usted ha heredado o comprado un gran electrodoméstico de segunda. El problema es que ningún documento viene con él, incluyendo el manual del propietario.

Simplemente limpie el polvo o raspe el hielo acumulado sobre la placa que tiene el número del modelo en ella, anótelo, y alístese para pasar unos minutos en frente de su computador.

Algunas páginas Web de fabricantes, como *www.maytag.com* o *www.geappliances.com*, ofrecen manuales descargables, algunos gratis. Otros sitios, como *www.livemanuals.com*, proveen manuales en línea gratis para una variedad de fabricantes y electrodomésticos.

Arte

El arte que no costará un brazo y una pierna

Busque piezas interesantes de arte de alta calidad en las ventas de un museo de arte. Al vigilar las ventas y comprar los mejores valores, su casa estará adornada con colecciones de arte elegantes en poco tiempo. Sea que usted vaya en persona o en línea, un museo de arte podría ser el mejor sitio para encontrar arte que mejorará su hogar, sin aumentar la cuenta de su tarjeta de crédito.

Visite su museo de arte local, de historia natural, o de ciencias, para ver qué obras de arte están disponibles para la compra. Para los fanáticos de arte más inclinados a la tecnología, muchos museos tienen sitios Web en donde usted puede comprar en línea.

El Instituto de Arte de Chicago (*Art Institute of Chicago*) tiene una colección impresionante de lienzos, impresiones en papel mate, carteles y decoraciones de pared, para la venta en línea. Una vez que usted haya entrado a su sitio en *www.artic.edu*, siga los enlaces a la tienda del museo en donde usted puede echarle un vistazo no sólo al arte, sino a libros, joyería, papelería y muebles para el hogar.

Se puede encontrar una colección impresionante similar en *www.metmuseum.org*, la página Web oficial del Museo Metropolitano de Arte (*Metropolitan Museum of Art*). Haga clic en el enlace de *The Met Store* para comprar carteles, paneles, impresiones enmarcadas y aún esculturas.

La tienda en línea del Museo de Bellas Artes (*Museum of Fine Arts*), en Boston, también tiene algunas impresiones en papel mate preciosas y otras reproducciones basadas en obras de arte de sus exhibiciones en *www.mfa.org/shop*. Asegúrese de visitar su sección de ventas en donde hay productos rebajados hasta un 65%.

Aprenda de los expertos

Muchas casas de subastas ofrecen conferencias, cursos y otros programas para ayudar a los coleccionistas a aprender más acerca de varios aspectos del arte y de los artículos de colección. Algunas veces éstos son gratis. Algunas veces usted tendrá que pagar una pequeña cuota. Contacte una casa de subastas cerca de usted para mayor información.

Como encontrar el cartel perfecto

Usted puede encontrar buenos carteles e impresiones en línea a precios razonables. Estos sitios son buenos lugares para buscar réplicas de su obra de arte favorita.

- *www.postercheckout.com*

- *www.art.com*

- *www.AllPosters.com*

- *www.postershop.com*

- *www.easyart.com*

Antes de comprar un cartel enmarcado, verifique los precios de enmarcado en tiendas de artes y manualidades, tales como *Hobby Lobby* y *Michaels*. Usted puede encontrar que es más económico enmarcar las impresiones localmente o enmarcarlas usted mismo. También, cuando usted calcule el costo de la impresión, incluya los cargos como envío y manejo antes de hacer la compra.

Enmarcando por diez centavos

Usted logró un gran trato en esa pieza de arte. Ahora no haga quebrar el banco mandándola a enmarcar. Aquí tiene unas cuantas alternativas económicas para hacer un enmarcado profesional en una pieza de arte.

- Encuentre una tienda de marcos donde ofrezcan un descuento si usted hace parte del trabajo. La mayoría de las veces, hasta le supervisarán y le prestarán ayuda cuando usted lo necesite.

- Si usted tiene su propia sierra ingletadora, ahorre dinero al fabricar su propio marco. Deje sólo el acabado a los profesionales, ya que eso tiende a ser más complicado y requiere herramientas especiales.

- Eche un vistazo a las ventas de garaje de su área. Si usted sabe las medidas de la impresión, podría encontrar un marco usado a un precio muy bajo. Eso aún no incluye el ensamblado, el acabado y quizás aún el vidrio, pero finalmente el costo será menor.

Invalorable pero valioso

No pague una fortuna por impresiones costosas cuando usted puede lograr el mismo efecto a partir de una réplica que usted mismo enmarque. Si usted está esperando llevar las grandes obras maestras a su casa, puede encontrarlas en tiendas de manualidades, tiendas de museos y papelerías, en forma de tarjetas de notas, tarjetas postales, carteles y más. Una exposición agrupada de tarjetas postales enmarcadas de su artista favorito puede tener un gran impacto. Y un cartel de $20 lucirá como uno de un millón de dólares, con el acabado y marco adecuados. Así que, siga conduciendo y pase la casa de subasta, y diríjase directamente hacia la tienda de carteles más cercana.

- Mantenga los costos reducidos al comprar sus suministros *a-la-carte* y deje que los profesionales hagan el resto. Busque su fondo, marco y vidrio, en tiendas de manualidades en donde las piezas son vendidas por separado en tamaños estándar.

- ¿Disfruta del arte y manualidades? Hay muchísimas formas de reducir sus costos de enmarcado si usted está dispuesto a hacer algo de manualidades. Échele un vistazo a las revistas de manualidades para aprender cómo hacer marcos únicos en su tipo usando artículos de casa y cosas de la naturaleza. Para tener más ideas, visite sitios Web como *www.diynet.com* y *www.hgtv.com*.

Realmente usted mismo puede hacerlo

Un determinado cazador de ofertas tuvo un plan para enmarcar entre 20 y 30 fotos, y él sabía que le costaría una fortuna enmarcarlas todas profesionalmente. Él decidió ir a una tienda de marcos, en donde les permiten a los clientes hacer el trabajo a cambio de no cobrar los costos de mano de obra. Los empleados le ayudaron a escoger el marco, el fondo y el vidrio. Luego, le cobraron una cuota única de $8 por usar sus equipos y suministros.

Él y su esposa vinieron a la tienda tres noches seguidas para trabajar en el enmarcado. Debido a que las fotos tenían diferentes tamaños, los costos de mano de obra que la pareja habría tenido que pagar sería de entre $25 y $80 por foto. Al final del proyecto, la pareja había ahorrado más de $1000 en costos de mano de obra. Ya que el cobro por uso del equipo de ocho dólares fue una cuota única, ellos ahorraron más dinero con cada foto que ellos mismos enmarcaron, y hasta se divirtieron en el proceso.

Automóviles

■ Carros nuevos

Hacer la tarea resulta en mejores tratos

La última persona a la que usted debería preguntarle el precio de un carro nuevo es a un vendedor de carros. Para él, compradores desinformados equivalen a comisiones grandes y enormes utilidades. Así que, haga su tarea y ahorre dinero. Posiciónese usted mismo como el que decide cuánto va a pagar por su próximo carro.

Usted puede encontrar información sobre automóviles, opciones y accesorios, en libros y en línea. Fuentes como el *Kelly Blue Book*, *Edmunds.com*, y *Consumer Reports* ofrecen sugerencias de compra de carros, descripciones y comparaciones detalladas de cada vehículo nuevo, definiciones de términos, y, por supuesto, precios.

Comience su búsqueda con una pregunta básica ¿Cuánto realmente cuesta el carro que yo quiero? Si usted llama a un concesionario y pregunta, las primeras cantidades que usted oirá serán "precios de etiqueta" o *MSRP* (por sus siglas en inglés, que es "precio de venta al detalle sugerido por el fabricante"). Pero la cacería de un gran trato tiene que comenzar con la "factura del concesionario", que es el precio que el comerciante paga por el carro. Los comerciantes esperan mantener eso como un secreto, así que tendrá que encontrarlo usted mismo. Planee una oferta arriba de la factura, no abajo del *MSRP*.

Luego, descubra la cantidad que ellos planean ganar con ese carro. Ésta será entre un 10 y 20%. Usted puede calcular el "factor de utilidad" real al dividir el costo que pagó el concesionario (el cual usted ha desenterrado) por el *MSRP*, luego reste esa cantidad al número 1. Saber ese porcentaje le permitirá estimar por usted mismo cuánto usted va a dejar que el comerciante gane con la venta. Si usted es generoso, ofrézcale 3%. Eso sería una utilidad de $750 en un automóvil de 25.000 dólares.

Si usted tiene acceso a un computador, visite la página Web de los fabricantes de autos. Ahí usted desenterrará ofertas especiales, promociones y descuentos, ofrecidos en determinados modelos. Esos significan bonos añadidos y reducciones de precios.

Finalmente, construya su oferta y comience a comprar. Si usted quiere evitar la incomodidad de las negociaciones cara a cara con un vendedor, visite la página Web del concesionario y haga su oferta en línea. O visite sitios como *Autobytel* en *www.autobytel.com* o *AutoWeb* en *www.autoweb.com*.

Dese cuenta de sus opciones de crédito

Ahorre para pagar en efectivo por un carro, y usted mismo se ahorrará miles de dólares en cargos por intereses. Pero si usted tiene que financiarlo, puede ahorrar al acordar un crédito antes de que usted siquiera entre a la concesionaria. De esa forma, usted puede elegir en sus propios términos y no sentirse presionado a tomar el financiamiento del comerciante.

Ayuda tener su puntaje de crédito a la mano de forma que usted pruebe su elegibilidad para las mejores tasas. Si su puntaje está del lado bajo, usted puede querer tomar acciones para mejorarlo antes de que solicite un crédito para automóvil.

Las fuentes de créditos van desde cooperativas de ahorro y crédito, a bancos, a prestamistas en línea. Si usted tiene un computador, ese es uno de los lugares más fáciles para comenzar a comprar. Prestamistas como *E-LOAN* en *www.eloan.com* y *CapitalOne* en *www.capitaloneauto finance.com* son grandes fuentes de créditos competitivos. La solicitud es gratis y las tasas están garantizadas por 30 a 45 días.

Algunos servicios de préstamo realmente le envían su solicitud de préstamo a varios bancos que responden con ofertas para su préstamo. Un ejemplo es *LendingTree.com* en *www.lendingtree.com* ó 800-411-8733.

Un beneficio con los prestamistas en línea es que usted no tendrá costos por la solicitud o cargos financieros ocultos. Pero si un prestamista en línea no es apropiado para usted, o usted sólo quiere usar la Web para reunir información, entonces visite su banco o cooperativa de ahorro y crédito. Hágales saber que usted ha estado buscando ofertas, y que usted está familiarizado con las tasas de interés.

Después de que usted encuentre algunos posibles créditos, usted puede poner las tasas, cargos y duración de los pagos en una calculadora financiera. Un sitio para visitar es *www.myfico.com* en *Calculators*. Éste le ayudará a tener una visión verdadera de cuánto va a pagar por su carro y cuánto va a costarle cada mes.

Después de que usted tenga su análisis financiero ya terminado, usted puede confiadamente negociar con el concesionario para lograr el mejor precio en su carro nuevo.

Haga el mejor trato de su vida sin negociar. Estos siete pasos fáciles pueden ahorrarle miles de dólares en su próximo carro.

- ✓ Haga su tarea con anticipación.
- ✓ Encuentre un crédito antes de hablar con el concesionario.
- ✓ Decida sus opciones antes de visitar la sala de exhibiciones.
- ✓ Tome su tiempo y compare precios.
- ✓ Obtenga ofertas de varios concesionarios.
- ✓ Obtenga la mayor cantidad de dólares por su carro usado como parte del pago.
- ✓ Compre en el momento justo.

Conozca su puntaje de crédito para lograr mejores tasas de interés

"Su puntaje de crédito no es suficientemente bueno para nuestras tasas de interés bajas".

Esa es una línea que los vendedores hábiles podrían usar en su contra para quedarse con su dinero. Si usted no se da cuenta del subterfugio, lo pondrán en frente de un cañón. Usted pagará demasiado.

Pero entre con su reporte de crédito en mano, *touché!* Es una ventaja, aún si usted necesita repararlo. Una vez que usted sabe su puntaje, usted puede hacer algo con él.

Su reporte de crédito está disponible en las agencias de reporte de crédito más importantes. Una nueva ley establece que usted puede pedir uno gratis por año.

- *Equifax www.equifax.com 800-685-1111*

- *Experian www.experian.com 800-397-3742*

- *Trans Union www.transunion.com 800-916-8800*

Compare precios para ahorrar $

¿Ahorrar cientos, quizá miles, de dólares es atractivo para usted? Entonces visite, llame o pregunte en línea por precios de al menos cinco concesionarios. No sea tímido por decirles que usted está comprando por precio. Haga que ellos oferten uno en contra del otro.

Gane una ventaja adicional al aproximarse a cada concesionario con su investigación en mano. Tenga la factura del concesionario. Ese es su punto de partida en el proceso de ofrecimiento.

Asegúrese que sus ofertas incluyan todos los costos relacionados con la venta, tales como impuestos y cargos por destino. Obténgalos por escrito.

Alerta con los avisos de interés

Los concesionarios dan ofertas especiales a clientes que han hecho su tarea, comparado precios en la Web, y que saben qué está sucediendo con los concesionarios rivales. El secreto para lograr lo que usted quiere es permanecer concentrado cuando usted entre en la sala de exhibición.

Si usted ha hecho su tarea y se ha fijado en un carro en particular, no sabotee sus esfuerzos al escuchar otras promociones de ventas y anuncios ingeniosos. Descuentos, financiamiento u otros modelos sobre el lote son más distracciones de las que hay que estar alejados.

Su meta es irse con el carro que usted fue a comprar, no con uno que usted compre por impulso.

Formas sabias para ajustarse a su presupuesto

En definitiva, para determinar lo que usted puede pagar por un carro nuevo es su dinero en efectivo disponible, un asunto de ahorros, y, si se trata de finanzas, cuanta deuda usted se puede permitir.

Usted debería ya tener un presupuesto familiar que le indique cuánto de sus ingresos está disponible para un crédito de auto. Si no, calcule su dinero disponible para el auto al restar sus gastos mensuales de sus ingresos mensuales. La cuota de su carro puede ser cubierta con lo que quede después de sus gastos y obligaciones regulares como rentas o créditos, servicios públicos y víveres.

Luego, calcule cuánto costará realmente el carro que usted quiere. Incluya todos los gastos relacionados con el carro como gasolina, seguro, mantenimiento, placas e impuestos.

Si usted tiene un computador, usted puede buscar ayuda en línea para calcular el presupuesto de su carro. *Intellichoice* en *www.intellichoice.com* tiene una página de calculadoras, una de las cuales indica "¿Qué carro puedo yo pagar?".

Una simple regla general es la "regla del 20%". Ésta indica que usted debería gastar no más del 20% de sus ingresos en gastos de automóviles. Al fijar un límite como ese, usted no estará tentado a comprar más de lo que usted puede pagar. Esta regla también le ayudará a ser un propietario más consciente del costo del carro.

Esté alerta de las artimañas con las que los concesionarios intentan hacer que los carros sean más asequibles.

- Arriendo de bajo costo. Usted puede tener pagos más bajos, pero cuando el arriendo termina, usted no será propietario de nada.

- Préstamos que duran más que el carro.

- Financiamiento que termina con usted debiendo más de lo que vale el carro.

Finalmente, lo que usted puede pagar depende de sus habilidades al negociar la compra. Cuanto más bajo sea el precio final, más dinero habrá en su bolsillo. Así que permanezca en el objetivo con el que usted ha llegado, y negocie con el precio que usted quiere.

Busque lentamente para ahorrar más

No espere hasta que su viejo cacharro muera para comenzar a buscar un carro nuevo. Si usted sabe que estará en el mercado pronto, tiene sentido reunir información acerca de precios, rendimiento, características de seguridad y confiabilidad en carros que son de su interés.

Ponerse usted mismo en una situación de presión podría costarle. Los concesionarios negociarán con ventaja si ellos sienten su impaciencia por comprar. Una actitud tranquila hará que los vendedores estén hambrientos por una venta y con más voluntad para negociar.

Así que tome su tiempo, compare precios y haga una sabia decisión, aún antes de que usted tenga que hacerla.

Elija las opciones que usted necesita

Usted probablemente sabrá cuales accesorios son importantes para usted en un carro. Pero cuando usted llegue a la concesionaria, usted podría descubrir algunos que usted ignoraba que existían. Tales opciones pueden inflar grandemente el precio de su carro. No deje que los comerciantes lo estafen de esta forma. Al evitar el engaño de las opciones, usted ahorrará mucho la próxima vez que compre un carro nuevo.

La lista de posibles opciones puede parecer abrumadora. Usted puede elegir bolsas de aire, aire acondicionado, frenos antibloqueo, paquetes antirrobo, colores y acabados, control de velocidad crucero, características eléctricas (seguros, ventanas, puertas, espejos, sillas), portaequipaje del techo, sistemas de sonido, ruedas y ventanas polarizadas, por nombrar algunas.

Lo principal es considerar sus necesidades y decidir cuales opciones son más útiles para usted. Si usted planea eventualmente revender el carro, usted puede querer considerar aquellas opciones que favorezcan el valor de reventa.

Algunas opciones vienen como equipamiento estándar en ciertos vehículos, y otros vienen en paquetes. Los paquetes de opciones son a menudo usados como promociones y pueden ahorrarle dinero. Pero esté alerta de cosas, como grabado de ventanas y garantías extendidas, que pueden ser incluidas por el concesonario como si no fueran opciones. Éstas son a menudo las que le dan ganancias.

Para averiguar otras opciones de vehículos, eche un vistazo a través de publicaciones como *Road & Track, Car and Driver, Motor Trend* o sus sitios Web para ver críticas o comentarios.

Hay más que el costo de propiedad del carro que se ve a simple vista, ciertamente más que el precio inicial de compra. Otras cosas por considerar:

- Gasolina
- Aceite
- Mantenimiento
- Reparaciones
- Llantas
- Seguro
- Depreciación
- Financiamiento
- Impuestos y cuotas

Edmunds.com tiene un servicio que le permite estimar cuánto le costará un carro nuevo en un espacio de cinco años. Visite *www.edmunds.com*, haga clic en *Tips&Advice*, luego en *True Cost to Own*.

Los sitios Web de los fabricantes también ofrecen información sobre las opciones de fábrica y cuánto podrían costar. Pruebe *www.automobiles.honda.com*, *www.gmbuypower.com*, *www.fordvehicles.com*, *www.toyota.com* y *www.daimlerchrysler.com* para ver lo que ellos ofrecen.

Una vez usted decida sobre sus opciones, súmelas para ver cuánto más éstas aumentarán el costo básico del carro. Usted luego estará preparado cuando se aproxime a la concesionaria, y usted tendrá una mejor oportunidad de salir manejando con las opciones que usted quiere.

Consejos para hacer las cosas a tiempo

Hacer las cosas a tiempo es todo cuando se trata de obtener una buena oferta. Saber cuando comprar puede ahorrarle un fajo de billetes. Ayuda a hacer su movida cuando los vendedores están cansados, distraídos y bajo presión, dicen los pertenecientes a la industria. Aquí están los secretos para sorprender a los comerciantes con grandes ofertas.

- Espere hasta el final del mes. Los concesionarios enfrentan cuotas no cumplidas, así que están dispuestos a vender con un descuento. Los fabricantes participan en eso, también, ofreciendo bajas tasas de interés y descuentos.

- Compre tarde en el día. Los vendedores pueden estar cansados y listos para ir a casa. Asegúreles que usted quiere el carro, pero vaya alargando esto. La impaciencia de su vendedor por irse puede llevarlo a ofrecerle un gran trato.

- Mantenga un ojo en la sección de negocios de su periódico. Cuando las ventas son lentas, los fabricantes y los comerciantes por igual están listos para que usted elija su carro a un muy buen precio.

- Enero, abril y mayo son meses lentos para la venta de autos. Las salas de exhibición están desiertas. Las ventas son bajas. Es un gran momento para comprar. O, si usted no necesita un modelo recién salido de la línea de ensamblaje, espere hasta el final del año. Los modelos nuevos llegan en el otoño. Los concesionarios están desesperados por negociar ofertas en los modelos de los años anteriores.

- Las festividades de Navidad son también un gran momento para comprar si usted puede encontrar el tiempo. Los comerciantes quieren reducir el inventario, así que ellos estarán dispuestos a venderle los vehículos del año corriente a precio de factura, o menos.

Un fin de semana lluvioso, un día festivo, una hora antes de cerrar, éstos lo ponen a usted en la silla del conductor cuando se trata de comprar carros. Úselos como ventaja suya, y usted llevará la delantera.

Consiga un trato en el lote

Usted pasa por enfrente de la concesionaria cada día en su camino al trabajo. Ha estado en el lote por semanas. No es el color que usted hubiera esperado pero, si el precio es el correcto, podría ser el tiempo de hacer una oferta.

Mientras más tiempo esté el carro en el lote, más costoso es para el concesionario. Podría haber algunas opciones que usted no necesite o quiera. Pregunte si él podría quitarlas. O, mejor aún, vea si él las dejaría como un bono por el favor que usted le ha hecho al ayudarle a deshacerse de ese inventario lento.

Cómo tratar con una prueba de manejo larga

Los fabricantes de carros han encontrado que una prueba de manejo larga, de todo un día, es muy efectiva para nublar el buen juicio de los clientes. Si usted decide tomar la prueba de manejo de 24 horas del comerciante, trátela como un negocio serio. No deje que el placer de manejar un carro nuevo le haga olvidar criticar seriamente el carro y negociar un buen trato.

Aquí hay algunas sugerencias de cómo invertir el día.

- Dedique algún tiempo a manejar sin distracciones. Concéntrese en el carro, no en los niños, radio o teléfono celular.

- Critique el carro en vista de cómo usted lo usaría, llevando bebés en sillas para carro, llevando equipos de fútbol y víveres, o simplemente yendo a su trabajo.

- Revise la vista. ¿Cómo es la visión de atrás y lateral? ¿Cómo es la vista de noche? ¿Hay algunos puntos ciegos?

- ¿Cómo se maneja, radios de giro, maniobrabilidad en vías de acceso, ajuste en el garaje, estabilidad en autopistas de alta velocidad, aceleración al entrar a la autopista?

- ¿Son los controles visibles y al alcance? Revise los instrumentos y accesorios, visibilidad en el curso del día y la noche, radio, aire acondicionado, ajustes menores, ajustes del asiento y el volante de conducción.

- ¿Abren y cierran las puertas sin esfuerzo? ¿Qué fácil es entrar a los compartimentos del pasajero y del motor, maletero, y portaequipaje del techo? ¿Se escuchan ruidos o chirridos?

Cuando termine, regrese el carro, y simplemente diga "gracias". Luego salga, vaya a casa, y piense en ello. El plan de mercadeo detrás de la prueba de 24 horas es que usted se enamore del vehículo y lo compre sin negociar el precio. Eso sería un costoso error.

Estrategia inteligente para evitar carros limones

Un carro con garantía que se descompone varias veces dentro de una cierta cantidad de tiempo es, por ley, un "limón". Para evitar la frustración y el gasto de ser propietario de tales vehículos, sea inteligente y aprenda tanto como pueda antes de comprar.

Usted puede entrar en línea para encontrar una lista oficial de carros notorios por sus defectos. Adquiera conocimiento de esos carros en:

- *National Highway and Traffic Safety Administration* en *www-odi.nhtsa.dot.gov*. Haga clic en *Defect Investigations*.

- *Center for Auto Safety* en *www.autosafety.org*. Haga clic en *Lemon Laws* y *Auto Defects*.

- *Carfax* en *www.carfax.com*. Haga clic en *Lemon Check*.

De acuerdo con una encuesta reciente, los *Kia* fueron los candidatos a limón más probables con un promedio de más de cinco defectos por vehículo. Los *Volkswagen* fueron los siguientes con cerca de cuatro, y *Mercedes-Benz* tenía ligeramente más de tres por vehículo. Pero cualquier carro puede resultar ser un limón.

Una vez usted caiga en cuenta que ha comprado uno, averigüe a qué tiene derecho: un reembolso, un acuerdo en efectivo o un reemplazo. Las compañías de carros usualmente ofrecen reemplazar su limón con un carro nuevo o devolverle el valor del carro en efectivo.

Hay varias leyes federales para carros limones, y cada estado también tiene las suyas propias. Las leyes estatales para carros limones pueden variar, así que revise los sitios enlistados arriba para descubrir qué es lo que la ley de su estado dice. Si usted tiene un problema entendiendo la ley, puede conseguir ayuda en *www.defect.com*. Haga clic en *Lemon Links*.

Domine el arte del regateo

W. Somerset Maugham una vez escribió, "El prefería pagar más que regatear". No deje que ese mensaje lo describa a usted cuando esté comprando un carro.

Regatear es el arte de rebajar gradualmente los precios altos hasta que usted llegue a una gran oferta. Una vez usted haya regateado a su estilo para llegar a un gran trato con su carro nuevo, usted se irá manejando, sintiéndose a gusto y refrescado, no agotado y abatido.

Su meta es mantenerse tranquilo y permanecer objetivo. El remedio para motivarse es hacer su trabajo, saber los detalles, y tener la evidencia lista cuando haya presión durante las negociaciones.

- Esté preparado. Antes de que usted entre a la sala de exhibiciones, sepa cuál carro usted quiere, su precio de factura, la cantidad que usted está dispuesto a pagar y el valor de su carro usado como parte de pago. Armado con éstos, que no son negociables, usted permanecerá firme a lo largo de la batalla de argumentos en la concesionaria.

- Tenga una estrategia. Presione sobre una sola cosa por vez, por decir, el precio de compra. Apéguese a él hasta que usted lo tenga por escrito. No permita que nadie lo desvíe con conversaciones acerca del valor de su carro usado, el financiamiento, garantías extendidas o algo más. Hablar de muchas cosas a la vez confunde.

- Lleve apoyo. Si usted necesita apoyo moral, lleve a alguien más, alguien que usted sepa que es sensato y que vaya en su rescate cuando un empleado de ventas elocuente comience a confundirlo.

- Encuentre una postura. Si regatear no es su tacita de té, quítese de la pelea. Servicios en línea gratis pueden organizar a los comerciantes en su área para que negocien entre ellos su trato. Investigue *InvoiceDealers.com*, *Cars.com* y *Autoweb.com*.

Usted tiene la ficha de negociación clave, una que el comerciante no puede usar en su contra. Tan buena como sea su habilidad para regatear, puede llegar el momento en el cual usted simplemente se va. Eso simplemente es una gran ventaja. No dude en irse si usted tiene que hacerlo.

Espere los ahorros por reembolso

Los reembolsos en efectivo son una gran forma para ahorrar en carros nuevos, especialmente en carros que no han sido muy populares. Aún aquellos reembolsos ofrecidos a los concesionarios por los fabricantes figuran en sus negociaciones. Aquellos reembolsos bajan el precio real del comerciante.

Mantenga su ojo puesto en los reembolsos en periódicos y avisos televisivos. Si usted tiene acceso a un computador, usted puede rápidamente encontrar aquéllos que estén actualmente en su zona. Pruebe estos sitios:

- *AutoSite´s New Cars* en *www.autosite.com*

- *CarPrice´s Rebates & Incentives* en *www.carprices.com*

- *Edmund´s New Cars* en *www.edmunds.com*

- *Intellichoice´s Dollars & Sense* en *www.intellichoice.com*

Tenga cuidado con la letra pequeña de los contratos de servicios

Usted puede estar tentado a solicitar un contrato de servicio para su carro nuevo después de escuchar que éste cubre todas sus reparaciones y provee servicio de remolque y transporte mientras su carro está en la tienda.

Pero considérelo cuidadosamente. La garantía del fabricante cubrirá casi todo en su carro por varios años. Y su seguro de auto podría ya estar cubriendo remolques y transporte sustituto.

En lo que respecta a hacerse cargo de "todas" las reparaciones de su vehículo, ese término tiene un nuevo significado cuando usted lee la letra pequeña en el contrato. Usted va a encontrar muchas limitaciones.

Mantenga estas dos reglas en mente cuando considere algún contrato de servicio opcional.

- Usted no está obligado a comprarlo. Y si usted piensa que usted debería, usted no necesita hacerlo en el día en que usted compre el carro. Cada carro tiene sus competidores. De igual forma los contratos de servicio. Su compañía de seguros de automóviles puede proveer una garantía extendida, y es probablemente más económica que la ofrecida por la concesionaria.

- Usted está obligado a saber lo que el contrato de servicio dice, la letra pequeña y todo. Si usted espera cubrir una reparación con él, mejor entienda cuales son los límites, deducibles y exclusiones. Un tecnicismo simple podría negar la responsabilidad de la aseguradora para hacer la reparación. ¿Y qué hay con una descompostura al otro lado del país? ¿Tendrá usted que remolcar el carro hasta su ciudad para tomar ventaja de la garantía?

Un tercer punto por considerar es la fuente del contrato de servicio. ¿Quién lo está respaldando? ¿El fabricante del auto? ¿El concesionario? ¿Una aseguradora independiente? ¿Cómo está calificada esa aseguradora independiente? ¿Podrá usted encontrarla cuando su carro esté averiado?

Si usted compra un contrato de servicio a través del concesionario, asegúrese que usted obtenga confirmación escrita de que el concesionario le pagó a la compañía el contrato de servicio y que usted está "en el archivo" de esa compañía.

Cuando se trata de contratos de servicios, la última cosa que usted quiere es una sorpresa.

Añada valor al carro usado como parte del pago

No se deje engañar cuando negocie su carro. Hacer bien la negociación puede darle el descuento que usted merece por su nueva compra.

Una dura, pero importante, lección

Ángela estaba disfrutando su conducción a casa desde la universidad en su carro compacto nuevo. Repentinamente, vió un pedazo de llanta adelante en su carril. A causa del tráfico, ella no pudo evitar pasar sobre él. Ella lo escuchó rebotar en el piso del carro. Un poco más adelante se detuvo para buscar daños. Ahí, debajo del motor, vió un cable colgando.

A la mañana siguiente ella lo llevó al concesionario al que ella le había comprado el carro y la garantía extendida. No tardó mucho cuando el administrador de servicios se aproximó a ella con la noticia de que el sensor de oxígeno había sido dañado y que la reparación costaría un poco más de $500. "Chico,", pensó ella, "estoy feliz de haber comprado ese plan de servicio adicional". Entre la universidad y el pago del carro nuevo, ella no estaba en posición para pagar por reparaciones costosas.

Luego llegaron las palabras, "Lo siento señorita, esa parte no está cubierta por esta garantía. Dice aquí en la letra pequeña . . ."

Ángela ahora dice que ella ha aprendido su lección, de la forma dura. "A partir de ahora, leo el contrato completo, la letra pequeña y todo, antes de firmar cualquier cosa. No más sorpresas costosas para mí".

Por empezar, conozca su carro: millaje, equipo opcional, historia de reparaciones, trabajos. Muéstrele al concesionario la historia de servicios. Y compleméntela con un reporte de la historia del vehículo que usted pueda obtener de los sitios Web como *www.autocheck.com* o *www.carfax.com*. Éste cuesta sólo $19.99 y provee la perspectiva de una compañía externa sobre la historia de su vehículo, accidentes y daño por inundación, inspecciones de emisiones, y más.

Luego, visite el sitio Web de *Edmunds* en *www.edmunds.com*, haga clic en *Used Cars*, busque *Trade-In*, y encuentre dos importantes cantidades, el precio de venta sugerido para "grupos privados" de su carro y el precio de venta estándar de la industria. Es obvio que usted puede obtener más al vender el carro usted mismo. Pero si usted aún quiere negociarlo, estas guías le ayudarán a sacar lo mejor de sus dólares.

Si usted no tiene acceso a un computador, *Edmunds* también tiene libros disponibles en la mayoría de las librerías y bibliotecas.

- Evite hablar acerca del valor de su carro usado hasta que usted haya fijado el precio del carro nuevo.

- Vea si su negociación reducirá los impuestos de venta en su carro nuevo.

- Asegúrese de que el aceite del motor está limpio y en su máximo nivel. El aceite limpio es un signo de éxito asegurado de que el motor ha sido cuidado

- Limpie el interior y exterior de su carro. Y arregle todo lo que necesite reparación. Cada defecto va royendo el valor del carro. Esa apariencia limpia y de buen mantenimiento mejora el "atractivo" de su carro y asegura un mejor precio de negociación.

■ Carros usados

Cómo lograr un buen trato

Comprar un carro usado no es muy diferente de comprar un carro nuevo. Lo principal para recordar es prepararse antes de comenzar a negociar. Conocer el valor del carro que usted está interesado en comprar, le da a usted la ventaja y hace posible conseguir un mejor trato.

Usted puede fácilmente investigar los precios de carros al observar en las guías impresas tales como *Edmunds* o *the N.A.D.A. Official Used Car Guide*. Ellas publican sus estadísticas mensualmente. Si usted quiere cifras aún más recientes, vaya a sus sitios Web. Sitios como *www.nadaguides.org*, *www.edmunds.com*, y el sitio del *Kelley Blue Book*, *www.kbb.com*, proveen precios que, algunas veces, son actualizados diariamente.

Los "sobrantes" de corporaciones son una ganga

Los concesionarios de carros no son las únicas compañías que venden autos usados. Usted puede conseguir buenas ofertas de vehículos usados en bancos, agencias de renta de autos, servicios de limusinas en aeropuertos, y corporaciones que se deshacen de los carros de su compañía.

Los carros de renta son una buena compra porque las compañías de rentas realizan mantenimientos regulares. Los carros son usualmente de uno o dos años de antigüedad, lo que significa que la compañía de rentas ya ha asumido la mayor parte de la depreciación del carro. La mayoría de los carros de renta aún tienen válida la garantía del fabricante, lo que usted no va a encontrar en algunos otros sitios.

Bancos y prestamistas subastan carros que ellos han embargado porque sus propietarios anteriores no pudieron pagar sus créditos. Igual que con cualquier carro usado, debe verificarlo antes de hacer su oferta. Pero usted podría obtener una ganga ya que el banco sólo quiere saldar lo que quedó del préstamo.

Vale la pena comprar un carro usado.

Los carros nuevos pierden por lo general la mitad de su valor durante los dos años primeros, y luego la depreciación se retrasa. Dado que el carro promedio tiene la tendencia de durar por nueve años, la estrategia más inteligente es comprar un carro que tiene un edad de un o dos años. Así usted no sufre de la depreciación, y ahorra un 20 a 30 porciento del precio de un carro nuevo.

Usted puede averiguar cuánto va a depreciar un carro nuevo usando el calculador de depreciación en las secciones de calculadores en el Internet en CarPrice.com. Es muy probable que usted encontrará que un carro usado es el mejor valor.

Disfrute precios "de regalo" en una subasta

¿Ha usted incluido al departamento de policía en su búsqueda de un carro usado? De vez en cuando, los que hacen cumplir la ley tienen que reducir su inventario de vehículos excedentes, confiscados o incautados, organizando subastas. Éstas son anunciadas en periódicos y por carteles en alcaldías y oficinas postales, pero usted también puede preguntar en su departamento de policía local.

Esas subastas le dan la oportunidad de comprar carros, aún modelos de lujo, a precios "de regalo". A primera vista, una subasta puede parecer el lote de carros más grande del mundo, pero tenga cuidado. Usted necesita escoger y elegir cuidadosamente, y aquí está porqué:

- Algunos de esos vehículos fueron abandonados e incautados. Éstos podrían servir sólo para repuestos y rescate.

- Algunos fueron incautados a criminales. Éstos pueden tener un encanto "exótico". Pero, al igual que sus previos propietarios, también pueden tener sus propios problemas. Estos carros pueden haber sido dañados en la búsqueda de drogas o armas. Usted puede tener que reemplazar el tanque de gasolina o hacer otras reparaciones para hacer que funcione. Los subastadores usualmente le harán saber por adelantado los tipos de problemas que pueda tener el carro.

- Vehículos de departamentos que han sido rotados fuera de servicio podrían haber tenido una vida dura. Pero usted puede estar seguro de que han sido bien mantenidos.

Una vez que usted ha encontrado un vehículo que luce interesante, busque en el *Kelley Blue Book* el valor de su auto usado como parte del pago. Si tiene un computador, vaya al sitio Web en *www.kbb.com* para una estimación gratis. Esa es la cantidad que usted va a usar como guía en su oferta.

Luego vaya a una exhibición. Pida ver el título del carro, inicie el carro y verifique la transmisión. Busque el Número de Identificación del Vehículo (*VIN*, por sus siglas en inglés), y haga una búsqueda de la historia del vehículo en *www.carfax.com* o *www.autocheck.com*.

Haga todo esto antes de la subasta, y cuando sea el momento de ofertar, usted estará en condiciones de manejar la negociación.

Ofrezca por las gangas en línea

Usted puede encontrar muchas buenas ofertas a través de las subastas en línea. Sólo recuerde relajarse. La clave para las subastas en línea es la paciencia. Si usted dedica suficiente tiempo para comprar las mejores ofertas, usted ahorrará miles de dólares en su próximo carro.

Primero que todo, haga la misma investigación que usted haría en cualquier auto usado. Solicite los registros de servicios, y haga un reporte de la historia del vehículo, hecho con el Número de Identificación del Vehículo (*VIN*, por sus siglas en inglés) en *www. carfax.com*. Pida al vendedor que haga que un mecánico revise el carro en busca de problemas, y haga que el mecánico haga una prueba de manejo también. Mientras tanto, haga una prueba de manejo de exactamente el mismo modelo usted mismo.

Averigüe lo que el carro vale en *Edmunds*, *Kelley Blue Book* y *NADA.com*, en los valores al por mayor y al detalle. El valor al detalle es por lo que el carro normalmente se vendería, y el valor al por mayor es la cantidad que el concesionario pagaría por el carro, si éste estuviera en excelentes condiciones.

Para subastas en línea, cualquier número igual o por debajo del valor al por mayor es un buen trato. Recuerde incluir los costos de viaje y entrega en la ecuación, ya que usted tendrá que recogerlo o solicitar el envió después de que lo compre. Decida lo que usted está dispuesto a pagar por el carro, reste los costos de viaje y entrega, y luego sólo ofrezca cantidades hasta esa cifra.

Nunca, bajo ninguna circunstancia, quede atrapado en una guerra de subastas. Usted podría pagar demasiado sin pensarlo. Oferte hasta su precio determinado, y luego retírese. Manténgase tranquilo, y obtendrá un gran trato.

Ahorre con un vendedor privado

Los carros automáticamente cuestan menos cuando usted se los compra a un vendedor privado, en lugar de un concesionario. Aquí le explicamos porqué.

- Los propietarios privados tienden a pedir un 20% menos, por el mismo carro, que lo que pide un comerciante. Los comerciantes ponen precios mayores a sus vehículos porque ellos tienen gastos indirectos, y su sobrevivencia depende de las utilidades que ellos hagan.

- Comprar de un propietario privado excluye a los intermediarios y le permite a usted negociar con alguien que no es un vendedor profesional.

- Los propietarios privados usualmente disfrutan hablando de sus carros, así usted puede averiguar más acerca de la verdadera historia del vehículo.

- Algunos estados no exigen que usted pague impuestos sobre la venta de un carro, si usted lo compra de un propietario privado, en lugar de un comerciante.

Asegúrese de que usted está considerando un automóvil decente al preguntarle al propietario estas importantes preguntas.

- "¿Porqué está usted vendiendo el carro?" El carro puede tener problemas mecánicos, así que pregunte si usted puede hacer que un mecánico revise el carro. Si ellos no se lo permiten, evite ese vehículo.

- "¿Cuál es el millaje del carro?" El promedio es de 12.000 a 15.000 millas por año. Un carro viejo con bajo millaje es aún una buena compra.

- "¿Qué necesita ser arreglado?" Es una buena señal si el propietario responde honestamente y le permite saber qué reparaciones menores necesita el carro.

- "¿Puedo ver los registros de servicio del carro?" Si ellos no tienen los registros de servicio, pase a otro carro.

- "¿Cuándo fueron revisados los frenos?" y "¿Cuándo fueron cambiados el aceite y el filtro?" Esas respuestas le dirán qué tan bien el propietario ha cuidado el carro.

Salga ganando en los clasificados

Usted puede encontrar buenas ofertas en carros usados al buscar en los avisos clasificados de su periódico local. La revista *Auto Trader* es una publicación útil que publica avisos de carros usados completos con fotos para que usted le eche un vistazo.

Usted puede también buscar avisos en línea en el sitio del *Kelley Blue Book*, *www.kbb.com*, y en *Auto Trader Online*, *www.traderonline.com*. Pero tenga cuidado a medida que observa estos tratos. No todos son completamente honestos cuando escriben sus avisos. Haga lo mejor para verificar tanto como usted pueda.

Busque vehículos que han tenido un solo propietario. Concéntrese en los que tienen bajo millaje. Si el aviso no menciona el millaje, éste probablemente será muy alto. Haga todas las averiguaciones que usted haría con cualquier carro usado, tales como revisar registros de mantenimiento, revisar la historia del carro con su *VIN* (por sus siglas en inglés), y hacer una revisión mecánica antes de que usted tome una decisión.

Un truco que usted podría encontrar es el de "concesionario difrazado". Algunos concesionarios posan como propietarios privados y colocan avisos clasificados de un carro usado. Ellos usan este truco porque los compradores son usualmente más amables con particulares, y algunos sólo comprarán de propietarios privados. Además, poner avisos clasificados de propietarios es más económico que los avisos de comerciantes.

Usted obtendrá un mejor trato de un propietario privado, así que asegúrese de que está hablando con uno. Pregunte al vendedor si él o ella es un individuo privado o no. Si contestan confiadamente, probablemente lo son. Pero si ellos dudan, usted podría estar hablando con un concesionario astuto.

Esquive los fraudes comunes de automóviles

Sea un comprador de autos usados proactivo, y protéjase usted mismo de defraudadores que venden sus bienes dañados por inundaciones. Estos sinvergüenzas "retocan" carros dañados y los revenden a precios de superoferta, a compradores ingenuos y desprevenidos. Mientras que el daño por inundación en carros puede no ser fácil de ver, éste puede ser poco a poco tan dañino como el causado por accidentes.

Comience su investigación preguntado por el título. Si éste está estampado con un *"salvage"*, el carro ya ha sido declarado de pérdida total, quizá por inundación. El título también indica el origen del carro. Si su más reciente "hogar" es un estado en donde las inundaciones son un problema, tome nota. Los vehículos dañados por inundaciones son rutinariamente enviados a su área y vendidos como si nada estuviera mal con ellos.

Luego, inspecciónelo buscando signos indicadores de inundación. Las marcas de agua usualmente permanecerán ocultas a la vista. Abra el capó y revise el compartimento del motor. Mire el radiador. Revise el filtro de aire buscando signos de residuos transportados por agua. ¿Luce el aceite de motor blancuzco o decolorado? Esto puede ser por causa del agua.

Revise la maletera. ¿Huele a moho? ¿Están el gato o la cruceta oxidados? Busque debajo de las alfombras en busca de humedad. ¿Ve usted evidencia de alfombras o tapicería nuevas, pobremente ajustadas o disparejas? Use un espejo para mirar debajo de los asientos en donde las partes metálicas se pueden oxidar.

Eche dinero y ahorra

Muéstrele al vendedor que usted es serio al hacerle saber que usted tiene dinero en efectivo a la mano. Usted puede ahorrar dinero al hacer una oferta en efectivo aún si es menos que lo que ellos están pidiendo. No hable de precios muy temprano en las negociaciones. Pero si es cuestión de hacer que un vendedor esté de acuerdo con un precio más bajo, mostrar efectivo puede cerrar el trato. Sea que usted arregle sus finanzas por adelantado, o simplemente retire de sus ahorros, tener dinero en efectivo a la mano es más que una simple herramienta de negociación. Esto lo protegerá de ir más allá de su presupuesto, ya que usted estará libre de ofertas de créditos costosos.

Busque barro u óxido en partes difíciles de limpiar del carro. Asegúrese de revisar cada interruptor eléctrico, seguros, ventanas, luces, encendedor, radio, bocina, ventilador del calentador, y pruebe cada uno de ellos varias veces.

Si usted aún permanece interesado en el carro, busque el Número de Identificación del Vehículo (*VIN*, por sus siglas en inglés), y úselo para pedir un reporte de historia del vehículo en *www.carfax.com* o en *www.autocheck.com*. Esto revelará el pasado oculto del carro, incluyendo inundaciones.

Forma inteligente de encontrar un carro seguro

Contrate un mecánico para inspeccionar un carro usado antes de que usted siquiera considere entregar su dinero. Él buscará problemas y posiblemente hará una prueba de manejo. Haga una cita con su mecánico con anticipación de forma que el pueda registrarla en su agenda. El proceso completo tomaría cerca de una hora.

El servicio puede costar entre $50 y $100, pero cualquier cantidad que el mecánico cobre vale la pena. Esto puede ahorrarle miles de dólares si el carro resulta defectuoso. Y si usted contrata a un mecánico que usted visita frecuentemente, él podría aún hacer el servicio gratis.

Algunos mecánicos pueden ir al punto de venta para la inspección, pero la mayoría necesitan llevar el carro a su taller. Lleve al dueño del carro con usted. Él probablemente no querrá permitirle que usted desaparezca con su carro por una hora, mientras que usted lo hace revisar.

Si el vendedor rechaza permitir que un mecánico revise el carro, hay probablemente algo malo con él. Usted mejor pase a la siguiente opción.

Obtenga una inspección gratis

Si usted es un miembro de la Asociación Automotriz de Norteamérica (*Automobile Association of America; AAA*, por sus siglas en inglés), usted no tiene que pagar por un mecánico para revisar un carro usado. *AAA* ofrece una inspección de mantenimiento gratis a todos sus miembros.

Sólo lleve el carro de su interés a una de sus instalaciones de reparaciones de autos, y ellos inspeccionarán el carro buscando problemas que usualmente llevan a descomposturas en carretera. Luego, ellos le dirán por escrito los mantenimientos o reparaciones que el carro necesita. El servicio está valorado en $24.95, y usted lo consigue por nada. Usted no puede mejorar ese precio.

■ Mantenimiento

Mantenga su carro en excelente forma

La mejor forma de proteger el valor de su carro es a través del mantenimiento regular. Usted puede ahorrar mucho dinero al reemplazar partes desgastadas antes de que se rompan y se requiera una reparación mayor. Revise estas cifras de costos estimados de reparación de automóviles, en el 2006, del plan de servicio de automóviles del *Sam´s Club*:

- Alternador $442 (dólares)

- Motor $3.317

- Iniciador $453

- Transmisión $2.245

- Bomba de agua $502

Obviamente, usted no puede ignorar aquéllas partes importantes. Pero aún partes simples, como cambiar el aceite o la correa del ventilador, son críticas para el bienestar general de su carro. Aparte de ahorrarle dinero, aquí están los beneficios del mantenimiento preventivo regular.

- Funcionamiento mejorado. Esto significa más fuerza, mejor manejo y economía de combustible mejorada.

- Dependencia. Es más probable que un vehículo bien mantenido inicie bien, y menos probable que se descomponga o lo deje a usted varado.

- Mejor seguridad. Un pequeño descuido durante un periodo largo de tiempo hace que un accidente esté próximo a ocurrir.

- Conducción más placentera. Cuando su carro no hace ruidos raros o cosas extrañas, lo hace para una mejor y más relajante conducción.

- Protección medioambiental. Automóviles pobremente mantenidos son contaminantes notorios.

- Calendario más simple. Darle servicio al azar es más fácil de olvidar. Ponga sus visitas de mantenimiento en su calendario. Planeando con tiempo, usted puede presupuestarlo adecuadamente.

- Mayor valor de reventa. Un carro que regularmente recibió servicio mantiene mejor su valor con el paso de los años.

- Orgullo del propietario. Su carro es uno de los accesorios que usted "porta". Mantenerlo bien dice algo positivo de usted.

Venza las estafas en reparaciones de automóviles

Desarrolle una relación con un buen taller de reparaciones, uno que conozca su carro, y usted estará a la delantera en el juego cuando se trata del mantenimiento. Sepa cuáles talleres en su área tienen la mejor reputación. Las buenas credenciales son importantes tanto para el taller como para el mecánico.

Un taller que está afiliado a una red de reparación y distribución de partes, de buena reputación (como *NAPA*, por sus siglas en inglés), tiene ventaja cuando se trata de conseguir repuestos de calidad cuando usted los necesite. La certificación de los mecánicos (como la *ASE*, por sus siglas en inglés) le indica a usted que aquellos que trabajan en su carro son los mejores disponibles.

Preste atención a estas cuatro formas para hacer que cualquier mecánico sea honesto cuando esté trabajando en su carro.

- Deje que él descubra el problema. Explique lo que usted oye o ve, y asegúrese de que su descripción sea incluida en la orden del trabajo. Manténgalo simple. Diga, "no arranca", no "creo que necesita una nueva batería". Esto evita que los mecánicos despilfarradores instalen una nueva batería, aún si la batería no es el problema.

- Sepa a lo que usted tiene derecho. La oficina del procurador general de los Estados Unidos dice que usted debería esperar estimados escritos, en reparaciones por arriba de $100, si se negocia con el taller de reparación frente a frente. Y el taller de reparación debe tener su permiso para hacer reparaciones que estén por arriba del 10% del estimado autorizado.

- Consiga todas las garantías por escrito, tanto para los repuestos, como para la mano de obra. Tome notas sobre sus conversaciones con el mecánico. Un buen sitio para registrar los detalles de su acuerdo es en la orden de trabajo misma. Asegúrese de que usted entiende lo que está escrito allí. Esto ayuda a evitar malentendidos costosos.

- Dígale al mecánico que usted quiere todas las partes que han sido reemplazadas. Si una parte, como un alternador, puede ser intercambiada y reconstruida, pida ver el recibo del cambio. No pague por una parte nueva si todo lo que han hecho es limpiar y reinstalar la vieja.

> Usted puede ahorrar más de $200 al año en el costo de combustible al seguir algunas reglas simples.
>
> ✓ Mantenga su motor afinado.
> ✓ Remplace el filtro de aire regularmente.
> ✓ Use el tipo de aceite de motor y gasolina recomendados.
> ✓ Mantenga la llantas infladas con la presión recomendada.
> ✓ Evite arrancadas muy rápidas o paradas repentinas.
> ✓ Manténgase por debajo de 60 (millas por hora) en las autopistas.
> ✓ Evite comprar gas en estaciones de autopistas.
> ✓ Apague el carro en lugar de esperar con él encendido.

■ Carros de renta

Váyase con la mejor oferta

Rentar un carro puede ser más económico que comprar uno.
Recuerde estos consejos la próxima vez que usted rente, y usted
podrá gastar ese dinero extra en recuerdos de las vacaciones.

■ Reserve con tiempo. Si usted hace la reservación de un carro de
renta al menos de 7 a 14 días por adelantado, será más probable
que usted consiga un menor precio. Debido a que las compañías
de rentas de carros no cobran las cancelaciones, reserve un
carro tan pronto como usted pueda. Si usted hace una reservación de último minuto, opte por compañías de rentas más
pequeñas. Sus tarifas son usualmente más bajas, y la mayoría
de sus tratos vienen de reservaciones de último minuto.

■ Evite la opción de gasolina prepagada, la que le permite
regresar el carro sin llenar el tanque. Las compañías de renta
no regresan el dinero de la gasolina que usted no use.
También, la mayoría de las veces los precios de la gasolina
prepagada son mayores que los que usted puede encontrar en
una estación de gasolina. Sólo no olvide llenar el tanque
antes de entregar el carro. El cobro por la gasolina que usted
no reemplace será dos o tres veces el precio normal.

■ Compare las tarifas diarias con las semanales. A menudo, la
tarifa semanal es tan baja que será realmente más barato
tener el carro unos pocos días más. En algunos casos, el cobro
por una semana será menor que una renta de tres días.

■ Únase a un club de rentas frecuentes, si hay alguna compañía
que usted usa a menudo. La membresía es gratis, y usted
obtiene generalmente de un 5% a un 15% de descuento por
renta. Algunos clubes le permiten ganar puntos para lograr
una renta gratis. Otros incentivos incluyen línea rápida,
ascensos gratis y millas de viajero frecuente.

- Elija un carro más pequeño si usted va a ir al extranjero. Los carros más pequeños logran mejores rendimientos de gasolina. En los países extranjeros, los precios están cerca de los $4 por galón.

Comience a comparar precios

Reservar un carro de renta en línea puede ahorrarle dinero. En el año 2004, cerca de 44 millones de norteamericanos hicieron algunas o todas sus reservaciones de viaje en línea. De esas personas, 40% hicieron sus reservaciones de carros usando la Internet.

Si ellos pueden hacerlo en línea para ahorrar dinero, también usted puede. Compare precios y encuentre las mejores ofertas al ver las diferentes tarifas disponibles en los siguientes sitios de viaje:

- *www.travelocity.com*

- *www.orbitz.com*

- *www.bnm.com*

- *www.expedia.com*

- *www.qixo.com*

Usted puede también puede buscar en sitios Web de compañías de rentas como *Avis* y *Hertz*, ofertas promocionales y ofertas de último minuto. A menudo, ellos publicarán ventas, cupones o ascenso gratis en sus sitios, pero asegúrese que usted lea la letra pequeña en caso de que hayan cobros ocultos.

Mientras usted está viendo los sitios de todas las compañías más importantes, usted podría echar un vistazo a las compañías más pequeñas, también. Sus carros pueden ser más viejos o de segunda mano, pero sus precios serán mucho menores. Revise *Rent-A-Wreck* en *www.rentawreck.com*, *DiscountCars.net* en *www.discountcars.net* y *Car Rental Express* en *www.carrentalexpress.com*.

Cuando usted esté comparando tarifas de rentas de carros en línea, sea cauteloso con unas cuantas cosas. Algunos sitios de viajes tienen muchos avisos y mensajes emergentes, así que esté seguro de no confundir toda esa publicidad con listas de precios reales. Otro engaño para tener cuidado es que las mejores tarifas no estén realmente disponibles. Si usted ha elegido una tarifa que parece demasiado buena para ser verdad, verifique dos veces para ver si está aún disponible cuando usted pague.

También averigüe si la tarifa incluye todos los impuestos, cobros, recargos y cualquier cobro por reservación que no haya sido mencionado. Cuando usted haya finalmente elegido una tarifa y decida hacer su reservación, pague por la reservación con su tarjeta de crédito. Las tarjetas de crédito usualmente tienen la mayor protección federal en caso de errores en la brecha de seguridad, de forma que usted puede hacer su reservación sin preocupaciones.

Evite las terminales de aeropuertos y ahorre

Usted puede ahorrar al menos un 25% al hacer sus reservaciones en una sucursal que no esté en un aeropuerto, aún si usted renta en uno de los mejores proveedores. Las compañías de renta en los aeropuertos usualmente cobran "cuotas por ubicación en aeropuerto" e impuestos de seguridad, de forma que es mejor tomar un taxi o un vehículo de transporte a otro sitio. La mayoría de las veces, usted puede regresar el auto en un aeropuerto sin que le cobren extras.

Miembros de grupos reciben descuentos extra

Usted puede recibir un descuento en la mayoría de las compañías de rentas de carros si usted es miembro de una organización, como la *AARP* (por sus siglas en inglés). De hecho, algunas compañías de renta de carros dan descuentos por tener un tipo específico de tarjeta de crédito.

Lo importante es ser asertivo y preguntar. La mayoría de las compañías no le van a hablar automáticamente acerca de sus descuentos, así que recite todas las organizaciones a las que pertenece y vea si usted califica. Ser miembro de uno de los siguientes grupos puede también ayudarle a obtener un descuento en rentas de carros. Usted necesitará mostrar una prueba de membresía.

- Clubes de carros

- Organizaciones de profesores

- Empleados gubernamentales

- Militares

- Clubes de vacaciones

Obtenga más millaje del ascenso gratis

Usted podría querer pensarlo dos veces cuando la compañía de rentas le ofrece un ascenso gratis. Cuando usted asciende de un compacto de cuatro cilindros a un intermedio de seis cilindros, usted gasta más dinero en gasolina. Los carros de cuatro cilindros le dan a usted más millas por galón que los carros de seis cilindros.

El costo extra dependerá de cuántas millas usted maneje, sea que usted maneje en la ciudad o en la autopista, y del precio de la gasolina,

Marca y modelo	Ciudad	Autopista
2005 compacto automático de 4 cilindros		
Ford Focus	26	32
Chevrolet Cavalier	24	34
2005 intermedio automático de 6 cilindros		
Pontiac Grand Am	20	29
Mazda 6	20	27

el cual varía a lo largo del país. Estas tres variables pueden causar que su gasto en gasolina se incremente rápidamente.

Si usted quiere la comodidad de un carro intermedio pero quiere gastar menos en gasolina, pida al agente uno intermedio de cuatro cilindros. Éstos podrían ser ligeramente más lentos, pero podrían casi igualar el rendimiento de gasolina de un auto compacto.

Use el seguro de sus tarjetas de crédito

No pague por seguros dos veces. Averigüe con su compañía de tarjetas de crédito para ver qué tipo de cobertura de seguro ellos ofrecen cuando usted renta un carro.

Diner's Club es la única tarjeta que ofrece cobertura primaria en los Estados Unidos, pero *American Express*, *Visa* y *MasterCard*, a un nivel oro o superior, típicamente proveen cobertura secundaria de daños por colisión.

Pase en la renuncia de daños por colisión, también. Los $10 ó $20 al día pagan por un contrato que está lleno de lagunas jurídicas de la compañía de rentas para escaparse y librarse de cumplir con su póliza en caso de un accidente.

Nuevo enfoque en las rentas de carros

Ser propietario de un carro es costoso. Una vez usted sume los gastos, su consumo total de gasolina, seguro y mantenimiento, más su cuota mensual, podría ser de $600 a $700 por mes. Eso está bien si usted usa su carro mucho, pero ¿qué hay si usted lo usa menos de una hora al día, y dos o tres horas durante el fin de semana? Entonces usted podría estar gastando más de lo que usted necesita.

En lugar de eso, regístrese en un programa de carros compartidos, como *Flexcar* en *www.flexcar.com* o *ZipCar* en *www.zipcar.com*. En algunos casos, el costo puede ser tan bajo como $30 al mes por uso de tiempo parcial de un carro, incluyendo gasolina, pago de seguro, mantenimiento y asistencia 24 horas.

Esté consciente de que los programas de carros compartidos a menudo cobran una cuota de registro. También, usted debe reservar el carro por adelantado, y éstos pueden estar escasos en horas pico. Y lo más importante, si usted excede el millaje o el tiempo límite, a usted le pueden cobrar recargos grandes.

Si usted sólo necesita un carro para el fin de semana, pruebe *Enterprise Rent-A-Car*. Ellos frecuentemente ofrecen tarifas especiales de fin de semana desde $9.99 al día.

Seguro de autos

Repare su crédito para lograr mejores tasas de interés

Buscar errores en su reporte de crédito al menos una vez al año puede hacer maravillas para sus pagos de seguro. Si su reporte de crédito tiene un error, y los errores ocurren, dispute el error.

Su puntaje de crédito afecta su puntaje de seguro, el cual afecta, a su vez, a su costo de seguros. Corregir errores en su reporte de crédito podría bajar su costo de seguros. Generalmente, un puntaje de seguro arriba de 760 es considerado bueno, y cualquiera por debajo de 600 es malo.

Si su puntaje de crédito esta sobre 700, busque en compañías como *Allstate* y *Progressive* que dan mejores precios por buen crédito. Si su puntaje es más bajo, busque compañías como *State Farm* y *American Family Insurance*, las que ponen más énfasis en otros factores, como sus registros de manejo.

Manejando un registro de manejo imperfecto

La forma más fácil de mantener su seguro de auto abajo es tener un record de manejo perfecto, pero para conductores con historia menos que perfecta, hay aún formas de sacar lo mejor de la situación.

Si hay uno o dos defectos en su registro, póngase en contacto con su departamento de vehículos motorizados local para averiguar cuántos puntos tiene usted y cuando expiran. Podría no ser mucho antes de que algunos de esos puntos desaparezcan, y su registro mejorará. Espere hasta entonces para obtener cotizaciones de seguros.

Asegúrese de que no haya errores en su registro, como una multa que usted nunca recibió o un error tipográfico en su fecha de nacimiento. Cuesta muy poco conseguir una copia de su registro de manejo, pero no cuesta nada corregirlo. Usted ahorrará mucho más a largo plazo al arreglar cualquier error.

Haga su tarea para conseguir un buen trato

La mejor forma de encontrar el precio más bajo en seguros de auto es haciendo su tarea. Compare precios antes de registrarse con alguna agencia de seguro de autos, y usted estará seguro de ahorrar dinero. Las cuotas pueden variar de una agencia a otra, así que llame a cada compañía para averiguar lo que ellas cobran y déles los mismos detalles. Dígales qué cobertura usted está buscando, la cantidad de deducible que usted quiere, con cuanta frecuencia el carro es conducido, su edad o la edad del conductor, y el año, marca y modelo del carro.

Si usted no está exactamente seguro en donde empezar, hable con los expertos. Llame a su departamento estatal de seguros y pídales una lista de compañías de seguros y las tarifas que ellos cobran. Usted puede encontrar la información de contacto de su departamento estatal de seguros, en la parte frontal de su directorio telefónico o al hacer una búsqueda en línea en su sitio Web.

Una vez usted tenga la lista, contacte al menos cuatro de las compañías con los menores precios. Deles los mismos detalles mencionados antes, para averiguar cuáles tarifas estas compañías cobran por la misma cobertura. Con la información en sus manos, usted puede tomar una decisión educada, y se sentirá mejor sabiendo que usted logró la mejor oferta de la ciudad.

Verifique las siguientes cotizaciones para un *Ford Focus 2002 ZTW* con 40.000 millas. Los dos conductores están casados, actualmente tienen seguro de autos y no tienen ninguna violación de tráfico. El carro, el cual es conducido 10 millas al trabajo, tiene un sistema de alarma y aún está siendo pagado.

Sitio Web	Cotización más baja por seis meses
www.insWeb.com	$456.00
www.geico.com	$469.10
www.progressive.com	$589.00
www.esurance.com	$737.00
www.electricinsurance.com	$951.00

Compre sólo lo que usted necesita

Usted puede ahorrar dinero al comprar sólo la cobertura que usted necesita. Pruebe aumentando su deducible para cobertura total y de colisión. Usted puede recortar entre un 15% y un 20% el costo de su seguro al aumentar su deducible de $250 a $500, o a $1.000.

Usted puede dejar de pagar la cobertura total por completo. Si su carro ha sido pagado, cambie a solamente un seguro de responsabilidad y usted podría ahorrar cientos de dólares al año. Como regla general, la cobertura completa y de colisión no vale la pena si el valor de su carro no es mayor que diez veces el costo anual. Si este es el caso, todo lo que usted necesita es cobertura de responsabilidad.

No pague dos veces por ayuda en carretera

La Asociación Automotriz de Norteamérica (*Automobile Association of America*; *AAA*, por sus siglas en inglés) es una organización reconocida por ofrecer asistencia confiable en carreteras, pero ¿por qué pagar por un servicio extra cuando su propia compañía de seguros probablemente lo ofrece?

La mayoría de las compañías de seguros ofrecen programas de asistencia en carretera por tan poco como $12 al año. Esa pequeña cuota usualmente le da derecho a arranque de vehículo, servicio de cerrajería, cambio de llantas, remolque, gasolina y un número de ayuda gratis. Los costos de *AAA* son mayores por los beneficios adicionales aparte del servicio de carreteras, como descuentos de viajes en hoteles y restaurantes, pero si usted no viaja mucho, es una mejor idea quedarse con su propia aseguradora.

Pocos pagos significan bajos costos

En lugar de financiar su pago de seguro en seis cuotas mensuales, pague su prima de seguro de seis meses de una vez. Cuando usted elige el plan extendido y divide sus pagos, la compañía de seguros agrega lo que llama "cuota por servicio de pago". Ésta es una pequeña cuota que ellos agregan a su pago cada mes para cubrir sus gastos de procesamiento, pero usted no obtiene más cobertura. Pague completamente dos veces al año, y aquellas pequeñas cuotas mensuales pueden sumar hasta casi $100 en ahorros anuales.

Combine sus seguros por un descuento

Muchas grandes cosas vienen en pares, mantequilla de maní y gelatina, *Astaire* y *Rogers*, seguro de auto y de vivienda. Tomar su seguro de auto y de vivienda con la misma compañía podría hacerle ganar un gran descuento. Usted ahorrará típicamente entre un 10% y 15% del valor de sus primas.

Córteles el paso a las deudas con el seguro *GAP*

El seguro *GAP* lo protege de pagar un carro que usted ya no tiene. Este seguro de protección de automóvil garantizada paga la cantidad que usted debe si su carro es declarado como pérdida total y usted queda con una devda que es mayor que el valor total de su carro.

Así que si usted debe $20.000 por un carro que la compañía de seguros dice que valía sólo $16.000 cuando fue declarado como pérdida total, el

Llévese al bolsillo $100 extras al mes o más con descuentos ahorradores de dinero en seguros de autos que usted puede estar ignorando. Aquí hay nueve descuentos, disponibles en la mayoría de las compañías de seguros, que podrían ahorrarle un fajo de billetes:

- ✓ Buen registro de manejo
- ✓ Conductor maduro
- ✓ Cliente antiguo
- ✓ Curso de conducción defensiva
- ✓ Conductor transportador o de bajo millaje
- ✓ Dispositivo antirrobo o sistema satelital de recuperación
- ✓ Sistemas de seguridad, como bolsas de aire y frenos antibloqueo
- ✓ No fumador
- ✓ Buen estudiante

seguro *GAP* cubrirá los restantes $4.000. Con precios que van desde $15 hasta $45 al año, éste tiene un buen valor. Considere comprarlo si usted está haciendo un pago inicial menor del 20%.

Más formas de ahorrar

Aún hay más formas de ahorrar dinero en seguros de auto para propietarios de ciertos autos. Manejar menos frecuentemente o transportando a otros podría hacerle obtener un descuento, especialmente si usted conduce menos de 5 ó 6 mil millas al año. Estacionar su auto en un garaje cerrado, en lugar de estacionarlo en la calle, podría hacerlo acreedor a un descuento. Algunas compañías incluso dan descuentos a oficiales de policía, profesores o retirados. Los descuentos están allí. Usted sólo tiene que preguntar.

Hasta ahora los consejos de este capítulo han sido útiles si usted ya tiene un carro. Si usted está en el proceso de comprar uno, tenga esto en mente: el tipo de carro que usted maneje afecta mucho lo que usted va a pagar en primas de seguros. Elegir un carro con mejores calificaciones de seguridad reducirá sus primas.

Para encontrar las calificaciones de seguro de diferentes carros, revise las guías anuales de compra de carros *Consumer Reports*. El Instituto de Seguros para la Seguridad en Carreteras (*Insurance Institute for Highway Safety*) es otro sitio bueno para buscar estadísticas que puedan afectar sus primas. Llame al 703-247-1500 ó visite *www.carsafety.org* para ponerse en contacto y averiguar la calificación de su futuro carro.

Artículos para bebé

Cinco secretos de los mejores cazadores de ofertas

Desde ropa hasta un corral, usted puede conseguir virtualmente todo lo que usted necesite gratis o muy cercano a eso.

- Pase por las ventas de garaje. Usted podría enganchar fantásticas ofertas, especialmente si usted ofrece sacarles de las manos una bolsa o caja llena de cosas para bebés.

- Cree una red de personas que conozcan sus necesidades. Una llamada telefónica rápida o correo electrónico es una gran oportunidad para hacerles saber a amigos, vecinos y miembros de la familia, que usted está buscando ofertas para bebés. Dígales específicamente lo que usted necesita, y pídales mantener un ojo en la ropa de segunda mano y en otros buenos tratos.

- Planee una reunión de intercambio. Iglesias, jardines infantiles y clubes comunitarios son buenos sitios para reunirse y organizar intercambios con personas que tienen artículos para bebés. Hágala una fiesta de intercambio. Usted podría aún decidir por adelantado lo que cada persona va a llevar, y juntarla con alguien que necesite la misma cosa.

■ Busque tableros de anuncios públicos en su tienda de víveres, oficinas pediátricas, iglesias y escuelas. Ahí usted podría encontrar padres tratando de vender o regalar sus artículos para bebés. Usted puede también poner un aviso por su cuenta, pidiendo específicamente las cosas que usted necesita. Asegúrese de preguntarle a la organización o compañía acerca de sus reglas con respecto a colocar avisos de "se busca".

■ Ofrezca intercambios con la gente que usted conoce. Haga trueque con sus bienes, dando algo que usted sabe que ellos necesitan: un servicio como cuidado de bebés, cocinar una comida o aún un artículo que usted tiene pero que no necesita. Esta es una forma buena y barata de ayudarse unos a otros.

Diez formas inteligentes de ahorrar en ventas de garaje

■ Haga una lista con las cosas que usted necesita comprar en los siguientes meses, luego llévela consigo. Artículos que usted realmente no necesita abarrotarán su casa.

■ Comience temprano o vaya tarde. Usted encontrará la mejor variedad de cosas en la mañana, especialmente en muebles y electrodomésticos, pero usted enganchará las mejores ofertas al final del día, cuando los agotados vendedores están listos para las grandes ofertas.

■ Busque garantías de por vida. Ningún vendedor de garaje garantizará sus bienes, pero algunas compañías como *Tupperware*, *Farberware*, *Chicago Cutlery* y herramientas *Craftman*, tienen garantías de por vida respaldadas por sus fabricantes. Así que vaya y compre el *Tupperware* dañado o la llave *Craftman* oxidada y llame al comerciante para cambiarla.

■ Pregunte por artículos que usted no ve. ¿Necesita una carriola para bebé? Pregunte al vendedor si ellos tienen una. Ellos podrían haber olvidado ponerla afuera, u otro cliente podría indicarle en donde encontrar una.

■ Piense creativamente. Compre productos por sus partes: ropa barata por sus botones bonitos, lámparas por sus pantallas, y así sucesivamente.

- No pierda su tiempo en ventas de alto precio. Usted sólo quiere gangas. Algunas personas sólo quieren hacer dinero, no deshacerse de sus cosas, y ellos se negarán a negociar.

- Asegúrese que funciona. Pregunte al vendedor si usted puede conectar un artículo, o si ellos tienen baterías para probarlo. Si ellos dicen que no, no lo compre. Es probable que esté descompuesto.

- Busque en toda la ropa manchas, botones, broches y cierres que funcionen. Si usted no está seguro de si una mancha se quitará o no con una lavada, es mejor no comprar la prenda.

- Siempre vaya preparado con monedas y suficiente dinero en efectivo en billetes pequeños. Llévelos en una pequeña bolsa alrededor de su cintura en lugar de una cartera que usted podría poner en algún lado y olvidar.

Las grandes ofertas abundan en las ventas de garaje en casi todo bajo el sol. Unos pocos artículos encabezan la lista de los más encontrados.

- ✓ Juguetes
- ✓ Ropa
- ✓ Muebles
- ✓ Artículos decorativos
- ✓ Libros
- ✓ Artículos de cocina
- ✓ Juegos de cama y mantelería
- ✓ Herramientas

- Pida un menor precio si usted no quiere pagar lo que el vendedor quiere. Lo peor que ellos pueden decir es "no".

Lista de seguridad en artículos usados

Los anuncios clasificados, tiendas de segunda mano y ventas de garaje pueden ser los mejores lugares para recoger artículos y muebles para bebé baratos. Pero en nombre de la seguridad, asegúrese que los artículos pasen estas pruebas antes de que usted los lleve a casa.

- ¿Aún está la construcción firme? Busque partes rotas, uniones flojas y astillas.

- ¿Funcionan todas las partes apropiadamente? Usted no quiere que una carriola colapse con su bebé adentro, o que la silla del carro se suelte durante un accidente de auto.

- ¿Está limpio? En otras palabras, ¿permitiría que su hijo lo muerda? Algunos artículos pueden ser fácilmente limpiados, otros no. Si no lo son, no los compre.

- ¿Podría un niño lastimarse con ellos? La Comisión de Seguridad de Productos del Consumidor (*Consumer Product Safety Commission; CPSC*, por sus siglas en inglés) advierte sobre unos artículos aparentemente inocentes que podrían matar niños. Una cuna debe tener un colchón firme y de ajuste perfecto y tablillas que no estén separadas más de 2 3/8 de pulgada de forma que la cabeza del bebé no se deslice a través de ellas.

- ¿Ha sido retirado del mercado? Averígüelo llamando a la línea gratuita del *CPSC* (por sus siglas en inglés) al 800-638-2772 ó visitando su sitio Web en *www.CPSC.gov*.

Supertiendas no tan súper

Grandes vendedores de especialidades al detalle, como *Babies "R" Us*, *Toys "R" Us*, y aún *PetSmart* y otros, ni son tiendas de descuento, ni son tiendas de ofertas. Éstas son tiendas departamentales grandes y especializadas. En general, no ofrecen mercancías rebajadas. En lugar de eso, ofrecen una mejor variedad que la que usted pueda encontrar en otras tiendas, pero con servicio muy limitado. Es un intercambio: más opciones, menos servicio, y pocos descuentos.

Compre inteligentemente en clubes con membresía

Usted podría ahorrar el 26% en víveres y obtener buenísimas ofertas en muchos otros artículos en clubes de bodega, tales como *Costco*, *Sam's Club* y *BJ's*. Estas tiendas mantienen sus precios bajos al vender a granel, con tiendas sin adornos, contratando menos personal y sin poner tanta publicidad como otros competidores. Ellos transfieren los ahorros a usted. A menudo, ellos venden electrodomésticos, artículos de oficina, y aún electrónicos además de los víveres.

Desafortunadamente, ellos también tienen desventajas.

- La mayoría de los clubes con membresía no aceptan cupones, ofrecen especiales semanales, o venden marcas genéricas. Usted puede hacer más doblando sus cupones, revisando los avisos de víveres, o comprando genéricos en su tienda local.

- Ellos venden a granel, lo que puede generar compras grandes, pero 5 libras de mantequilla con un 30% de descuento no es una ganga si se pone rancia antes de que usted la use.

- Ellos podrían no decirle el precio unitario, por ejemplo el costo de un champú por onza, tal como lo hacen las tiendas de víveres. Esto hace difícil la comparación al comprar. Revise los precios por unidad en otras tiendas antes de ir a un club de bodega, luego lleve una calculadora y haga sus propias cuentas.

- Sus precios bajos pueden tentarlo a comprar cosas que usted no necesita. Compre con una lista y apéguese a ella, y sólo lleve dinero en efectivo para limitar su gasto.

- Ellos ofrecen muchos productos diferentes, pero con poca variedad de marcas. Por ejemplo, usted puede encontrar diez marcas de salsa de espagueti en una tienda de víveres y sólo dos en un club de bodega. Decida si usted quiere mejores precios o más opciones.

- Ellos rotan su inventario, así que la marca que usted quiere podría no estar la próxima vez que usted vaya.

- Algunas aceptan sólo un tipo de tarjeta de crédito pero ofrecen la suya propia como una alternativa, con tasas de interés exorbitantes. Pida una, y ellos podrían vender también su información personal.

- Ellos cobran una cuota de membresía anual, usualmente entre $25 y $40. Algunos dan pases de un día a invitados, tan a menudo como usted quiera, para comprar ahí, pero agregan un 5% de recargo en la caja. Aún así, si usted gasta menos de $500 a $800 ahí, usted lo hará mejor consiguiendo un pase que comprando una membresía.

Algunos clubes ofrecen membresías de prueba gratis, hasta 60 días. Llame y pregunte acerca de esa norma, luego pruebe el lugar antes de enrolarse.

Bancos

■ Servicios bancarios

Escape de la trampa del recargo por uso de cajeros automáticos

No dé sus moneditas de 5 y 10 centavos a morir por los cobros de uso de cajeros automáticos. Use estos consejos para evitarlo.

■ Use los cajeros automáticos de su propio banco siempre que sea posible.

■ Averigüe si su banco pertenece a una red de recargo selectiva. Si es así, usted puede usar un cajero automático de cualquier banco que pertenezca a la red sin que le cobren el recargo.

■ Pida dinero en efectivo cuando use su tarjeta de débito en una compra.

■ Si usted está buscando un banco, considere los bancos grandes con redes de cajeros automáticos remotos o bancos en línea.

■ Planee con tiempo de forma que usted nunca tenga que hacer un "viaje de emergencia" a un cajero electrónico que cobre recargo.

Descubra los descuentos por depósito directo

Los bancos pueden sorprenderlo con cheques gratis o con descuento si usted acepta el servicio de "depósito directo". Con el depósito directo, su empleador deposita su cheque de pago directamente en su cuenta bancaria en lugar de dárselo a usted primero. Eso significa que usted no tendrá que visitar el banco para depositar el cheque, y su cheque de pago no puede perderse o ser robado.

Pregúntele a su empleador si dispone de depósito directo. Luego pregúntele a su banco qué beneficios puede esperar si se aviene al depósito directo. Podría recibir una agradable sorpresa.

Evite las multas por cheques devueltos

Un cheque devuelto puede provocar múltiples cobros de multas de su banco, así como cobros adicionales del negocio que recibe el cheque sin fondos.

La mejor forma de evitar tales multas es manejar su cuenta de forma que usted no tenga que sobregirar ningún cheque. Pero si usted piensa que necesita la protección contra sobregiros, su banco podría permitirle acolchonar sus cheques con dinero de su cuenta de ahorros, tarjeta de crédito o una línea de crédito. Aún si usted debe pagar cuotas o intereses, ellos podrían costar menos que un cheque devuelto.

Una advertencia, algunos bancos automáticamente enrolan a sus clientes en sus propios planes de protección contra sobregiros, los cuales tienen tasas de interés irracionales. Usted debe verificar con su banco, y optar por no hacerlo si usted descubre que ése es el caso.

Ahorre usted mismo con una oferta de cheques

Usted puede obtener un mejor precio en cheques si usted los compra con un vendedor de cheques independiente. Pida un catálogo o visite los sitios Web de vendedores como estos.

- *www.walmartchecks.com*

Fuente	Costo de cheque de estilo único	Por cheque
www.checkworks.com	$7.95 por 200 cheques (envío gratis)	4 centavos
www.walmartchecks.com	$5.96 por 240 cheques + $1.70 por envío	3 centavos
www.checksunlimited.com	$21.90 por 400 cheques + $4.50 por envío si no es el primer pedido	7 centavos
www.checkinthemail.com	$7.99 por 200 cheques, no incluye el envío	4 centavos más envío
Banco importante No. 1	$8 por 50 cheques pero el primer paquete es gratis	16 centavos
Banco importante No. 2	$14.95 por 150 cheques	10 centavos

- www.checksunlimited.com ó 800-204-2244 para pedir un catálogo

- www.checkworks.com

- www.4checks.com

- www.checksinthemail.com ó 866-639-2432

- www.deluxe-check-order.com

Compare los precios que estos vendedores cobran con lo que usted está pagando ahora. Si usted quiere comprar de estas compañías u otros vendedores de cheques independientes, usted debe tomar unas pocas precauciones.

- Pregunte por las medidas de seguridad incluidas en los cheques, o busque en su sitio Web.

- Averigüe cómo su información personal y privacidad son protegidas.

- Averigüe con su "Oficina de mejores negocios" (*Better Business Bureau)* local o estatal, agencia de protección al consumidor y oficina del Procurador General del Estado para saber si se han registrado quejas en contra de un vendedor.

El pago de cuentas en línea vale la pena

El pago de cuentas en línea puede ser una forma inteligente de ahorrar, especialmente si usted lo puede hacer gratis. Mientras que el costo del envío por correo de cuentas puede no parecer mucho, éste se acumula rápidamente. Y si usted ha tenido cuentas enterradas debajo de documentos, o se ha retrasado el correo, usted sabe cuán costosos son los recargos por retrazo.

El pago de cuentas en línea le permite programar pagos cada mes, quizá hasta con un año de anticipación para cuentas de intereses fijos. Y lo que es mejor, algunos servicios de pago de cuentas hasta ofrecen enviarle recordatorios para que las fechas límites no se le pasen.

Proteja sus cheques del robo de identidad

Los cheques dejados en su buzón de correo lo ponen en riesgo del robo de identidad. Mantenga sus cheques, y usted mismo, protegidos.

Si usted pide cheques de su banco, acuerde recogerlos de una sucursal cercana. De otra forma, pida al banco o al vendedor de cheques enviarle los cheques por correo certificado. También, nunca imprima sus números de seguro social en sus cheques.

Para mayor protección incluso, instale un candado en su buzón de correo para mantener a los ladrones lejos de sus cheques y otra información financiera o personal.

Antes de que usted se comprometa con un servicio de pago de cuentas, haga preguntas como estas para ver si el servicio le conviene.

■ ¿Provee el banco para usted un medio de autorizar una cantidad y fecha para el pago de una cuenta?

■ ¿Puede la cuenta ser pagada y entregada aún si la compañía no está disponible en línea?

■ ¿Qué características están incluidas en el pago de cuentas en línea?

■ ¿Cuál es el costo de pago de cuentas en línea, y hay algún requisito que usted debe cumplir para usar ese servicio?

■ ¿Cómo protege el banco la privacidad y la seguridad de la información personal y financiera?

■ ¿ Cuánto se demora un pago en llegar al cobrador?

Aprenda más preguntas por hacer, y lea consejos buenos sobre banca en línea y pago de cuentas de la Corporación Federal de Seguros de Depósitos (*Federal Deposit Insurance Corporation*). Visite *www.fdic.gov* y haga clic en el enlace *Consumers*. En *Consumer Resources*, haga clic en *Safe Internet Banking*.

Usted también puede escribir o llamar a la *FDIC* (por sus siglas en inglés) para pedir información en la siguiente dirección.

Contacto: *Federal Deposit Insurance Corp.*
550 17th Street, N.W.
Washington, D.C. 20429
877-275-3342

No gaste en software financiero

Imagínese tener el poder administrativo del dinero de *Quiken* de Intuit o de *Money* de Microsoft sin pagar por el software. Usted podría, si pregunta por servicios gratis en línea disponibles en su banco o agente de bolsa.

Compare las características del software financiero con los servicios en línea para ver si las herramientas en línea ofrecen todo lo que usted necesita. Por ejemplo, si usted planea invertir horas rastreando cada centavo en su presupuesto, *Quicken* o *Money* podría aún ajustarse a usted.

Pero si usted quiere pagar sus cuentas en línea o revisar todas sus cuentas bancarias, de inversiones y de crédito, en un solo sitio, los servicios en línea funcionan igual de bien, sin costarle nada extra.

■ Crédito

Coseche los beneficios de un puntaje de crédito alto

Un puntaje de crédito es un número entre 300 y 850 que sirve como una foto instantánea de su reporte de crédito en cualquier momento. Un puntaje de crédito bajo le costaría a usted hasta $240 adicionales por mes en un crédito de $100.000, de acuerdo a un estimado. Eso es más de $2.800 por año, aún con bajísimas tasas de interés.

Mejorar un puntaje de crédito puede beneficiarle porque una variedad de personas lo usan como ayuda para tomar decisiones.

- Las aseguradoras pueden cobrarle una prima más baja en seguros de auto y vivienda. La gente con puntajes pobres puede pagar más y podrían negarle cobertura o renovación.

- Los prestamistas pueden cobrarle a usted tasas de interés más bajas, menos o más bajos recargos, y le otorgan límites de crédito más altos.

- El seguro de hipotecas privadas (*Private Mortgage Insurance*; *PMI*, por sus siglas en inglés) puede costar menos.

- Los dueños de viviendas pueden solicitar su puntaje de crédito para ayudarse y juzgar si usted pagará su renta regularmente y a tiempo. Un puntaje alto podría significar que es menos probable que su solicitud de renta sea rechazada. Los depósitos y cobros podrían ser menores, también.

- Su puntaje de crédito puede jugar un rol en si usted es elegido para un empleo, particularmente si el trabajo requiere que usted sea responsable de dinero.

- Las compañías de servicios públicos, incluyendo los proveedores de servicios de teléfono celular, pueden considerar su puntaje de crédito para decidir si le ofrecen o no sus servicios.

Para ayudar a mejorar su puntaje de crédito, averigüe qué es, y asegúrese que los errores en su reporte de crédito no lo están manteniendo artificialmente bajo. Su puntaje le costará, pero usted puede adquirirlo cuando obtenga su reporte de crédito gratis. Si usted encuentra errores en su reporte de crédito, corríjalos.

Use estos consejos para ayudarse a lograr un puntaje de 720 ó mayor. Cada pequeño aumento ayuda.

- Cobranzas a morosos y pagos tardíos hunden su puntaje, pero ese puntaje mejora cuando usted construye una historia de pago de servicios a tiempo. Si usted ha omitido algunos pagos, póngase al día y manténgase así.

- Pague sus balances grandes en tarjetas de crédito. Mantenga los balances bajos.

- No solicite nuevas tarjetas de crédito innecesariamente sólo para aumentar su crédito disponible.

- Maneje sus tarjetas con extremo cuidado. Mantenga los balances tan bajos como sea posible, y cumpla con la fecha de pago cada mes.

No pague por su reporte de crédito

Revisar su reporte de crédito al menos una vez al año paga, especialmente si usted detecta errores que afectan su calificación de crédito. Y ahora usted no tiene que pagar por el reporte mismo, gracias al decreto de reporte de crédito justo (*Fair Credit Reporting Act*). Después de septiembre 1 de 2005, usted puede pedir un reporte de crédito cada año de cada uno de las tres agencias de crédito más importantes de crédito.

Aunque el programa no esté disponible en su área todavía, usted puede conseguir su reporte de crédito gratis si a usted le han negado crédito, seguro o un trabajo por la información de su reporte de crédito. Pero usted debe solicitar el reporte dentro de los 60 días después de haber recibido la noticia de la negación.

Para obtener su reporte de crédito gratis, visite *www.annualcredit report.com*, o llame al número gratis 877-322-8228. Usted también puede escribir a la siguiente dirección.

Contacto: *Annual Credit Report Request Service*
P.O. Box 105281
Atlanta, GA 30348-5281

Esté listo para dar su nombre, dirección y número de seguro social. A usted también le pueden pedir más información. Luego, usted puede elegir sólo un reporte de crédito, o todos los tres, uno de cada agencia. Si usted quiere, usted puede obtener uno ahora, y volver para revisar uno o dos de los otros reportes después en ese mismo año.

Quizá la única mala noticia sobre este programa es que su puntaje de crédito no viene con su reporte de crédito gratis. Sin embargo, usted puede elegir comprar su puntaje cuando usted solicita un reporte gratis.

Si usted encuentra un error en su reporte, póngase en contacto con la agencia de crédito responsable del reporte, y pregunte cómo hacer para corregir el reporte. Aquí está como ponerse en contacto con estas organizaciones.

- *Equifax* en *www.equifax.com* o en el número telefónico que está abajo en su reporte de crédito de *Equifax*.

- *Experian* en *www.experian.com* o en el número telefónico que está abajo en su reporte de crédito de *Experian*.

- *Trans Union* en *www.transunion.com* ó 800-916-8800.

Y aquí hay un consejo extra. Para ayudar a prevenir el robo de identidad, ignore aquellos avisos, correos electrónicos y llamadas de telemercadeo que prometen un reporte de crédito gratis. Después de todo, ellos pueden ser simplemente estafadores buscando formas de robar su identidad. No se arriesgue.

Nueve formas de borrar sus deudas de tarjeta de crédito

Usted podría ahorrar miles de dólares en intereses al controlar simplemente sus deudas de tarjeta de crédito. Empiece con estas nueve formas de borrar sus deudas de tarjeta de crédito.

- Averigüe cuál es su deuda total de tarjetas de crédito. Luego calcule cuánto tiempo le tomará pagar toda la deuda, con el cargo por intereses incluido.

- Transfiera sus saldos de altas tasas de interés a una tarjeta con baja tasa de interés. O pague sus tarjetas de altos intereses primero.

- Rastree sus gastos. Usted podría sorprenderse de adonde va su dinero. Prepare un presupuesto que corte de tajo los gastos innecesarios, y apéguese a él. Use los ahorros para pagar sus deudas.

- No pague simplemente el mínimo cada mes. Si usted debe $1.000 en una tarjeta con una tasa de interés de 17%, puede tomarle 12 años y cerca de $900 en intereses para terminar de pagarla.

- Nunca use avances de dinero de tarjetas de crédito para hacer pagos en otras cuentas.

- Pare de usar tarjetas de crédito, y no abra nuevas cuentas de cobro.

- Siempre pague a tiempo.

- Consiga un segundo empleo para ayudar a pagar sus deudas.

- Pruebe un consejero de crédito si usted quiere ayuda externa. Póngase en contacto con la Fundación Nacional para Consejería Crediticia (*National Foundation for Credit Counseling; NFCC*, por sus siglas en inglés) en el 800-388-2227, o visite *www.nfcc.org*. La *NFCC* puede proveerle educación y consejería crediticia y ayudarle a obtener mejores acuerdos con sus acreedores.

Prohíba correos basura de créditos preaprobados

"Usted ha sido preaprobado por miles con nuestra tarjeta platino", proclama esa tentadora oferta en su buzón de correo. Pero esa oferta puede acumular cargos por intereses, aumentar sus deudas y aumentar su riesgo de robo de identidad. No se deje tentar, especialmente si usted es propenso a las deudas. En lugar de eso, ayúdese usted mismo a ahorrar dinero al decidir no aceptar.

Decidir no participar significa que usted le pida a las agencias de tarjetas de crédito retirar su nombre de sus listas de mercadeo, la fuente de la mayoría de las ofertas de crédito preaprobado. Dígale a las agencias que bloqueen esos sobres tentadores por tan sólo dos años o indefinidamente.

Para decidir no participar por teléfono, llame a la línea gratuita 888-567-8688. A usted le van a preguntar su información personal, incluyendo su nombre, número telefónico y número de seguro social. No se preocupe, estos detalles permanecen confidenciales y sólo son usados para procesar su solicitud. Sólo recuerde, usted puede tener que llenar y regresar una forma de consentimiento si usted quiere que las ofertas paren indefinidamente.

Las ofertas no pararán inmediatamente, así que ¿qué puede usted hacer mientras espera? No se arriesgue con una estafa que puede arruinar su buen puntaje de crédito. Antes de que usted tire ese correo "basura", desmenuce todas las ofertas de crédito al tamaño de confeti. Una oferta completa en su t puede ayudar a los ladrones a robar su identidad, p simplemente los deja frustrados.

Proteja su puntaje del exceso de tarjetas

Abrir cuentas de tarjetas sin intereses cada pocos meses puede parecer como una idea para ahorrar dinero, pero eso puede hundir su puntaje de crédito. Un número de factores entran en el cálculo del puntaje de crédito. Con cuánta frecuencia usted ha solicitado créditos recientemente es uno de ellos, y de igual forma el porcentaje de crédito disponible que usted ha usado.

Cada nueva tarjeta puede rebajar su reporte de crédito un poquito más. Sin embargo, si usted tiene una larga historia de crédito, los bajones pueden ser menos fuertes. El bajón en su puntaje puede durar seis meses, a menos que la nueva tarjeta traiga nuevos problemas con ella.

- Esté alerta con las tarifas para transferir saldos grandes, tasas de interés bajas que suben muchísimo después de unos pocos meses, y cualquier otro cobro que haga el cambio de tarjeta más costoso que continuar con la tarjeta vieja. Éstos pueden aumentar su deuda en lugar de reducirla.

- Tenga cuidado con transferir un saldo grande a una tarjeta sin intereses o con intereses bajos. Si el monto transferido es más que la mitad del límite de crédito de su nueva tarjeta, esa transferencia puede disparar una caída en su puntaje de crédito. Pague esa deuda hasta estar por debajo del 50% del límite, y su puntaje de crédito se deberá recuperar.

- Evite cambiar de tarjetas o pedir nuevas tarjetas si usted planea tomar un crédito de carro o vivienda en los próximos 12 meses.

Mientras que cambiar a tarjetas sin intereses ha ayudado a algunos consumidores a pagar sus saldos, acumular tarjetas puede aún ser una estrategia riesgosa, y no es adecuada para todos.

En lugar de cambiar de tarjetas, busque otras soluciones, tales como el *Pay-Down Advisor* de *Bankrate*. Visite *www.bankrate.com* y haga clic en *Credit Cards*. Vaya a la parte de abajo y haga clic en el enlace *Pay off balances* que esta inmediatamente debajo de *Pay off your debt*. Responda las preguntas para encontrar varias soluciones que usted de probar.

cos

Cancele las tarjetas de crédito con precaución

Cancelar varias cuentas de tarjetas de crédito no mejorará su puntaje de crédito y podría bajarlo. Aquí está porqué.

Un factor que el puntaje de crédito considera es qué cantidad de su crédito total usted usa. Para calcular eso, el puntaje de crédito divide su saldo total en sus tarjetas de crédito entre el limite de crédito total disponible en aquellas cuentas. El resultado es una fracción, entre menor sea, es mejor. Cancelar tarjetas de crédito puede aumentar ese número, el cual es perjudicial para su puntaje de crédito.

Calcule cual tarjeta de crédito usted debe cancelar

Belinda tiene cinco tarjetas de crédito. Dos no son usadas, así que ella decide cancelar una. Pero antes de que ella lo haga, ella evalúa si cancelar una podría reducir su puntaje de crédito.

La deuda total de Belinda es $1.500, y su crédito límite total es $12.000. Actualmente ella está usando 12.5% (1.500/12.000) de su crédito disponible, el cual está por debajo del límite del 20% recomendado. Pero ese número podría cambiar drásticamente si ella cancela la tarjeta equivocada.

La tarjeta de crédito de una tienda de electrodomésticos de Belinda tiene un saldo de cero y un límite de $5.000. Si ella cancela esa tarjeta, su límite total se reducirá de $12.000 a $7.000. Pero un balance de $1.500 dividido en $7.000 estaría alrededor del 21%. Ya que éste es mayor que el límite de seguridad del 20% para el puntaje de crédito, el puntaje de crédito de Belinda puede bajar.

Por otra parte, la tarjeta de tienda departamental de Belinda tiene un saldo de cero y un límite de $1.000. Si ella cancela esa tarjeta, su límite total será reducido de $12.000 a $11.000. Los evaluadores de crédito dividirán $1.500 en $11.000 para obtener un resultado de entre el 13% y 14%, por debajo del 20% que provoca la caída del puntaje de crédito. Belinda actuará inteligentemente y cancelará esta tarjeta.

Si usted aún quiere cancelar las tarjetas que no usa, sólo cancele aquellas que tienen un balance nulo. Y si usted planea comprar una casa o un carro pronto, no las cancele hasta que usted haya calificado para un crédito.

Construya su historia de crédito sabiamente

Presupuestar su dinero de forma que usted no dependa de las tarjetas de crédito es la forma responsable de vivir. Pero cuando usted usa las tarjetas de crédito, una estrategia sabia puede ayudarlo a construir o restaurar un buen puntaje de crédito. Mantenga una buena calificación crediticia con estos consejos.

- Evite abrir frecuentemente nuevas cuentas de tarjetas de crédito.

- Abra un nueva cuenta sólo cuando sea esencial, y asegúrese de leer la letra pequeña antes de hacerlo, especialmente la información sobre tarifas, multas, tasas de interés, periodos de cobro y periodos de gracia.

- Pague a tiempo

- Si a usted le han negado tarjetas de crédito, debido a un pobre puntaje de crédito, o por no tener historia de crédito, considere solicitar una tarjeta asegurada. Ésta podría ayudar a construir una buena historia de crédito, suficiente para solicitar una tarjeta no asegurada después de uno o dos años. Trate una de bajos intereses si usted espera llevar un saldo. De otra forma, busque una tarjeta sin cuota anual.

- Treita porciento de su puntaje de crédito depende de qué cantidad de su límite total de crédito usted usa. No cargue más del 20% de su crédito disponible total de forma que su puntaje no se hunda.

Si usted ha cometido el error de abrir muchas cuentas, pida su reporte de crédito en las tres agencias de crédito. Evalúe las tarjetas de crédito que usted tiene, busque errores y haga que éstos sean corregidos.

Luego, elija cuáles tarjetas mantener. Favorezca las tarjetas más viejas ya que los prestamistas prefieren una historia larga de pago fiel de cuentas. Mantenga al menos una tarjeta de bajo interés. También, determine qué saldo usted tendrá cada mes. Luego, seleccione las tarjetas de forma que su límite de crédito total sea cinco veces ese número, si es posible.

Cuando usted elija cuáles tarjetas cancelar, pague los balances y luego llame para cancelarlas.

Encuentre una tarjeta ahorradora de dinero

Obtenga ayuda para encontrar una tarjeta de crédito que le ahorrará dinero al usar una herramienta gratis en la Web. Visite *www.cardweb.com* para tener un glosario crediticio, noticias de la industria de tarjetas de crédito, artículos útiles y una página que le ayuda a encontrar mejores tasas de interés en tarjetas de crédito.

En el sitio Web, haga clic en el enlace *Find a Card*. Y una de dos, elija el tipo de tarjeta que usted quiere, tal como una con bajas tasas, premios, o sin cuota anual, o llene un cuestionario corto para obtener una lista de sólo las tarjetas que coinciden con lo que usted quiere.

Sólo recuerde usar sus tarjetas de crédito con cuidado, y evite tener deudas grandes que puedan tomar años en ser saldadas.

Descubra la tarjeta de premios adecuada

Una tarjeta de crédito que da premios puede ser un buen trato. Sólo asegúrese de estudiar la letra pequeña en la oferta o acuerdo de la tarjeta, y decida si los beneficios valen la pena. Sitios Web como estos pueden ayudar.

- *www.creditcards.com*

- *www.e-wizdom.com*

- *www.creditcardscenter.com*

De acuerdo con *The Wall Street Journal*, las tarjetas que regresan dinero dan alrededor del 1%. Eso significa que usted tiene que cargar mucho para tener ahorros sustanciales. Y usted también tiene que gastar bastante para ganar suficiente millas de viajero frecuente para tomar esas vacaciones en el Caribe que usted ha estado soñando.

Pero si usted usa una tarjeta de crédito para sus compras, una tarjeta de premios podría ser una opción inteligente. Sólo recuerde, si usted no paga su balance cada mes, usted podría quedarse atascado pagando más en interés que lo que usted gana en premios.

Cuidado con los engaños costosos de tarjetas

Las compañías de tarjetas de crédito prueban todo tipo de engaños legales para conseguir su dinero. Defiéndase cada mes al buscar en sus estados de cuenta de tarjetas de crédito sorpresas como estás:

- Revise la fecha límite de su siguiente pago. Los tarjetahabientes han sido cegados y multados por pagos retrasados y otros cargos porque no notaron que la fecha ha cambiado a más temprana.

- Monitoree las tasa de interés. Aún las tarjetas con tasa fija pueden cambiar su tasa tan pronto como ellos se lo hagan saber.

- Esté alerta de las tasas bajas de interés introductorias que suben muchísimo después de unos pocos meses.

- Una práctica llamada *universal default* permite a las compañías de tarjetas de crédito cambiar los términos sin aviso, permitiendo que las multas por retraso y cuotas se incrementen libremente. Las agencias de crédito pueden también monitorear su reporte de crédito y elevar sus tasas de interés si ellos ven pagos tardíos en sus otras cuentas. Si su cuenta está sujeta al *universal default,* cambiarla por otra tarjeta puede valer la pena.

También monitoree cómo sus tasas de interés son calculadas. Algunos métodos pueden ser costosos. El método del balance ajustado resta los pagos de este mes de su balance anterior, sólo cargando intereses en lo que está siendo aplazado. Si no hay más vueltas en el proceso, este método puede ser barato.

	Método de balance ajustado	Balance promedio sin compras	Balance promedio con compras	Método de balance previo
Tasa de interés anual (*APR*, por sus siglas en inglés)	18%	18%	18%	18%
Tasa de interés mensual	1.5%	1.5%	1.5%	1.5%
Balance anterior	$5.000 (dólares)	$5.000	$5.000	$5.000
Pago, día 14	$3.000	$3.000	$3.000	$3.000
Balance actualizado	$2.000	$2.000	$2.000	$5.000 (no actualizado)
Cargo, día 17	$1.000	$1.000	$1.000	$1.000
Balance para el cargo financiero	$2.000	$3.400*	$3.833**	$5.000
Cargo por financiamiento	$30	$51	$57.50	$75

(5.000 x 14 días)+(2.000 x 16 días) = 102.000 y 102.000 ÷ 30 días = $3.400 (dólares)

**(5.000 x 14 días)+(2.000 x 3 días)+(3.000 x 13 días) = 114.990 ÷ 30 días = $3.833*

El método de balance diario promedio puede o excluir o incluir compras nuevas. Si éste las excluye, sumará todos sus balances de cada día del ciclo de cobro y dividirá ese total en el número de días del ciclo. "Incluyendo compras nuevas" funciona de la misma forma pero eleva su balance cada vez que usted usa la tarjeta, costándole más.

El método de balance previo carga la tasa de financiamiento sólo sobre el balance que usted tenía al inicio del ciclo de cobro.

Los métodos de balance diario promedio de dos ciclos son los más costosos. Mientras que otros métodos podrían usar los balances de un mes, los métodos de dos ciclos imponen cargos por balances de los dos últimos ciclos de cobro.

Esté alerta de los ascensos en tarjetas de cuota grande

Ese ascenso en tarjeta de crédito en su buzón de correo puede sonar como una nueva y diferente tarjeta, y puede ser una que usted no quiere. De acuerdo al *The Wall Street Journal*, los cambios en los términos de su contrato de crédito pueden legalmente ser llamados ascensos, aún si ellos significan mayores costos para usted. Por ejemplo, ascensos a tarjetas con premios pueden llevar a una cuota anual mayor.

Si usted obtiene un ascenso en tarjeta, lea la letra pequeña cuidadosamente para determinar si usted sigue adelante. Mientras que usted puede descubrir ventajas, esté alerta de características que usted no quiere, y de nuevas y diferentes penalidades y cuotas. Si usted prefiere conservar su tarjeta vieja, contacte el emisor de la tarjeta para preguntarle cómo rechazar el ascenso y mantener su anterior tarjeta en servicio.

El seguro de robo de identidad no es una ganga

El seguro de robo de identidad no necesariamente cubre los cargos que un ladrón ponga en su tarjeta de crédito, o dinero retirado de sus cuentas. En lugar de eso, usted puede pagar hasta $180 por año sólo por el costo de reparar su crédito después del robo. Es mejor que usted omita este seguro y, en lugar de eso, revise su reporte de crédito regularmente.

Corte la inútil protección de la tarjeta

Aún si a usted le ofrecen un seguro por pérdida de tarjeta de crédito por sólo $7 al mes, no muerda el anzuelo. Este seguro promete pagar los cargos si alguien roba su tarjeta y hace un cargo. Pero la ley federal lo protegerá de pagar más de $50 de los cargos robados, de todas formas. Si usted compra protección de pérdida de tarjeta de crédito, usted gastará $84 por año. No pierda su dinero.

Ahorre en seguros innecesarios

Para la mayoría de nosotros, los seguros de vida para cobertura de crédito son simplemente una mala estrategia. Estos seguros pueden clamar que pagan la deuda de su tarjeta de crédito si usted muere, o cubrir sus pagos si usted se inhabilita o queda desempleado. Pero este seguro es notorio por su sobrevaloración, así que considere comprar seguro de vida temporal o, en lugar de eso, expandir la cobertura de su seguro de vida.

Sin embargo, si usted no puede calificar para una cobertura de seguro de vida regular, temporal u otra, esta cobertura podría ser apropiada. Si ése es el caso, asegúrese de leer la letra pequeña antes de comprar.

Cuidado con los nuevos engaños en crédito

Los últimos engaños en tarjetas de crédito pueden parecer tan genuinos que usted podría no saber que ha sido engañado hasta que sea muy tarde. Sepa lo que usted necesita saber para detener a un estafador.

Usted podría recibir una llamada de un artista del engaño clamando ser el emisor de la tarjeta de crédito, su banco o la policía. El estafador puede decir que su tarjeta tiene actividad sospechosa. El podría incluso hacerle preguntas específicas acerca de una compra que usted nunca hizo y prometer remediar el problema.

Pero el engaño viene cuando él le pregunta su número de identificación personal (*Personal Identification Number*; *PIN*, por sus siglas en inglés), fecha de expiración de la tarjeta, dirección de cobro o parte del número de cuenta. El estafador ya tiene la mayor parte de la información de la tarjeta de crédito, necesaria para robar su identidad. Él trata de conseguir el resto de usted.

El segundo nuevo engaño es el fraude de "la tarjeta de oro y platino". Algunas ofertas de tarjetas pueden prometer mejorar su calificación de crédito, o ayudarle a conseguir tarjetas importantes no aseguradas o tarjetas de vendedores al detalle. No sólo esas tarjetas lo limitan a comprar en unos pocos catálogos selectos, estas también no hacen nada para mejorar su puntaje o su calificación para tarjetas no aseguradas. Esté alerta de los signos adicionales de fraudes con tarjetas de oro y platino.

- Usted sólo oye acerca de una cuota. Pero una vez que acepta pagarla, usted es informado que debe pagar aún más cuotas para usar la tarjeta.

- Usted debe llamar a un número 900 ó a uno 976 para mayor información, y pagar los excesivos cargos.

- A usted se le pide que haga un depósito de efectivo por cada artículo antes de que usted pueda poner el balance en su tarjeta cargada.

Protéjase usted mismo de cualquier engaño de crédito con estos consejos.

- Investigue las ofertas de tarjetas de crédito antes de solicitarlas. Busque quejas en contra del comercializador de tarjetas de crédito en su oficina de mejores negocios (*Better Business Bureau*), su agencia de protección al consumidor, u oficina del procurador general del estado.

- Si un comerciante promete mejorar su calificación de crédito, llame a la agencia de crédito para ver si el comerciante es un miembro. Sólo los miembros pueden enviar su información a las agencias.

- Mantenga un ojo en su tarjeta durante cualquier transacción. También, sostenga su tarjeta de forma que nadie pueda ver y memorizar su número de tarjeta.

- Anule recibos incorrectos, y nunca firme uno en blanco.

- Guarde los recibos para compararlos con sus estados de cuenta. Abra los estados de cuenta inmediatamente y busque cargos cuestionables o cantidades erróneas. Reporte los cargos dudosos al emisor de la tarjeta inmediatamente.

Negocie una mejor tasa

Usted puede conseguir una tasa de interés más baja en su tarjeta de crédito con sólo preguntar. Si usted es un cliente de buen prestigio, con buen puntaje de crédito, trate de negociar con su compañía de tarjeta de crédito actual. Usted podría tener éxito en conseguir una tasa mejor.

Usted tendrá aún más poder de negociación si usted tiene una oferta de otra tarjeta de crédito con una tasa más baja. Si ese es genuinamente un buen trato, úselo para persuadir a su emisor de tarjeta de crédito actual para que lo reconsidere. Dígale que usted se cambiará a menos que ellos igualen la tasa de la nueva tarjeta. Si la respuesta es no, cambie de tarjeta y disfrute sus ahorros.

■ Créditos e hipotecas

Ahorre a través de la consolidación de créditos

Simplifique su vida al simplificar sus créditos. Si usted tiene varios créditos, usted podría ser capaz de consolidarlos a una menor tasa, ahorrando miles de dólares en intereses.

Los créditos de estudiantes en particular son fáciles de agrupar en un crédito consolidado. Si usted tiene un hijo o nieto que se va a graduar, él probablemente tiene más de un crédito, cada uno con su propia tasa de interés. Al combinar todos los créditos, él puede asegurar una buena tasa de interés y hacer un pago mensual reducido.

Y ya que la cantidad global es extendida en un período de 10 a 30 años, el pago mensual es más pequeño y más manejable. El lado negativo es que usted sólo puede consolidar una vez, y un término más largo significa mayores cargos por interés a largo plazo.

Si usted elige consolidar sus créditos, vea si usted califica para obtener descuentos. Algunos prestamistas ofrecen incentivos a buenos clientes. Pregunte a cada uno de sus prestamistas qué tipo de descuentos están disponibles antes de que usted decida cuál va a consolidar sus créditos.

Sea inteligente con las garantías hipotecarias de vivienda

¿Necesita dinero para mejorar su casa? ¿Tiene un hijo en la universidad que necesita matricularse? Quizá usted necesite dinero para iniciar un nuevo negocio. Usted puede querer considerar una línea de crédito con garantía hipotecaria de vivienda (H*ome Equity Line of Credit*; *HELOC*, por sus siglas en inglés).

Aunque usted pida dinero prestado en contra del valor líquido de su vivienda, esto funciona como una línea de crédito. En lugar de retirar una suma global, usted tiene acceso al dinero a medida que lo necesite. Usted no paga intereses hasta que usted realmente retire dinero, y aún así, el interés es deducible de impuestos.

Los créditos tipo *HELOC* tienen tasas de interés que promedian cerca del 4.5%, el cual es bajo cuando se compara con créditos fijos de 10 años con tasas de alrededor del 7.25%. Pero usted puede tener cuotas iniciales, cobros anuales y otros costos, tales como cuotas por retiro mínimo, cuotas por inactividad y cuotas por terminación temprana. Así que revise los términos del crédito cuidadosamente. Usted no quiere tomar todo el dinero que usted ahorró con una tasa de interés baja, y gastarlo en otros costos.

Aunque es mejor ahorrar para cualquier compra grande, un crédito tipo *HELOC* puede se una buena estrategia si usted no sabe exactamente cuánto dinero necesitará, o cuándo lo va a necesitar. Ésta también es una red de protección buena en caso de que haya una emergencia, o un período de desempleo, que es cuando se necesita dinero en efectivo inmediatamente.

Pero no olvide que este es un préstamo en contra de su vivienda, y usted la podría poner en peligro si usted no puede pagar el préstamo. No tome un crédito *HELOC* si usted tiene un problema de gasto o quiere usar el dinero para pagar una cuenta grande de tarjeta de crédito. Usted simplemente reemplazará una deuda grande con otra.

Si usted toma una línea de crédito, planee pagarla en unos pocos años. La tasa de interés de un crédito tipo *HELOC* es ajustable, así que entre más rápido la pague, menor será la posibilidad de que su tasa se incremente.

Un crédito tipo *HELOC* puede ahorrarle dinero si usted lo usa sabiamente. Pero si usted piensa que tener dinero en sus manos lo tentará a gastar en exceso, entonces sea inteligente y busque otra fuente de dinero.

Los expertos pueden ahorrar tiempo y dinero

Un agente hipotecario puede ser de gran ayuda cuando usted necesita un préstamo pero no sabe en donde empezar. Esos expertos pueden revisar las ofertas de créditos y encontrar la que mejor se ajuste a usted.

De acuerdo a la Asociación Nacional de Agentes Hipotecarios (*National Association of Mortage Brokers*), más de dos terceras partes de los propietarios de viviendas eligen tomar una hipoteca a través de un agente. Éstos le hacen ahorrar tiempo, y dependiendo de sus honorarios, pueden ahorrarle dinero. Los honorarios de los agentes usualmente van del 1% al 1.5% de la hipoteca.

Algunos agentes deshonestos pueden cobrarle de más, con honorarios que van del 8% al 10%. Siga estos consejos para asegurarse de que usted está trabajando con alguien que tiene sus mejores intereses.

- Consiga referencias de amigos y compañeros de trabajo como ayuda para tomar la decisión correcta.

- Solicite un estimado de buena fe de los honorarios del agente desde el principio.

- Consiga una descripción por escrito del programa de crédito que el agente le ofrezca, de forma que usted pueda verificar las tasas, cuotas y puntos.

- Pregúntele al agente si él está asociado con el prestamista para asegurarse de que no hay conflicto de intereses.

Negocie menores puntos

Nada está escrito en piedra cuando se trata del costo de una hipoteca. Con algo de investigación en mano, usted puede usar sus habilidades de negociación para bajar las tasas, puntos, o aún honorarios, del prestamista.

La clave es armarse usted mismo con información. Busque en el periódico las tasas y puntos de hipotecas recientes. Busque en línea en sitios Web como *HSH Associates* en *www.hsh.com* y *LendingTree.com* para comparar tasas de diferentes prestamistas.

Tenga cuidado de prestamistas que ofrecen tasas y puntos bajísimos. Éstos pueden compensar al cobrar honorarios exagerados. Hágale saber a los prestamistas que usted está comparando de forma que ellos compitan por su crédito bajando sus puntos. Un punto equivale al 1% de la cantidad del crédito. Así que si usted los convence de bajar medio punto, usted puede ahorrar cientos o miles de dólares.

Si usted necesita elegir entre pagar menos puntos o tener una tasa de interés menor, tenga estos puntos en mente.

- Elija la menor tasa de interés si usted planea tener la hipoteca por un largo tiempo.
- Elija los puntos reducidos si usted planea vender la casa en pocos años, ya que usted no tendrá el beneficio de largo plazo de una tasa menor.

Lo mismo sucede con los honorarios. Mientras más largo sea su plan de mantener su crédito, mayores serán los honorarios que usted quiera pagar al principio.

Conozca la diferencia entre tasa de interés y *APR*

La tasa de interés en un crédito no es lo mismo que su tasa de porcentaje anual (*APR*, por sus siglas en inglés). La tasa de interés es sólo el porcentaje de interés que usted paga en el crédito. *APR* es el interés más todos los demás costos, incluyendo puntos y honorarios. Éste es calculado al dividir el costo total del crédito en el número de años del término. Use el *APR* para comparar los paquetes de créditos cuando usted busque una hipoteca. Los prestamistas están obligados por ley a decirle el *APR* de sus créditos, así que sospeche si alguien se niega a darle esa información.

Recuerde deducir cualquier cantidad de puntos que usted pague en su declaración de impuestos. Si usted compró una casa y dividió los puntos con los vendedores, o incluso si los vendedores pagaron por todos los puntos, usted aún tiene derecho a deducir la cantidad completa.

Compare en línea para lograr el mejor precio

Usted ya sabe que puede ahorrar dinero al comparar las mejores tasas de hipotecas. Ahora usted sólo tiene que darle sentido a todos los números que usted encontró. Ponga esas cifras en una calculadora en línea para organizar su información. Usted puede encontrar programas calculadores en sitios Web especialmente diseñados para ayudarle a comparar créditos.

LendingTree.com es un buen lugar para comenzar. Usted puede enviar una solicitud y obtener tasas de cuatro prestamistas competidores. Luego, compare las tasas al introducirlas en una de las calculadoras financieras. Por ejemplo, una le dirá si un crédito de 15, o uno de 30 años, le haría ahorrar más dinero con base en la cantidad de la hipoteca y las tasas de interés.

Interest.com tiene calculadoras que le dirán la que será su cuota mensual, a partir de la tasa de interés, el término y la cantidad del crédito. Usted también puede averiguar cuánto puede pedir prestado, cuánto usted ahorraría al hacer pagos de hipoteca adicionales y cuánto usted puede deducir de impuestos.

FindLowerMortageRates.com también tiene programas útiles como una calculadora que le dice cuánto dinero de entrega inicial usted debería pagar hacia su casa nueva.

Otros buenos sitios Web para probar son:

- *www.compareinterestrates.com*

- *www.bankrate.com*

- *www.loanweb.com*

Compre su casa con un *HELOC*

Usted puede usar una línea de crédito con garantía hipotecaria de vivienda (*HELOC*, por sus siglas en inglés). Un *HELOC* es un crédito de tasa ajustable que funciona como una línea de crédito, en lugar de funcionar como una hipoteca. Usualmente, usted obtiene un *HELOC* con la valoración hipotecaria que usted haya acumulado en una vivienda. Ahora usted puede hacer un pago inicial en su casa y usar un *HELOC* para pagar el resto.

Las tasas de interés de los créditos tipo *HELOC* están alrededor del 4%, lo cual puede ahorrarle mucho dinero en tasas de interés. Ya que la tasa de interés es variable, ésta puede subir y bajar. Pero es aún mejor que la tradicional hipoteca de tasa fija a 30 años, con tasas de interés cercanas al 6, 7 u 8%. Con un *HELOC*, usted puede pedir prestado dinero extra sin tener que tomar otro crédito, y todos los intereses que usted pague son deducibles de impuesto.

Los *HELOCs* usualmente tienen términos mucho más cortos que los créditos tradicionales. En lugar de extenderse durante 30 años, un *HELOC* tendrá un término de 10 a 20 años. Usted podría querer considerar un *HELOC* si usted planea pagar su casa en corto tiempo.

Si usted quiere tener pagos mensuales estables, sin embargo, usted debería probar algo diferente. Las tasas de los créditos tipo *HELOC* cambian con el mercado, y de igual forma los pagos.

Pague su crédito en la mitad del tiempo

Ahorre decenas de miles de dólares al elegir hipotecas con términos a 15 años, en lugar de 30 años. Su pago mensual será mayor, pero recortando el tiempo del crédito a la mitad reduce años de cargos por intereses. Además, las tasas de interés son menores, la mayor parte del tiempo, para créditos con términos más cortos.

Digamos que su tasa de porcentaje anual es 7%, y usted elige una hipoteca de tasa fija de 15 años sobre una hipoteca de 30 años. Por cada $100.000 que usted pida prestado del banco, usted ahorrará $75.000 en intereses.

	30 años	15 años
Pago mensual	$1.100,65	$1.433,48
Pago total	$396.233	$258.026
Interés total	$246.233	$108.026
Dinero ahorrado	$138.207 (dólares)	

Principal = $150.000 a 8.00%

	30 años	15 años
Pago mensual	$1.834,41	$2,389.13
Pago total	$660.388	$430.043
Interés total	$410.388	$180.043
Dinero ahorrado	$230.345 (dólares)	

Principal = $250.000 a 8.00%

Podría ser tentador alargar su crédito a 30 años. Después de todo, ¿quién no quiere mantener su pago de hipoteca mensual en lo mínimo? Algunas veces, sin embargo, usted tiene que gastar dinero para ahorrar dinero.

Obtenga un descuento gratis

Usted puede obtener un descuento fácil al hacer los pagos de su crédito automáticamente, al deducirlos de su cuenta de cheques o de ahorros. La mayoría de prestamistas reducirán su *APR* un 0.25% ó 0.50% sólo por hacer pagos automáticos.

A los prestamistas les gustan las deducciones automáticas porque les da menos documentos que preparar. Al mismo tiempo, es bueno para los que se prestan en dos formas. No sólo usted obtiene el menor *APR*, usted no tiene que preocuparse si su cheque llegará a tiempo. Y es un cheque menos que usted tiene que llenar.

Un pequeño prepago avanza un largo camino

Haga pagos mensuales adicionales en su hipoteca cada año, y usted ahorrará miles de dólares en intereses. Sólo añada un poco a su cheque cada mes. En el transcurso del año, eso sumará lo de un pago extra completo.

Por ejemplo, suponga que a usted le faltan 25 años en una hipoteca de 30 años, con tasa fija de $200.000, a un 7% de interés. Si usted añade sólo $150 a su pago mensual de $1.300, usted terminará pagando su hipoteca con más de cinco años de anticipación. Además, usted ahorrará casi $55.000 en intereses durante el curso del crédito.

Para averiguar cuánto usted puede ahorrar, visite *www.myfico.com*, y haga clic en *Credit Education*. En la sección *Calculators*, la *Mortage Payoff Calculator* estimará exactamente qué tanto tiempo y dinero usted ahorrará al hacer prepagos.

Divida sus pagos para lograr ahorros grandes

Otra forma de pagar menos intereses es dividir su pago de hipoteca mensual en dos, y pagar esa cantidad cada dos semanas. Al hacer pagos bisemanales en lugar de mensuales, usted hará un pago de hipoteca extra al final de año.

Por ejemplo, si su pago mensual es $2.000, y usted paga esa cantidad 12 veces al año, eso es $24.000. Por otra parte, si usted paga $1.000 cada dos semanas, ó 26 veces al año, usted habrá pagado $26.000 al final del año. Eso es una diferencia de $2.000, un pago de hipoteca completo.

Verifique primero si su prestamista cobra una tarifa por prepago. Y no se enrole en un "programa de prepago bisemanal" en donde el prestamista cobre una cuota anual de administración, o una, aún mayor, cuota inicial con cargos mensuales por servicio. No vale la pena.

Elija el momento correcto para refinanciar

Refinanciar su vivienda puede ahorrarle miles, pero sólo si es el momento correcto. Antes de que decida refinanciar, hágase usted mismo unas preguntas.

■ ¿Cuánto ahorraré cada mes?

■ ¿Cuánto costará refinanciar, y viviré ahí lo suficiente como para que valga la pena?

■ ¿Será el nuevo término el mismo, o más corto, que el término actual?

Los expertos dicen que si usted puede bajar su tasa de interés al menos un punto de porcentaje, preferiblemente dos, y planea permanecer en la casa al menos 18 meses, refinanciar puede ser una buena idea.

El refinanciamiento costará aproximadamente $2.000, así que calcule cuánto tiempo tomará antes de estar en tablas y comenzar a ahorrar. Si usted se muda de la vivienda antes de ese momento, realmente le va a costar más refinanciar.

Pruebe usando la calculadora *Mortgage Refinance Breakeven Calculator* en *www.myfico.com*. Esta es una herramienta que está lista cuando usted esté lidiando con muchos números. Haga clic en *Credit Education*, y vea la sección de calculadoras (*Calculators*) para encontrar la *Mortgage Refinance Calculator*. Haga sus cuentas con la calculadora para averiguar cuándo comenzará a ahorrar si usted decide refinanciar.

Ahorre pasos y dinero

Refinanciar su hipoteca puede cortar sus cargos por intereses, pero ¿qué tal recortar el costo del refinanciamiento? Si usted ha refinanciado antes una o dos veces, usted puede rebajar al menos $400 de los costos finales usando lo que es llamado "refinanciamiento racionalizado".

El refinanciamiento racionalizado significa que usted omite algunos de los pasos que usted hizo la última vez que refinanció. Si han pasado dos años o menos desde que usted refinanció, busque ahorros en estas áreas:

- Use el mismo abogado y prestamista. Usted pagará menos en cuotas porque ellos ya han hecho el trabajo de fondo, y usted evitará los impuestos de hipoteca estatales.

- Pida a su prestamista usar el plan de tasación del último cierre, y corte $250 de sus costos de cierre.

- Use el mismo plan de la última vez, y ahorrará otros $150.

- Actualice su póliza de seguro de título en lugar de solicitar uno nuevo, y ahorre entre $400 y $1.000.

Si usted tiene un crédito de la Administración de Vivienda Federal (*Federal Housing Administration*; *FHA*, por sus siglas en inglés) y se ha mantenido al día en sus pagos, usted puede tomar ventaja de su paquete de refinanciamiento racionalizado.

Ninguna reunión cara a cara es necesaria, usted no paga cuotas financieras y usted no necesita una tasación. Usted ni siquiera tiene que someterse a una revisión de crédito o verificación de ingresos. Este refinanciamiento está disponible estrictamente para bajar sus pagos mensuales. Éste es ideal si su situación crediticia ha mejorado desde que usted sacó el crédito.

Manténgase a la cabeza del mercado

Una de cada tres personas que compran una vivienda hoy, pedirá dinero prestado con una Hipoteca de Tasa Ajustable (*adjustable-rate mortgage*; *ARM*, por sus siglas en inglés). Las tasas de interés para una *ARM* son usualmente menores que las tasas de hipotecas de tasa fija, al principio. Pero no hay garantía de que las tasas de mercado no suban repentinamente, y su pago de hipoteca crecerá con ellas.

Si la economía muestra signos de inflación, avance y convierta esa *ARM* en una tasa fija antes de que su pago de hipoteca mensual suba. Eso podría ahorrarle dinero y salvar su casa.

Forma inteligente para recortar el pago de su carro

Refinanciar no es más sólo para propietarios de viviendas. Usted podría nunca haberlo pensado, pero refinanciar su crédito de automóvil podría recortar su pago mensual.

Usted podría considerar refinanciar si las tasas de interés han bajado desde que usted compró el carro. Es también una opción inteligente si su calificación de crédito ha subido, porque usted sería elegible para una menor tasa.

Aplicar en línea puede llevarlo a través del proceso en sólo 10 minutos. Visite un sitio como *www.eloan.com* que ofrece opciones de refinanciamiento de automóviles. También pruebe *www.capitaloneautofinance.com*, en donde usted puede ver las tasas disponibles y calcular lo que será su pago mensual.

Para comparar las tasas de prestamistas en su área, visite *www.bankrate.com*. Ellos le darán información de contacto y le dirán si cada prestamista cobra una tarifa.

Usualmente los prestamistas no cobran cuotas por refinanciar su crédito de carro, pero usted tendrá que pagar para transferir su título en el Departamento de Vehículos Motorizados (*Department of Motor Vehicles*). El estado cobra, en todas partes, entre $5 y $65 para transferir el título. Eso es muy poco por pagar, sin embargo, para ahorrar miles de dólares a lo largo de la vida de su crédito.

La tabla de la siguiente página muestra lo que usted puede ahorrar en un crédito de $20.000 de 36 meses, al refinanciar desde una tasa de 10.25%.

Evite seguros de créditos costosos

Los seguros son para personas, no para créditos. Sólo diga "no" al que le ofrezca un seguro de discapacidad crediticia (*Credit Disability Insurance*).

APR	Pago mensual	Pago total	Ahorro total
10.25%	$648	$23.317	$0
8.25%	$629	$22.645	$672
6.25%	$611	$21.985	$1.332
4.25%	$593	$21.337	$1.980

Una póliza de un seguro de discapacidad crediticia cubre su pago de crédito mensual, si en algún momento usted queda discapacitado y no puede hacer el pago usted mismo. Típicamente, la póliza paga la cantidad mínima debida hasta por 36 meses.

Con costos cercanos a $21 por cada $1.000 de cobertura, estas pólizas no valen la pena por el gasto. Si usted ya tiene algún tipo de seguro de discapacidad, asegúrese que cubra pagos de créditos junto con el resto de sus gastos.

Suspenda el seguro de desempleo

El seguro de desempleo involuntario es similar al seguro de discapacidad crediticia. Éste cubre la cantidad mínima de los pagos de su cuenta de crédito por seis a 12 meses después de que usted pierda el empleo.

La cobertura usualmente cuesta 70 centavos por cada 100 dólares del balance de crédito. Pero la póliza sólo cubre el pago mínimo debido, así que los intereses se elevan. Usted probablemente terminará debiendo más dinero que el que usted debía cuando tenía el empleo.

Si usted quiere paz mental, su mejor apuesta es poner suficiente dinero para tres a seis meses de gastos de mantenimiento en una cuenta de ahorros de emergencia.

Libros

Lea la letra pequeña en ofertas de clubes de libros

Los clubes de libros son como conseguir libros por subscripción. Usted sólo acepta comprar unos pocos libros durante el período de la membresía. Si usted quiere el título seleccionado o una selección alternativa, ésta será enviada a su puerta a su pedido.

Si usted compra libros regularmente, los clubes pueden ser una opción conveniente en vez de las librerías, y ellos pueden ofrecer ahorros para rematar.

Entre los clubes más conocidos están *Book of the Month Club*, y *The Literary Guild*. Uno nuevo, pero actualmente el más popular de todos ellos, es *Oprah´s Book Club*.

Si usted está interesado en los clubes para lectores con intereses especiales, visite sitios Web como *F+W Publications* en *www.fwpublications.com/bookclubs.asp*. El cual promueve más de 20 clubes que van desde jardinería hasta ciencia ficción.

Pero no se meta con sus ojos cerrados. Estos clubes también ofrecen su parte de dolores de cabeza. La mayoría surgen porque los miembros no ven más allá de las ofertas introductorias excitantes, hacia en lo que ellos se están involucrando. Las inconformidades comunes crecen por cobros de envío exorbitantes y la llegada de libros no deseados.

Sepa los límites y llegue a los hechos antes de saltar en uno de esos tratos de "6 libros por 99 centavos". Y considere opciones para los clubes que requieren menos compromiso, como servicios de libros de descuento, con pedidos por correo o catálogos en línea.

Los miembros logran descuentos más grandes

A usted le gustan los libros. Usted es un ávido comprador de libros, y usted quiere darlos como regalo. Pero, comprar libros en serio puede ser costoso.

Un número de librerías y sus contrapartes en línea ofrecen clubes de membresías como una forma de que usted disfrute de descuentos extra. Sí, usted tendrá que comprar una tarjeta de descuento, pero compradores devotos de libros pueden tener ahorros compensando el precio de la membresía.

- La cuota anual de membresía de $25 de *Barnes & Noble* recorta un 10% extra de compras hechas en las tiendas *Barnes & Noble, B. Dalton, Bookstar, Bookstop, Doubleday, Ink Newsstand* y *Charlesbank*; así como compras en línea en *www.bn.com*.

- Por una cuota anual de membresía de $10, *Books-A-Million* ofrece una tarjeta de descuento que puede ser usada en cualquiera de sus tiendas al detalle y para compras en línea en *www.booksamillion.com*.

Gran forma de encontrar libros inusuales

La Internet es el sitio para ir en busca de cualquier libro que usted posiblemente quiera. Tome ventaja de la apasionante tecnología de búsqueda de libros de la Web. Usted encontrará precios al detalle y con descuento en libros nuevos, usados y descontinuados, e incluso rasguñados y maltrechos. Estos son algunos sitios donde empezar la búsqueda.

- *Abebooks.com* en *www.abebooks.com*

- *AddALL* en *www.addall.com*

- *AllBooks4Less.com* en *www.allbooks4less.com*

- *Amazon* en *www.amazon.com*

- *BookCloseouts.com* en *www.bookcloseouts.com*

- *BookFinder.com* en *www.bookfinder.com*

- *Christianbook.com* en *www.christianbook.com*

- *HamiltonBook.com* en *www.hamiltonbook.com*

Si usted quiere pedir prestados, rentar e intercambiar libros gratis, revise *The Book Cart* en *www.the bookcart.com*. Usted puede pedir prestado y rentar libros de tapa rústica a través del correo postal por el costo de envío y manejo.

Antes de que usted compre un libro, debería hacer dos cosas: comparar los precios de los libros y las tarifas de envío y manejo. Lo que puede recortar los buenísimos precios en línea son los gastos de envío y manejo. Manténgase alerta por promociones y ofertas especiales de costos de envío reducidos o gratis.

Idea inteligente para coleccionistas

Encontrar un libro raro es lo que los amantes de los libros sueñan. Pero comprar sin una guía puede terminar costándole una fortuna. Ahorre un fajo de billetes en primeras ediciones y volúmenes raros, autografiados o descontinuados, al comprar con un ojo

"¡Cuatro libros por 99 centavos!" Suena como una oferta fantástica pero lo que viene luego puede quitarle el viento a su velero. Aquí está lo que hay que revisar antes de enrolarse en un club de libros

✓ Cuánto dura la membresía

✓ Cuántos libros usted tiene que comprar durante su membresía

✓ Cuánto es el descuento rutinario de los libros después de la oferta introductoria

✓ Cuánto costará el envió y manejo

✓ Cómo será usted informado del siguiente libro elegido, un volante que le permite a usted rechazar la oferta o la llegada del libro mismo.

✓ Cuán rápido usted tiene que regresar un libro si usted decide que no lo quiere.

entrenado. Varias guías valiosas pueden darle a usted justamente la ayuda que necesita.

- *Official Price Guide to Collecting Books* por *Marie Tedford* y *Pat Goudey*

- *Book Finds: How to Find, Buy, and Sell Used and Rare Books* por *Ian C. Ellis*

- *Pocket Guide to the Identification of First Editions* por *Bill McBride*

Si usted compra libros a través de un comerciante, revise sus credenciales. Organizaciones, como la Asociación Norteamericana de Vendedores de Libros Antiguos (*Antiquarian Booksellers' Association of America*) en *www.abaa.org*, protegen a los consumidores al monitorear la honestidad e integridad de sus miembros.

Inicie sus lecturas en la Web

Los lectores ávidos siempre han disfrutado buscando buenos libros en librerías y bibliotecas. Ahora es tiempo de buscar en bibliotecas digitales en la Internet. Piense en ellas como enormes bibliotecas con una infinita variedad de libros. Las mejores no cobran cuotas de suscripción ni aceptan publicidad.

Pruebe visitando algunos de los viejos sitios de apoyo como *Bartleby.com* en *www.bartleby.com*, *Project Gutenberg* en *www.gutenberg.org* o *The Online Books Page* en *http://digital.library. upenn.edu*. Otra posibilidad son los programas de lectura de la Biblia en línea en sitios como *Crosswalk.com* en *http://bible.crosswalk.com*.

O use su motor de búsqueda favorito y escriba "libros en línea". Usted puede incluso añadir un calificativo si usted está buscando un tema específico.

Pasar mucho tiempo en frente de un computador puede llevar al cansancio de la vista. Asegúrese que su monitor es suficientemente grande y claro para permitirle leer cómodamente.

Loza

Forma inteligente de gastar menos

¿Piensa que usted no puede encontrar loza fina en tiendas de descuento? Piénselo de nuevo. *Mikasa, Lenox, Noritake, Fitz & Floyd y Royal Doulton* son solamente unas pocas marcas famosas con tiendas de descuento a lo largo del país.

Usted puede ahorrar en todas partes de un 10% a un 80% de descuento al detalle al comprar en esas tiendas de descuento. Además, usted puede comprar mucha más loza en una tienda de descuento. Aproveche mejor su viaje al:

- buscar en cada pieza de loza desportilladuras, grietas y otros defectos.

- preguntar acerca de las políticas de devolución, especialmente si usted está comprándola para alguien más.

- hacer una lista de artículos esenciales, junto con un presupuesto.

- llevar una bolsa tipo canguro en lugar de llevar una bolsa de mano para que esté libre y pueda tocar la loza.

Consiga vales para clientes importantes de sus tiendas favoritas

Si es un guerrero de tiendas de descuento, a usted le va a gustar *www.OutletBound.com*. Este sitio Web le permite buscar tiendas y centros de descuento a lo largo del país por nombre, categoría o ubicación.

Usted puede incluso solicitar un vale para clientes importantes "Compre como un profesional" (*Shop Like a Pro*) cuyo valor es de cientos de dólares en centros de descuento participantes. Sólo llene un cuestionario corto en línea para recibir su vale. Usted tendrá que darle a *Outlet Bound* alguna información personal, tal como su nombre, en donde vive, su dirección de correo electrónico y cuán a menudo usted visita los centros de descuento.

Compre desde la comodidad de su hogar

Muchos de sus fabricantes favoritos de loza ofrecen ofertas y descuentos especiales directamente en sus sitios Web. Usted podría ahorrar en cualquier sitio de 15% a 74% en juegos y piezas selectos, y todo mientras compra desde casa.

Así que omita el intermediario. Sólo escriba el nombre de un fabricante de loza, como *Mikasa*, en la línea de dirección de su navegador Web, luego busque en su página Web inicial anuncios de artículos en liquidación u ofertas especiales. O haga clic en su juego favorito y busque descuentos del precio al detalle.

Comience con estos vendedores famosos que garantizan ofrecer ahorros en línea.

- *Lenox www.lenox.com*

- *Mikasa www.mikasa.com*

- *Royal Doulton www.RoyalDoulton.com*

- *Villeroy & Boch www.Villeroy-Boch.com*

Ropa

El mejor sitio para cazar una oferta

Ahorre tanto como un 80%, sin importar en donde compre. Consiga buena calidad, así como precios bajos, muy bajos, cuando usted visite *DealHunting. com*. Este sitio Web increíble ofrece ofertas de cientos de tiendas famosas en más de 30 categorías.

Después de que usted seleccione una tienda o una categoría, usted es inmediatamente llevado a una lista de artículos en oferta. Algunas veces se le da un código de cupón por usar. En otras ocasiones, el sitio simplemente le permitirá saber qué hay en venta. Compre en tiendas como *Ann Taylor, Brooks Brothers, Sears, Gap o JCPenney.*

Y si usted está interesado en otros artículos, tales como juguetes, electrónicos, cosméticos o incluso regalos, este sitio puede ayudarle también. Visítelos en *www.dealhunting.com.*

Ventajas de comprar en tiendas de segunda mano

Una tienda de segunda mano, o *thrift store,* es un buen sitio para conseguir precios bajísimos en ropa y accesorios. Las tiendas de segunda mano son organizaciones sin fines de lucro que ofrecen artículos previamente usados a precios ganga. Ellos consiguen su inventario a través de donaciones privadas, así como de fabricantes y tiendas al detalle.

El Ejército de Salvación (*The Salvation Army*) y Goodwill son dos tiendas de segunda mano populares, aunque hay otras, como *TVI/Value Village* y *Buffalo Exchange,* los cuales operan con fines de lucro. De acuerdo a *Secondhand Chic* por *Christa Weil,* estas tiendas de segunda mano con fines de lucro usualmente tienen un ambiente más agradable y están organizadas como tiendas al detalle.

Weil también menciona unos pros y contras de comprar en tiendas de segunda mano. La mejor parte, por supuesto, son los imbatibles precios bajos. Usted no va a encontrar ropa más barata en ningún sitio que la que va a encontrar en una tienda de segunda mano.

Otras ventajas incluyen su amplia selección de estilos y productos disponibles. Éstas tienen todo, desde sombreros hasta zapatos. Usted puede incluso encontrar ropa nueva de marca en dichas tiendas ya que algunas tiendas donan su inventario no vendido. Como un bono, usted contribuye a una causa de caridad sólo al ir a un viaje de compras.

Las tiendas de reventa, el último grito de la moda

¿Sabía usted que tan solo en los Estados Unidos hay más de 20.000 tiendas de reventa? Por encima de eso, el número de tiendas de reventa en el país crece un 5% cada año.

De acuerdo a la Asociación Nacional de Tiendas de Reventa y de Segunda Mano (*National Association of Resale and Thrift Shops; NARTS,* por sus siglas en inglés), la industria de la reventa está creciendo porque la gente aprecia comprar ropa y muebles por un cuarto del precio original.

Los expertos dicen que usted puede comprar un traje de diseñador por una décima parte de su precio al detalle y amueblar completamente un cuarto por menos de $1.000 al comprar en tiendas de reventa, de segunda mano y de consignación.

Usted también debe estar pendiente de los retos de comprar en una tienda de segunda mano. Probablemente tomará mucho tiempo ver toda la mercancía simplemente porque la ropa no está usualmente organizada en tamaños o estilos.

Usted también podría estar en aprietos cuando decida probarse algo y caer en cuenta de que no hay vestidores. La mayoría de los cazadores de ofertas, sin embargo, están felices de poner un poco de esfuerzo por los ahorros que encuentran.

Ahorre un fajo de billetes en ropa de clase

En tiendas de consignación, usted puede comprar ropa de clase a precios inferiores al precio de mayoreo. Las tiendas de consignación venden ropa de más alta calidad que las tiendas de segunda mano, tienen una mayor variedad que las ventas de garaje y ofrecen mayores descuentos que al detalle. Éstas son aún mejores que las tiendas de descuento, especialmente en artículos especiales como ropa formal y traje de negocios. Con precios de consignación, usted puede ahorrar un fajo de billetes y lucir bien, también.

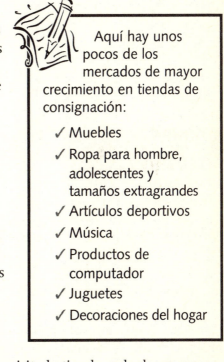

Aquí hay unos pocos de los mercados de mayor crecimiento en tiendas de consignación:

✓ Muebles
✓ Ropa para hombre, adolescentes y tamaños extragrandes
✓ Artículos deportivos
✓ Música
✓ Productos de computador
✓ Juguetes
✓ Decoraciones del hogar

Usted encontrará los artículos más atractivos cerca de la caja re-gistradora o en la ventana. Algunas tiendas cobran más que otras, o generalmente llevan mercancía de mayor precio. Compare hasta que usted encuentre una que se ajuste a su gusto y su presupuesto. Luego visite la tienda cada dos semanas para ser el primero en tomar ventaja de las últimas ofertas. Vuélvase un cliente regular y sea amistoso con el administrador y empleados. Ellos podrían estar más dispuestos a regatear con usted, ayudarlo a encontrar lo que usted necesita o separar ciertos artículos.

Busque en sus páginas amarillas "consignación" (*consignment*), "segunda mano" (*secondhand*), o "ropa usada" (*clothing, used*) para encontrar tiendas cerca de usted. O visite la Asociación Nacional de Tiendas de Reventa y de Segunda Mano (*National Association of Resale and Thrift Shops; NARTS,* por sus siglas en inglés) en la Internet en *www.narts.org.* Ahí usted puede buscar tiendas de reventa, consignación o de segunda mano por estado, código postal, código de área, tipo de mercancía que usted quiere comprar o cualquier combinación de éstos.

Un buen consejo para compradores en tiendas de descuento

Los centros comerciales de tiendas de descuento pueden parecer como el séptimo cielo de las buenas ofertas al principio, pero esté alerta a la mercancía con precio regular disfrazado. Algunas tiendas de descuento venden sus productos a un precio normal. Averigüe cuánto costarían las prendas en una tienda al detalle antes de comprarlas, de forma que usted sepa exactamente cuánto está ahorrando.

> Una tienda de descuento vende ropa directamente de un fabricante a precios más bajos que una tienda al detalle. Su propietario es el fabricante y solo vende los productos de él mismo. Un centro comercial de tiendas de descuento es un grupo de tiendas de descuento en un área comercial.

Otro engaño del que hay que cuidarse son los "recortes". En lugar de vender ropa al detalle con descuento, la tienda de descuento vende los sobrantes de telas del año anterior que han sido cortados para lucir como nuevos estilos. No es el mismo producto que usted conseguiría en una tienda al detalle, pero si no le importa, entonces siga adelante y tome ventaja del menor precio.

Cuidado con los liquidadores que simulan ser tiendas de descuento. En lugar de vender la misma ropa a precios reducidos, los liquidadores venden mercancía descontinuada o ligeramente dañada de varias diferentes compañías. Es básicamente lo que el fabricante no pudo vender porque nadie lo quería. Asegúrese de que está comprando un producto de calidad antes de que usted se deje llevar por la etiqueta del precio.

Compre por catálogo inteligentemente

Explore un catálogo favorito y arranque la página de un artículo en el cual usted está interesado. Después de eso, saque la forma de pedido y deshágase del resto del catálogo. Espere un día o quizá incluso una semana, luego observe de nuevo las páginas arrancadas. Si usted aún quiere un artículo, usted sabrá que ésta no es una compra impulsiva, y usted puede invertir el dinero con buena conciencia. Adicionalmente, ya que usted sólo está mirando unas pocas páginas, usted no estará tentado a comprar otros artículos del catálogo.

Cómo negociar un precio rebajado

Las etiquetas de los precios no están hechas en piedra. Toma un poco de coraje, pero usted puede bajar el precio de ropa de segunda mano tan sólo regateando un poco con el vendedor. Ellos son más flexibles que lo que usted podría esperar. Usted puede necesitar superar cualquier temor de parecer agresivo o tacaño, pero una vez usted avance, usted ahorrará dinero a izquierda y derecha. Aquí tiene algunos consejos para recordar:

- Pida un descuento si hay un defecto, como una mancha o rotura en la prenda, sin importar cuán pequeña sea. Aún si el producto está sólo ligeramente defectuoso, usted merece una reducción de precio. El vendedor quiere que usted se vaya feliz y regrese de nuevo, así que ellos le darán usualmente el descuento que usted pida.

- Use su poder de compra. Solicite una tasa al por mayor si usted compra muchas piezas de una sola vez, o si usted compra algo costoso, pídales que agreguen un regalo gratis. Dígales que usted podría considerar comprar este realmente bonito vestido de fiesta si ellos agregan la bolsa de mano en el paquete. Usted puede retirarse con un paquete de cosas gratis.

- Sea amable con el personal de ventas. Se sentirá aliviado de que regatear no tiene que involucrar comentarios fuertes y con enojo. Desarrolle una buena relación de trabajo con la gente de la tienda de segunda mano, así ellos caerán en cuenta de que usted no está tratando de ser difícil, usted está sólo tratando de conseguir un buen trato.

Obtenga descuentos con tarjetas de crédito

Usted puede ahorrar mucho dinero con tarjetas de crédito de tiendas departamentales si usted las usa sabiamente. Las tiendas departamentales le dan descuentos adicionales en compras cuando usted usa sus tarjetas de crédito. Algunas tiendas también lo invitan a ventas privadas en donde la tienda sólo abre a empleados y tarjetahabientes por un corto tiempo. Sólo recuerde pagar su balance cada mes, y nunca usar la tarjeta para comprar nada fuera de su presupuesto mensual. Las tarjetas de tiendas departamentales tienen altas tasas de interés.

Mantenga el ojo en los descuentos por temporada

Programe sus viajes de compras grandes de forma que coincidan con ventas grandes. Espere hasta mediados del verano para comprar ropa de clima cálido y trajes de baño en las ventas del 4 de julio. Si usted es realmente paciente, consiga su ropa de playa el día del trabajo en septiembre cuando está en descuento. Lo mismo se aplica para ropa de invierno. Las tiendas al detalle acumulan ropa de invierno antes de Navidad, y las rebajan un 50% a lo largo de enero. Para marzo, usted puede conseguir un abrigo de invierno por una fracción de lo que usted hubiera pagado en la temporada anterior.

Dos formas de frenar las compras impulsivas

Usted puede mantener su presupuesto al evitar las compras impulsivas. Los estudios han mostrado que las compras impulsivas constituyen hasta un 27% a 62% de todas las compras hechas en tiendas departamentales.

Ahorre dinero al hacer una lista y sólo compre lo que está en la lista. Si usted ve algo más que le gusta, espere hasta que usted llegue a casa y agréguelo a la lista de las próximas compras, así tendrá tiempo de pensar antes de comprar el artículo.

Si usted no tiene una lista pero tiene un límite de gasto, lleve sólo la cantidad de dinero que usted quiere gastar en efectivo y deje su chequera y tarjetas de crédito en casa. De esa forma, usted no puede ir por arriba del presupuesto.

Nunca pague precios completos por zapatos

Usted necesita zapatos nuevos. No se preocupe. Hay buenas ofertas por todos lados. Usted sólo tiene que encontrarlas. Siga las ofertas y haga uso de los cupones, y nunca tendrá que pagar precios completos de nuevo.

Siempre busque calidad antes de ver el precio. Los zapatos de calidad pueden costar un poco más, pero durarán más tiempo, lo cual significa que usted no tendrá que continuar comprando nuevos zapatos. Cuando sus zapatos se desgasten, repárelos. Es más barato reemplazar la suela o el tacón de un zapato bien fabricado, que es cómodo y se ajusta bien a usted, en lugar de tirarlo y comprar un nuevo par.

Sea amable con sus pies y compre los zapatos apropiados para diferentes actividades. Tenga suficientes pares en su clóset de forma que pueda cambiarlos cada día. Llevar el mismo par de zapatos día a día no es bueno para sus pies, o sus zapatos.

Si usted sabe el estilo y tamaño del zapato que quiere, usted puede ahorrar dinero al comprar zapatos de marca en línea. Las siguientes compañías ofrecen precios de ventas en la Internet. Sólo asegúrese de revisar los cargos de envío y manejo de forma que no gaste más en línea que lo que gastaría originalmente.

- *Eastland www.eastlandshoe.com*

- *Florsheim www.florsheim.com*

- *Nike www.nike.com*

Identifique la ropa de calidad

La ropa de calidad luce mejor, se ajusta mejor y dura más. Comprar ropa barata y reemplazarla cuando se rompe puede ser costoso. Gastar un poco más de dinero en ropa que usted puede usar una y otra vez le hará ahorrar dinero a largo plazo.

Compre ropa que está bien fabricada. Cuando vea una pieza que quiere, inspeccione la calidad de manufactura antes de comprarla. Hay muchas

Cuide bien su ropa de forma que no tenga que gastar dinero reemplazándola. Aquí hay algunos consejos para comenzar:

- Compre ropa de buena calidad
- Doble, en lugar de colgar, telas y tejidos delicados de forma que no se estiren.
- Invierta en ganchos de calidad, de madera o de plástico. ¡No ganchos de alambre!
- No guarde la ropa en bolsas de lavado en seco plásticas.
- Cuelgue los pantalones desde la cintura en los ganchos usando sujetadores.
- Organice sus cargas de lavado por tipo de color, claro u oscuro, y lávelas con la temperatura adecuada para preservar los colores.
- Encárguese de las manchas de inmediato. Emborrónelas. No las frote. Luego trátelas antes de 24 ó 48 horas.
- Lave la ropa en seco una vez hacia el final de cada temporada; a menos que, por supuesto, la ropa esté sucia o manchada. La ropa se puede encoger si es lavada en seco con exceso.

pistas que le indican si una prenda está bien hecha. Revise los dobladillos y costuras para asegurarse de que están bien cocidos, y busque signos indicadores de agujeros y enganchones. Cualquier patrón, como cuadros escoceses o rayas, deben ser parejos a lo largo de costuras, solapas y entre piezas, como un conjunto de chaqueta y pantalón.

Si la prenda tiene un cierre, los dientes de este no deben tocar su piel. Los bolsillos deben ser parejos y tener costuras limpias en donde se conecten con la prenda. Los botones de calidad hechos de latón, cuerno o perla son un signo de calidad, así que mantenga eso en mente.

Recuerde ver adentro, también. El interior de la prenda debe lucir igual de bien que el exterior, con las costuras limpiamente terminadas, en lugar de burdas y peladas. Chaquetas, pantalones y faldas deben tener un forro en el interior si están hechos de tela de invierno, como la lana. De otra forma, usted estará incómodo cuando los use.

Lo más importante de buscar en la ropa es la tela. Aprenda a elegir telas de calidad al ir a una tienda departamental o de telas. Conozca cómo se siente el algodón, la lana, la seda y el cachemir, y cómo se diferencian de forma que los identifique cuando compre. Cada tela tiene sus ventajas y desventajas.

Los algodones y linos son más frescos porque respiran mejor, pero se sabe que pueden hacerse agujeros luego de un tiempo. La seda cubre bellamente, pero ésta requiere mantenimiento. Busque en la etiqueta de cuidado de la prenda para ver de qué está hecha y que tipo de cuidado necesita. Mientras más sepa de la prenda, mayor confianza puede tener usted de que la compra valió la pena.

> Un nuevo detergente puede ahorrarle dinero. *Tide Coldwater* hace que la ropa quede tan limpia en agua fría como queda con otros detergentes en agua caliente. Lavar su ropa en agua fría ahorra mucha energía, lo cual le hace ahorrar dinero en sus cuentas de servicios públicos. De acuerdo a la alianza para ahorrar energía (*Alliance to Save Energy*), usar agua fría en sus cargas de lavado puede ahorrarle $63 al año.

Actualice su ropa vieja con los últimos estilos

Hay oportunidades de que un pequeño cambio en un atuendo fuera de moda colgado en su clóset, pueda ponerlo a la moda de nuevo. Si usted es hábil con aguja e hilo, puede actualizar su guardarropa con unas pocas modificaciones. De hecho, aún pagando por una modificación puede ser más económico que comprar nueva ropa. Piense en poner o quitar hombreras o cambiar botones y otros ribetes. Un simple subir o bajar un dobladillo puede hacer que su ropa luzca con estilo de nuevo.

Cuándo llamar a los profesionales

El lavado en seco puede darle a su ropa una larga vida. Ésta no se encogerá o decolorará tanto cuando se lava en seco, y el lavado en seco puede deshacerse de manchas aceitosas que no salen con el lavado. También, mande a lavar en seco su ropa si usted piensa que ésta podría perder su forma y sus colores en la lavadora.

No toda la ropa con la etiqueta "lávese sólo en seco" tiene que ser lavada en seco. Usted puede lavar algunas prendas en agua fría, a mano, con un limpiador suave. Luego extiéndala sobre toallas para secarla de forma que no pierdan su forma.

Objetos de colección

Descubra secretos para coleccionar monedas

¿Esa moneda de un centavo realmente cuesta $100? Descúbralo usando información gratis acerca de la colección de monedas. La Casa de la Moneda de los Estados Unidos (*The United States Mint*), la máxima autoridad en acuñado de monedas, ofrece información gratis tanto para ávidos coleccionistas de monedas, como principiantes, en su sitio Web, *www.usmint.gov*. Haga clic en *Consumer Awareness* para conseguir valiosos consejos en cómo identificar las monedas de colección de los Estados Unidos de monedas falsas. O haga clic en *About Us*, y vaya a *Collector´s Corner* para obtener consejos gratuitos acerca de cómo encontrar, comprar y cuidar sus monedas.

Los boletines gratuitos de comerciantes de monedas y sociedades de colección proveen listas de precios y consejo de los especialistas. El comerciante de monedas *Ellesmere Numismatics* publica el boletín *The Winning Edge*, una guía de listas de precios de amplia circulación. Lo mejor de todo es que es gratis. Sólo llame al 800-426-3343 ó suscríbase en línea en *www.ellesmerecoin.com*.

Enrólese ahora, y ellos también le enviarán dos catálogos gratis de colección de monedas, *638 Coins with a Fundamental Reason to Rise in Value* y *The Nine Most Common Mistakes Made by Rare Coin Investors*.

Su biblioteca local es también una fuente útil para valuar sus monedas. Ponga un precio sobre su dinero con estos libros.

- *A Guide Book of United States Coins* de *R. S. Yeoman* (actualizado cada año)

- *The Standard Catalog of World Coins* de *Krause Publications*

Su mejor apuesta para las gangas de antigüedades

Los mercados de pulgas son como unas ventas de garaje gigantes con vendedores ofreciendo los usuales juguetes, herramientas y ropa. Pero también tienen tesoros ocultos de arte, muebles y joyería antiguos, y otras mercancías de colección.

Al comprar en esos bazares, usted puede decorar como en la realeza, sin gastar una fortuna. Saque el máximo provecho a lo que encuentre

Aprenda a identificar los mejores objetos de colección

Mientras más sepa usted acerca de objetos de colección, menos probable es de que sea estafado por un artículo "falso" y más probable de que compre y venda con el precio correcto.

Edúquese usted mismo sobre los objetos de colección que usted quiere, comenzando con estos recursos.

- Su biblioteca o librería local tiene libros que explican lo que le da valor a muebles, cristales y otros artículos, así como unas pocas guías de precios para coleccionistas formales.

- Visite el sitio Web oficial de las marcas de objetos de colección. Para *Barbie*, pruebe *www.barbie collector.com*, o para figuras *Hummel*, vaya a *www.mihumel.com*. Para otros artículos, escriba el nombre del objeto coleccionable en la línea de direcciones de Internet y vea a donde lo lleva la Web.
- Únase a clubes y organizaciones especializados en los artículos que usted atesora, como *American Political Items Collectors* en línea en *www.apic.us*.

en el mercado de pulgas con estos consejos de *Secrets to Affordable Antiques*.

- Busque cubiertos monogramados. La mayoría de la gente prefiere piezas lisas, dejándole buenas ofertas en plata con iniciales grabadas.

- Compre muebles antiguos por piezas sueltas. Los juegos cuestan más dinero. Ni siquiera los muebles del dormitorio de *George* y *Martha Washington* hacían juego.

- Pague por el arte, no por el nombre. Compre pinturas sin firma por su mejor valor, o cuadros de artistas poco conocidos.

- Cuelgue cuadros con roturas o marcos dañados arriba de las escaleras, sobre un librero o en otros sitios altos de la pared. Es difícil ver los defectos desde unos pocos pies de distancia.

- Retoque marcos dañados por rasguños con pintura acrílica del mismo color.

- Pruebe la misma técnica con floreros, vajillas y cerámicas, con desportilladuras y grietas. Colóquelos en repisas altas y ponga el lado dañado contra la pared.

- Repare roturas en lienzos o papel con un poco de cinta de enmascarar a lo largo de la parte de atrás de la pintura y cuélguela en lo alto.

- No compre objetos de colección en la ciudad en donde son fabricados. Alfarería, muebles y otras antigüedades son siempre más costosos en sus ciudades de origen.

Consejos rápidos para comprar en un mercado de pulgas

No todo artículo en el mercado de pulgas es una ganga, pero coleccionistas inteligentes saben cómo olfatear las mejores ofertas. Esta guía también puede ayudarle a retirarse feliz.

- Llegue temprano para tener una mayor selección. Las mejores ofertas desaparecen temprano.

- Si usted necesita un artículo en particular, averigüe cuánto cuesta en las tiendas al detalle antes de llegar al mercado de pulgas.

- Inspeccione los artículos cuidadosamente buscando desportilladuras, piezas faltantes o cortaduras antes de comprar. Generalmente usted no puede devolver una compra de mercado de pulgas.

- Antes de abalanzarse sobre esas mesas y sillas antiguas, asegúrese de que usted tiene una forma de llevarlas a casa. La mayoría de los comerciantes no entregan.

- ¿Encontró un puesto que le gusta especialmente? Pida la tarjeta del vendedor y pregúntele con cuanta frecuencia él vende ahí, cuándo obtiene nuevas piezas y en dónde más exhibe. Usted puede querer visitarlo de nuevo.

- Aléjese de artículos que usted no esté seguro que quiere comprar. Si aún lo llama cuando se haya alejado dos puestos, regrese por él. Y mejor aún, si el negocio es lento para ese vendedor, espere hasta que termine el día cuando él esté feliz de hacer un trato.

- Compare en varios negocios antes de comprar. Los comerciantes ocasionalmente compran en las mismas fuentes de venta al por mayor, así que algunos pueden ofrecer los mismos artículos a diferentes precios.

Guía de los profesionales en subastas en línea

Las subastas en la Internet trabajan muy similar a las subastas regulares, *Yahoo*, *eBay*, *Amazon.com* y otras casas de subasta virtuales actúan como enlaces entre compradores y vendedores, otorgando los artículos a los que más oferten.

- Usted puede comprar cualquier cosa que esté bajo el sol, en mega-sitios de subastas, pero no descuide los lugares más pequeños. Los sitios grandes de subastas, como *eBay*, no garantizan la autenticidad de un artículo, pero algunos sitios especializados de la Internet sí. Usted puede también tener más suerte buscando lo que usted quiere.

- Lea el acuerdo de Términos y Servicio de cada sitio y las Políticas de Privacidad de forma que usted entienda las reglas que aplican a los vendedores y compradores. Por ejemplo, todas las ventas son finales en algunos sitios, mientras que otros le permiten devolver bienes. Algunos le permiten retirar su oferta, otros no. Sepa los términos antes de comprar.

- Fije un techo para el precio máximo que usted está dispuesto a pagar por un artículo, y apéguese a él. No se deje atrapar en el frenesí de ofertar y gaste más de lo que usted había planeado.

- Verifique el precio actual de la pieza en tiendas y subastas recientes antes de que usted oferte en ella para evitar pagos excesivos.

- Lea toda la información específica que el vendedor da de un objeto. Busque detalles acerca de su condición y si algunas piezas están faltando. Usted puede quejarse con la compañía de subastas y, en algunos casos, devolver el artículo si el vendedor lo engañó.

Gane subastas en línea con facilidad

Las subastas en línea, como las de *eBay*, le permiten elegir una enorme selección de artículos y, generalmente, pagar menos por ellos que en cualquier otra parte. Algunas personas viven de comprar bienes en subastas de la Internet y venderlas al detalle.

La competencia puede ser dura, así que esté preparado para pelear por lo que usted quiere, al menos hasta que cueste más de lo que usted puede pagar. Pruebe estos consejos para ofertas ganadoras de *eBay the Smart Way*.

- Recargue la página Web a menudo durante los minutos finales de una subasta de forma que usted pueda ver la última oferta. Vaya a la página de la subasta y busque el artículo que usted quiere comprar, y haga clic en el botón de recarga en su navegador de la Internet.

- Oferte al estilo *eBay*. Elija cuánto usted está dispuesto a pagar por algo, y luego pídale a *eBay* que oferte por usted hasta por esa cantidad. Usted incluso puede fijar el incremento, esto es que *eBay* aumenta su oferta cada vez, de a 50 centavos, $1 ó $5, y así sucesivamente. Cada vez que alguien oferta más que usted, *eBay* aumentará su oferta sobre ellos con el incremento que usted fijó, hasta su máximo, ahorrándole tiempo y dinero.

■ Use el truco de los diez centavos de diferencia. *eBay* lo obliga a incrementar su oferta al menos en una cierta cantidad de dólares cada vez, usualmente un número redondeado, como $1 ó $5. Incremente las suyas esa cantidad más 10 centavos para ofrecer más que su competidor y aumentar sus posibilidades de ganar la subasta.

■ Conviértase en un francotirador *(Sniper)*. El software *Sniper* le permite hacer una redada y ofertar en el último minuto, con la idea de que si se eleva la oferta, por decir 15 ó 30 segundos antes de que la subasta termine, usted ganará porque nadie más tendrá tiempo para responder. Usted puede comprar el software francotirador en *eBay* o suscribirse a un servicio Web que haga el trabajo por usted.

Ninguna estrategia le garantiza que usted va a ganar, pero se supone que las subastas son divertidas, ¿Correcto? Gane o pierda, siempre disfrute el juego.

Protéjase mientras oferta en línea

La Comisión Federal de Comercio *(Federal Trade Commission; FTC,* por sus siglas en inglés) recibe muchas quejas acerca de las subastas en línea, cada año. La mayoría involucran a vendedores que fallan en el envío de los artículos, los envían tarde o publicitan falsamente sus mercancías, mientras que algunos lidian con servicios de pago falsos y gente estafadora que posa como comerciantes legítimos.

Usted no tiene que ser una víctima. Siga estos consejos de la *FTC*.

■ Lea el acuerdo de los términos de servicio del sitio de subastas para ver si ellos ofrecen garantías de devolución del dinero, seguro gratis, manejo de reclamos y otras protecciones para los compradores.

- Consiga más información. Envíe un mensaje de correo electrónico o llame al vendedor, y pregúntele si el artículo viene con algún tipo de garantía o acuerdo de servicio, qué tipo de pago aceptan, quién paga el envío y cuánto costará, y cuál es su política de devoluciones. No oferte hasta recibir respuestas.

- Revise al vendedor. Muchos sitios citan la reacción de la gente que compró artículos de un vendedor calificando su servicio. Use esas calificaciones como guías, pero no dependa de ellas exclusivamente. Consiga el número telefónico del vendedor, y llámelo para asegurarse de que el trato funciona antes de enviar el dinero.

- Pague con una tarjeta de crédito si es posible. Ésta le da mayor protección contra los comerciantes fraudulentos y transacciones incorrectas. Si el vendedor no acepta tarjetas de crédito, considere pagar a través de un servicio de pago o de depósito en custodia de reputación, como *Paypal*.

- Proteja su identidad. Investigue completamente al vendedor y el pago o servicio de depósito en custodia, si usted usa uno, antes de dar su cuenta bancaria, tarjeta de crédito o número de seguro social. Llame a la oficina para negocios mejores (*Better Business Bureau*) y al procurador general del estado, tanto en el sitio en donde usted vive como donde el vendedor y el servicio de pago están localizados, y pregunte si han recibido quejas en contra de ellos.

Si tuviera problemas con una compra, trate de manejarlos directamente con el vendedor, el servicio de pago o sitio Web de subastas. Si usted no queda satisfecho, presente una queja con el procurador general del estado, la agencia de protección al consumidor y la oficina para negocios mejores (*Better Business Bureau*) y llame a la Comisión Federal de Negocios (*Federal Trade Commission*) al número gratuito 877-382-4357.

Venda en línea sin un computador

Usted ya no necesita un computador para vender artículos en *eBay*. Ahora, una compañía llamada *AuctionDrop* lo hace por usted, e incluso los empaca y envía al comprador.

Llámelos a 650-470-6920 o llene un formulario en línea en *www.auctiondrop.com*. Luego deje su artículo en una de las 3.700 oficinas de la compañía. *AuctionDrop* fotografía su artículo, lo pone en *eBay*, y lo envía al comprador. Ellos le avisan cuando el producto es vendido, cobra su comisión y le envía un cheque por el resto.

Es siempre una buena idea leer la letra pequeña antes de involucrarse. Cada casa de subasta cobra una comisión, pero usted pagará una prima por este servicio. *AuctionDrop* toma el 38% de los primeros $200 que usted haga por la venta, 30% de los siguientes $300 y 20% por arriba de $500 dólares, más una pequeña comisión que ellos pagan a *eBay*. En algunos casos, pueden cobrar un monto fijo. Usted pagaría una menor comisión, y conservaría más de su propio dinero, si vende sus bienes directamente en *eBay*.

Revise esta tabla para ver cuánto usted realmente ganaría vendiendo a través de *AuctionDrop* en comparación a su propia venta en *eBay*, y decida si el costo vale la pena.

Si usted vende un artículo por	Usando *AuctionDrop*, usted gana	Vendiendo usted mismo en *eBay*, usted gana
$250	$147.50	$242.50
$500	$319.63	$485.63
$1,000	$705.88	$971.88

Computadores

■ Hardware

Bajar de nivel le hace ahorrar dinero

Usted no compraría el último y más grande procesador de alimentos para hacer un sándwich de mantequilla de maní y gelatina. De manera similar, usted no necesita comprar un computador de última generación si usted sólo va a usarlo para funciones básicas, como procesamiento de palabras, navegar en la Internet y enviar correos electrónicos.

Afortunadamente, muchas tiendas o fabricantes le permiten configurar su propio sistema. Esa es una buena forma de ahorrar dinero en algunas áreas y mejorar su computador en otras. Usted puede optar por un procesador más lento, disco duro más pequeño y menos memoria que el modelo más avanzado. Siempre que el computador cumpla con sus necesidades, está bien bajar de nivel.

Escape de la trampa de la marca

En lugar de comprar un computador de alto precio de una de las más famosas marcas, considere los clones. Usted puede ahorrar mucho dinero sin renunciar a la calidad. Piense en los clones, o computadoras personales de caja blanca, como versiones genéricas de los modelos de marca. Ellos son básicamente lo mismo, sin la etiqueta fina.

A menudo, usted puede configurar su propio sistema, eligiendo de una amplia selección de componentes. Esto es probablemente mejor cuando usted quiere una configuración inusual con partes específicas.

Mientras que los clones pueden costar considerablemente menos, ellos vienen con algunas preocupaciones e inconvenientes. Por ejemplo, los clones no vienen con tanto software o apoyo técnico como las principales marcas. Tener que comprar un sistema operativo y software podría desplazar cualquier ahorro de la máquina. Asegúrese que usted podrá devolver el sistema si hay problemas.

Busque computadores personales de caja blanca en su tienda de computadores local. Esto es conveniente cuando usted necesita reparaciones o mejoramientos. Usted puede también ir con los comerciantes en línea. De cualquier forma, verifique primero la compañía. Usted no quiere un negocio de electrónica dudoso que puede cerrar en cualquier momento.

Ahorre hasta un 80% del precio al detalle

Usted ha oído la expresión "tan bueno como nuevo". Compre un computador reacondicionado y usted conseguirá uno que incluso podría ser mejor. No sólo usted consigue un computador de calidad, con tanto poder como el que necesita, usted también puede ahorrar mucho dinero.

Los computadores reacondicionados vienen en todas las formas y tamaños. Si bien el computador pudo haber sido devuelto por un defecto ligero, a menudo es algo mucho menos serio. Quizá tuvo una imperfección cosmética o el anterior dueño simplemente abrió la caja antes de decidir que él no la quería. Los modelos de demostración y artículos excedentes pueden también ser considerados reacondicionados. No importa el problema, el computador ha sido arreglado y limpiado para reventa.

Cuando compre artículos reacondicionados, usted tiene que tomar algunas precauciones. Asegúrese de que usted obtiene una garantía y acceso

Dell Inspiron 1150 Notebook	Nuevo	Recondicionado
Rapidez del procesador	2.8GHz	2.8GHz
Sistema operativo	Windows XP	Windows XP
Memoria	256 MB	256 MB
Disco duro	60 GB	60 GB
Unidad de CD/DVD	24X	24X
Costo	$1.127	$730

a ayuda técnica en caso de que algo salga mal. También asegúrese de que usted sepa lo que está incluido: usted no quiere descubrir después de que su computador no viene con un monitor o un sistema operativo.

Usted también quiere comprar de fuentes confiables. Su mejor opción es comprar directamente de los fabricantes, como *Dell*, que garantiza su mercancía reacondicionada. Vaya en línea a *www.dell.com* para comprar de sus descuentos de fábrica. Usted puede también comprar computadores *Dell* reacondicionados en *www.dfsdirectsales.com*. Otros sitios que ofrecen computadores reacondicionados incluyen *www.refurbdepot.com*, *www.cdw.com*, y *www.outletcomputer.com*.

Tenga en mente que con las máquinas reacondicionadas usted no puede configurar su propio sistema, como lo podría hacer cuando compra un computador nuevo. Pero, si usted compara, usted debería poder encontrar un computador que se ajuste a su necesidad.

Forma sencilla de buscar descuentos

No hay nada mejor que lograr una devolución de dinero después de que se ha comprado algo costoso, como un computador. Vaya a su motor de búsqueda favorito, como *Google*, y escriba la marca del computador que usted está viendo, y la palabra *"rebate"*. Usted obtendrá enlaces a sitios Web que ofrecen información de descuentos que usted puede imprimir o descargar.

Descubra los gastos ocultos de las impresoras

¿Cuándo es que la impresora más barata no es realmente la más barata? Más a menudo que lo que usted piensa. Aquí hay algunos de los costos ocultos para cuidarse cuando se compra una impresora.

- Tinta o *toner*. Esto es cuando las compañías de impresoras se aprovechan de usted. Ellos pueden vender la impresora muy barata, pero tener su dinero de vuelta, y más, al cobrar mucho dinero por ese esencial artículo. Considere esos gastos cuando compare costos de impresoras. Algunas impresoras láser, como aquéllas hechas por *Samsung*, vienen con un botón ahorrador de *toner*. Esta característica aumenta la capacidad del *toner* un 40% al usar la mínima cantidad de *toner* para imprimir cada página.

- Papel. El precio del papel sencillo será el mismo sin importar cuál impresora compre. Pero no olvide el papel fotográfico, las transparencias y otros papeles especiales que podrían variar de impresora a impresora.

- Reparaciones y servicio. Una impresora barata podría requerir más reparaciones, lo cual puede desplazar cualquier ahorro que usted haya logrado. También tenga en mente cualquier mantenimiento regular que usted necesite, tal como reemplazar un tambor de imagen en una impresora láser.

Usted también querrá tener en cuenta la resolución y la rapidez. Una impresora barata no es una buena oferta si produce páginas borrosas o toma mucho tiempo para hacer su trabajo.

Reduzca costos de impresión con equipos de relleno de cartuchos

El papel puede venir de los árboles, pero los cartuchos de tintas no crecen en ellos. Afortunadamente, hay una alternativa ahorradora de dinero en lugar de comprar cartucho tras cartucho. Rellenar su cartucho, y su bolsillo, con un equipo de rellenar tintas.

La idea detrás de los equipos de rellenos de cartuchos es simple. En lugar de arrojar su cartucho vacío, usted lo recicla. Sólo rellénelo con

Cartucho de impresora	Negro	Color
Cartucho de marca	$29.99	$32.99
Cartucho compatible	$12.95	$18.95
Equipo de relleno de cartuchos	$9.95	$14.95

tinta nueva, y queda tan bueno como si fuera nuevo. Usted debe ser capaz de rellenar el mismo cartucho, al menos de tres a cinco veces, y quizá tanto como ocho a 10 veces. Depende de la condición de los cartuchos y las cabezas de impresión. Asegúrese que usted rellena el cartucho vacío inmediatamente. De otra forma, la tinta remanente se puede secar y tapar la salida.

Siga las instrucciones de rellenado cuidadosamente. Una gran desventaja de rellenar sus cartuchos de impresora es su potencial para el desastre. Un producto, llamado *Inke Inkjet Auto Refill System*, hace el proceso de rellenado más fácil y menos desastroso porque usted nunca entra en contacto directo con la tinta. Sólo ponga el cartucho en un espacio y un tanque de tinta en el otro y presione un botón. *Inke* sólo trabaja con ciertos cartuchos de impresoras. Para mayor información, visite *www.inkeinkjet.com*.

No todos los equipos de rellenado son fabricados igual. Tenga cuidado con los de mala calidad que dejan de trabajar. En general, los equipos de relleno trabajan mejor para texto y gráficas básicas, que para fotos. Pero es posible encontrar tinta de relleno de alta calidad.

Ya que ciertos fabricantes arreglan sus cartuchos de forma que no se puedan rellenar, usted tendría que comprar cartuchos compatibles. A menudo, las mismas compañías que venden los equipos de rellenado también venden esos cartuchos de oferta. Asegúrese de que usted conoce el modelo exacto de su impresora. Usted necesitará esa información para comprar la tinta correcta o cartuchos compatibles.

Algunas fuentes en línea de equipos de relleno de tinta incluyen *www.atlanticinkjet.com*, *www.inkusa.com* y *www.inkjetcartrige.com*. *Atlantic Inkjet* promete ahorros de hasta 75% en sus cartuchos de inyección de tinta compatibles, mientras que *InkjetCartridge.com* ofrece una línea de ayuda gratis a la que usted puede llamar si está teniendo problemas con su equipo de rellenado.

Encuentre el enlace a la tinta económica

Ahorre hasta un 80% en cartuchos de impresora al comprar en línea. Muchos sitios Web venden cartuchos de reemplazo, los cuales funcionan tan bien como los de marca pero por una fracción del costo. Asegúrese de que usted conoce el modelo de impresora de forma que encuentre un cartucho compatible.

Averigüe los ahorros en sitios como *www.123inkjets.com, www.abcco.net, www.inksell.com, www.pacificink.com* y *www.printpal.com.* Compare, asegúrese de incluir el envío y manejo. Algunas compañías incluso ofrecen envío gratis. Usted nunca pagará mucho de nuevo. Muchos comerciantes hacen de la compra una oferta libre de riesgo: satisfacción garantizada o la devolución de su dinero.

Extienda la vida de su cartucho

Si usted imprime mucho, usted usa mucha tinta que cuesta mucho dinero. Pero ahora hay una forma de controlar cuanta tinta usted usa. Al extender la vida de cada cartucho, usted puede ahorrar cientos de dólares en costos de tinta durante la vida de su impresora.

Sólo compre el software *InkSaver.* Éste funciona con todas las impresoras de inyección de tinta y todos los tipos de tinta, incluyendo los equipos de rellenado. Usted puede ajustar *InkSaver* hasta que le rinda un máximo ahorro de 75%. Una característica práctica llamada *Ink Savings Estimator* incluso le permite saber cuánto dinero usted ahorra con diversas configuraciones. Lo mejor de todo, aunque usted use menos tinta, su resolución no es afectada. Usted puede comprar *InkSaver* por $34.99 en *www.inksaver.com,* en donde usted puede también descargar una prueba gratis por 15 días.

■ Software

Software de muestra con el software alternativo (*shareware*)

Aún si usted consigue una gran oferta en un computador, usted aún necesitará software para trabajar en cualquier cosa. Y eso puede ser costoso. Ahí es donde el software alternativo aparece.

El software alternativo, o *shareware*, es software que usted descarga y usa gratis. Si a usted le gusta, usted paga una cuota para conservarlo. El *freeware* es similar al *shareware*, excepto que nunca hay una cuota. De cualquier forma, usted paga menos que lo que pagaría por paquetes de programas de grandes compañías.

Usted puede encontrar software alternativo para virtualmente todo, desde software antivirus, pasando por herramientas organizacionales, hasta juegos. Es una buena forma de probar el software y ahorrar dinero. Sin embargo, usted necesita tener algunas cosas en mente cuando trate con software alternativo, o cualquier cosa que descargue de la Internet.

Este pendiente de los extras no deseados. El software puede venir con sorpresas ocultas, como *spyware* y *adware*. Con el *adware*, usted es bombardeado con avisos cuando usted abre una aplicación. Es el precio que usted paga por el software barato o libre. El *spyware* es aún más siniestro. Éste rastrea cuáles sitios Web usted visita en la Internet y lo reporta a los anunciantes, quienes pueden encasillarlo más eficientemente.

Los virus pueden hacer aún más daño. Mientras que algunos simplemente despliegan palabras o una imagen en su pantalla, otros pueden cambiar, borrar o dañar archivos en su computador. Algunos podrían incluso impedir que su computador trabaje. Como el *spyware* y *adware*, los virus pueden meterse en su sistema cuando usted descarga algo de la Internet.

Para protegerse, haga su tarea. Lea varios comentarios sobre los productos antes de descargarlos, y descargue sólo de sitios con reputación. También, lea el acuerdo completo del software para descubrir cualquier mención de *spyware* o *adware*. Por supuesto, usted también querrá que el último software antivirus proteja su computador.

Descargue programas que usted realmente necesite. Revise si su computador viene con una aplicación que hace lo que usted está tratando de hacer antes de recurrir al software alternativo. Y asegúrese de que usted puede fácilmente desinstalar el programa si usted no lo quiere.

Recuerde, el *shareware* significa no tener que compartir (*share*) su riqueza con las compañías grandes de software. Sólo asegúrese de que el software que usted descargue no esté "compartiendo" una sorpresa desagradable con usted.

Regístrese en clases económicas de computación

Conocimiento es poder, especialmente si se trata de computadores. Es impresionante lo que usted puede hacer con la tecnología de hoy. Es también impresionante qué económico puede ser aprender acerca de ella. Aquí hay algunos sitios para buscar clases de computación de bajo costo.

- Las bibliotecas pueden ofrecer entrenamiento en computación gratis. Ellas también proveen uso gratis de computadores en línea de forma que usted practique sus habilidades. Llame a su biblioteca local y vea qué ofrece.

- Las tiendas de computadores, como *Apple Store*, algunas veces proveen clases gratis o talleres. Usted puede también pagar por clases más avanzadas.

- Los café Internet, que son sitios en donde usted paga por usar la Internet, pueden también ofrecer clases de computación gratis o de bajo costo.

- Las escuelas y universidades usualmente tienen departamentos de educación continua que ofrecen clases de computación de bajo costo para principiantes. Si usted es un adulto mayor, usted podría enrolarse en clases de computación en el ciclo regular a precios reducidos o incluso gratis.

- Los centros de aprendizaje proveen un buen medioambiente para aprender rápidamente. *SeniorNet*, el cual tiene cerca de 200 centros en los Estados Unidos, Europa y Japón, enseña a la gente cerca de 50 habilidades de computación básica y avanzada. Clases pequeñas, cuotas pequeñas y entrenamiento práctico hacen de este programa un éxito. Vaya a *www.seniornet.org* o llame al 415-495-4990 para encontrar centros de aprendizaje cerca de usted. Busque centros de adultos mayores locales y departamentos de recreación, así como programas *YMCA* y *YWCA*.

- Un tutor le da valiosa instrucción uno a uno. Contrate una persona experta en computadores para ayudarle a aprender a su propio ritmo. Estudiantes de escuelas, amigos, vecinos, incluso sus propios nietos podrían ser buenos tutores. Usted probablemente podrá negociar un precio justo.

- Los tutoriales en línea le permiten usar su computador para aprender más acerca de computadores. Para comenzar, usted sólo necesita saber cómo entrar a la Internet. Elija de una amplia variedad de temas y niveles de habilidad. Vaya paso a paso, a su propio ritmo, desde la comodidad de su hogar. Los sitios web tales como *www.seniornet.org* o *www.thirdage.com* ofrecen tutoriales gratis.

Ventajas y desventajas de imprimir fotos

Se puede ahorrar dinero a menudo al hacer cosas usted mismo, en lugar de pagarles a otros para que lo hagan en su lugar. Pero cuando se trata de imprimir sus propias fotos digitales en casa en lugar de pagar para hacer las impresiones, los ahorros son cuestionables. Usted podría ahorrar dinero . . . pero podría ser que no.

El costo de imprimir sus propias fotos digitales se puede acumular rápidamente. Para empezar, una cámara digital capaz de tomar fotos de calidad costará al menos $900.

Usted probablemente necesitará comprar software, como *Adobe Photoshop*, que le permite editar, retocar, y de otra forma modificar sus fotos antes de imprimirlas.

Y, por supuesto, usted necesitará una buena impresora de fotos, lo cual puede costar entre $150 hasta por arriba de $500. Junto con la impresora, usted necesitará un constante abastecimiento de tinta de color y papel fotográfico.

Por otra parte, si usted opta por pagar por las impresiones, usted necesita pagar una cuota de procesamiento, usualmente cerca de 29 centavos por impresión, más envío. Por supuesto, usted aún necesita la cámara digital.

Comparta sus fotos con un álbum en línea

Muchas de las mismas compañías que hacen impresiones de fotos digitales, tales como Ofoto, Shutterfly y Snapfish, también le dan la opción de crear álbumes de fotos en línea. Esto le permite compartir sus fotos gratuitamente con familia y amigos.

Keith Rokoske, un desarrollador de aplicaciones Web de Carolina del Norte, toma ventaja de esta idea de alta tecnología para ahorrar dinero.

"He usado álbumes de fotos en línea bastante. Es una forma excelente, rápida y de bajo esfuerzo para permitirles a amigos y familia, en cualquier lugar en el mundo, ver sus últimas fotografías", dice Keith.

"Parece como que las publico cada vez que tomamos unas vacaciones o algún evento importante ocurre, una gran tormenta, una reunión de clase, etc. Porque yo paso mucho tiempo en el computador, la fotografía digital esencialmente ha reemplazado las solicitudes de impresión".

Pruebe el servicio de álbum de fotos en línea. Es un gran cambio desde los viejos días y un gran mejoramiento en sus finanzas.

"La cantidad de dinero, y tiempo, que he ahorrado al usar un álbum en línea es notable", dice Keith. "En lugar de crear una cantidad limitada de fotos que hubiera enviado por correo individualmente, puedo publicar tantas fotos como yo quiera y distribuirlas a todos los que yo quiera que las vean. ¡Mi abuela de 96 años ha visto algunos de mis álbumes de fotos en línea!".

Si usted prefiere fotos de película tradicional, usted puede ahorrar mucho dinero en la cámara; pero necesitará comprar rollos de película y pagar para que sean revelados.

Para fotógrafos más casuales, un equipo de impresión casera elaborado probablemente no vale ni la molestia, ni el costo. Es más fácil, y probablemente más barato, simplemente conseguir impresiones hechas de sus fotos digitales. O incluso quedarse con la película por ahora.

Pero, si usted imprime mucho, un equipo de casa costoso podría valer la pena a largo plazo. Usted no necesitará gastar dinero en películas, cobros por revelado o procesamiento, o envío. Y como un bono adicional, usted tendrá sus fotos instantáneamente.

Vaya en línea para conseguir impresiones de calidad y bajo costo

Gracias a la tecnología digital, ahora es más fácil que nunca tomar fotografías, verlas instantáneamente y enviarlas por correo electrónico a amigos y familia.

Pero hay ocasiones en las cuales usted incluso querrá sus fotos en papel. No hay nada como hojear los álbumes familiares o hurgar en cajas de fotos antiguas para traer viejos recuerdos.

Con los servicios de impresión digital en línea, usted puede conseguir impresiones de calidad por una miseria. Sólo envíe sus fotos al sitio Web del servicio, ya sea cargándolas con software especial, enviándolas por correo electrónico o simplemente arrastrando y dejando las fotos desde su escritorio. Luego haga su pedido.

Aquí hay un vistazo rápido de cuatro servicios de impresión en línea. Los precios son para impresiones de 4x6 con envió estándar a través del servicio postal de los Estados Unidos (*United States Postal Service*).

- *Shutterfly*, *www.shutterfly.com*, ofrece impresiones por 29 centavos. Los costos de envío son: $1 (dólar) por de una a 10 impresiones y hasta $14.99 por de 251 a 300 impresiones. Usted puede ahorrar más con un plan de impresión de prepago. Obtenga 100 impresiones por $24 (24 centavos cada una),

200 impresiones por $44 (22 centavos cada una), o 500 impresiones por $99 (sólo 20 centavos cada una). Como bono, usted obtiene 15 impresiones gratis cuando se registra.

- *Ofoto, www.ofoto.com,* es propiedad de *Kodak* y cobra 25 centavos por impresión. Los costos de envío van desde $1.49 (dólares) por de una a 10 impresiones, hasta $14.99 por de 250 a 299 impresiones.

- *Snapfish, www.snapfish.com,* ofrece impresiones por sólo 19 centavos. El envío inicia desde 99 centavos por de 1 a 5 impresiones. Agregue 49 centavos por cada 10 impresiones adicionales. Los planes de prepago le permiten ahorrar aún más. Compre 150 impresiones por $27 (18 centavos cada una), 300 impresiones por $51 (17 centavos cada una), o 600 impresiones por $90 (15 centavos cada una). Cree una cuenta y usted obtendrá 20 impresiones gratis.

- *XPPhoto, www.xpphoto.com,* cobra solo 17 centavos por impresión. Espere pagar $1.49 por el envío de una a 20 fotos, hasta $8.99 por 318 o más impresiones.

■ Servicios de Internet

Pague menos por el servicio de Internet

En *Hollywood,* las grandes estrellas reciben grandes salarios. En el mundo de los proveedores de servicios de Internet, la misma lógica aplica. Grandes nombres, como *AOL, MSN* y *Earthlink,* cuestan hasta $23.90 al mes por el servicio de marcado (*dial-up*).

Pero sólo cuando usted encuentra infinidad de buenas películas sin grandes estrellas, usted obtiene servicios de acceso a Internet sin pagar altas cuotas mensuales. Opciones más económicas incluyen *Juno* o *NetZero* por $9.95 al mes, o *Mailaka* por $6.95.

Buenos sitios para buscar proveedores de servicios de Internet nacionales o locales incluyen *www.thelist.com, www.all-free-isp.com* y *www.findasnip.com.*

Servicios de Internet	Servicio de marcado	DSL	Cable
Cargo mensual	$9.95 - $26.00	$49.00	$49.00
Segunda línea telefónica	$20 por mes	NA	NA
Total	$29.95 - $46.00	$49.00	$49.00

Algunas compañías pueden incluso ofrecer servicio de Internet gratis, pero esos arreglos pueden no ser verdaderas gangas. Esté preparado para ser bombardeado con avisos y sacrificar rapidez, confiabilidad, servicio al cliente en vivo y privacidad.

Agrupe servicios para hacer grandes ahorros

Navidad no es el único momento del año en el que se encuentra una sorpresa agradable en un paquete. Cuando usted combina su Internet, cable y servicio telefónico, usted puede ahorrar 30% o más.

Esto hace el pago de servicios más fácil, también, ya que usted sólo envía un cheque a una compañía. Las compañías grandes de cable, como *Comcast* y *Cablevision*, ofrecen esas ofertas.

Busque en sus páginas amarillas proveedores de cable y pregunte por los paquetes disponibles. Usted también puede ir a la página Web de la Asociación Nacional de Proveedores de Cable y Telecomunicaciones (*National Cable & Telecommunications Association*) en *www.ncta.com* para conseguir enlaces a los proveedores de su estado.

Compare precios y asegúrese de que usted obtendrá buen uso de todos los servicios. También ayuda el saber si en su casa ya hay cableado y de qué tipo, ya que esto puede afectar los cobros por instalación.

Llame a los ahorros con un identificador de llamadas en línea

¿Cansado de perder llamadas telefónicas mientras usted navega en Internet con su conexión de marcado (*dial-up*)? En lugar de pagar más por cable, *DSL* o incluso una segunda línea telefónica, considere una máquina contestadora por Internet.

Por sólo menos de cuatro dólares al mes, usted puede conseguir un servicio como *CallWave* o *BuzMe*. Estos servicios le notifican llamadas entrantes, graban mensajes de voz e incluso le permiten tomar llamadas sin perder su conexión a la Internet. Ambos servicios ofrecen pruebas de 30 días gratis. Vaya a *www.callwave.com* o *www.buzme.com* para obtener más información.

Disfrute del correo electrónico gratis

Con los correos electrónicos, mantenerse en contacto con amigos y familiares nunca ha sido más fácil. O más económico. De hecho, usted no debería pagar por el servicio de correo electrónico. Hay muchos gratis ahí afuera. Aquí hay unos pocos de los muchos servicios gratuitos de correo electrónico disponibles.

- *Hotmail*, el servicio de correo electrónico gratuito de *Microsoft*, es el más popular. Regístrese en *www.hotmail.com*.

- *Yahoo!* también provee un programa de correo electrónico gratuito, popular y fácil de usar, en *http://mail.yahoo.com*.

- *Gmail*, el programa de correo electrónico de *Google*, ofrece una forma innovadora de organizar sus correos y grandes capacidades de búsqueda. Échele un vistazo en *www.gmail.com*.

- *Hushmail*, como su nombre lo indica, ofrece la mayor privacidad ya que usa encriptación. Vaya a *www.hushmail.com* para mayor información.

- *Mail2World*, un servicio relativamente nuevo, tiene almacenaje y características que igualan a los muchachos grandes. Sepa más en *www.mail2world.com*.

Cuidado dental

Ofrézcase como voluntario de trabajos dentales

Participe en ensayos de clínicas dentales, y usted podrá no sólo obtener cuidado dental gratis, usted podría incluso ser pagado por su tiempo. El gobierno patrocina muchos ensayos dentales a través del Instituto Nacional de Investigación Dental y Craneofacial (*National Institute of Dental and Craniofacial Research*; *NIDCR*, por sus siglas en inglés). A menudo, ellos buscan gente con problemas dentales específicos para que participen en sus estudios.

Si usted califica, estos institutos pueden tratar su condición gratis o a un muy bajo costo. Algunas veces, ellos incluso pueden reembolsarle sus gastos, como viajes, cuidado de niños, comidas y hospedaje.

Usted puede visitar el sitio Web del *NIDCR* en *www.nidcr.nih.gov* y haga clic en *NIDCR Studies Seeking Patients*, para ver cuales pruebas necesitan voluntarios; o llámelos al 301-496-4261, y pregunte en cuales estudios de investigación usted califica. Usted puede también escribirles para pedir información (vea en la siguiente página la dirección). Sólo asegúrese de incluir su información de contacto.

Compañías privadas, como *Thomson CenterWatch*, también llevan a cabo ensayos de clínicas

dentales, y ellos podrían pagarle por participar. Visite
www.centerwatch.com y haga clic en *Trial Listings*, luego
Dental/Maxillofacial Surgery para tener una lista de estudios que
necesitan voluntarios. O usted puede llamar al centro de ayuda
(*CenterWatch*) al 617-856-5900.

Contacto: **National Institute of Dental and
Craniofacial Research
Office of Communication and Health Education
45 Center Drive
Building 45, Room 4AS-19
Bethesda, MD 20892**

Rellenos, dentadura y limpiezas gratis

Medicare sólo cubre el cuidado dental en raras circunstancias; y
nunca cubre cuidado rutinario, como limpiezas. Tampoco
Medicaid, a menos que su estado específicamente ofrezca cobertura dental bajo su programa.

Afortunadamente usted tiene otra opción. Usted puede obtener
trabajo dental gratis o con descuento a través de un remarcable
programa del gobierno que los odontólogos odian. La Oficina
de Cuidado Dental Primario (*Bureau of Primary Health Care*),
una rama del Departamento de Salud y Servicios Humanos de
los Estados Unidos (*U.S. Department of Health and Human
Services*), trabaja con los centros de salud, a lo largo del país,
para ofrecer atención de salud de calidad, para personas de
bajos recursos, en una escala dinámica de cuotas. El costo está
basado en sus ingresos, lo que significa que todos pueden
pagarlo. Usted recibirá atención aún si usted no puede pagar.

Los centros de salud participantes proveen un número de servicios, incluyendo limpiezas, tratamientos con fluorina, rellenos,
puentes, extracciones, dentaduras y otros trabajos dentales,
todos desarrollados por odontólogos e higienistas licenciados.

Contacte su departamento de salud local. Usted puede encontrar su número telefónico en las páginas azules del directorio. Dígales que usted está interesado en los servicios de salud para personas de bajos recursos, y mencione el tipo de servicio que usted necesita. Ellos pueden referirlo a un centro de salud cercano e iniciar el trámite de documentos. Usted puede también buscar centros de salud participantes, cerca de usted, en la Internet en *www.ask.hrsa.gov/pc*.

Las facultades de odontología ofrecen tarifas reducidas

Dejar que un estudiante de odontología perfore su diente puede no sonar placentero, pero puede ahorrarle mucho dinero. Las facultades de odontología frecuentemente ofrecen servicios de bajo costo a gente que permita que los estudiantes hagan el trabajo. No se preocupe, un odontólogo entrenado y con licencia supervisará de cerca a los estudiantes.

Busque en sus páginas amarillas a la asociación odontológica de su estado. Ellos pueden dirigirlo a las facultades y clínicas de odontología que ofrecen cuidado dental a precios reducidos. Usted puede también conseguir una lista de facultades de odontología en la Internet. Vaya a la página Web del Instituto Nacional de Investigación Dental y Craneofacial (*National Institute of Dental and Craniofacial Research; NIDCR*, por sus siglas en inglés) en *www.nidcr.nih.gov* y haga clic en *Finding Dental Care*.

Cenando

Dese usted mismo una cena gratis afuera

No pierda el tiempo esperando que los cupones lleguen en el periódico. Consiga las ofertas que usted quiere ahora, en línea. Muchos sitios Web ofrecen cupones de sobra. Sólo elija sus favoritos.

Aquí está como funciona. Restaurantes populares, como *Shoneys* y *Red Lobster*, ocasionalmente ofrecen comidas y tarjetas de regalo por un tiempo limitado. Para encontrar esas ofertas, visite sitios como *www.retailmenot.com/food.shtml* o *www.mychoicerewards.com/info*.

Una palabra de precaución, usted puede tener que dar información personal y participar en una promoción o encuesta de mercadeo para conseguir sus regalos. Asegúrese de leer las páginas de las políticas de privacidad y los términos y condiciones antes de enviar información personal.

Sea madrugador para conseguir una oferta de comida

Programe un almuerzo tarde o una cena temprano, y ahorre con los especiales para madrugadores. Ya que los negocios están más desocupados entre las horas pico, los dueños de restaurantes quieren que le valga la pena comer durante las horas no pico. Algunos incluso ofrecen menús tempraneros. Estos tratos son una gran ayuda para aquellos cuyas agendas les permiten comer cuando ellos quieran.

Las horas y descuentos varían, así que llame con anticipación. No tardará en aprender cada calendario madrugador en su área. Y no pierda los descuentos tempraneros cuando esté de viaje o de vacaciones, que es cuando usted realmente quiere estirar cada dólar.

Formas sencillas de descubrir ofertas especiales

Algunos descuentos son sólo para los audaces y curiosos. Por ejemplo, usted es miembro de *AAA* o *AARP*, o usted está empleado por una compañía grande o pequeña. Y usted no está seguro que haya descuentos para algunos de esos grupos; pero no cuesta nada preguntar. Sea la política de la compañía o simplemente el capricho del administrador, usted puede encontrarse elegible para una variedad de ofertas de comidas.

La mejor oferta de la ciudad

Sea que usted esté buscando una buena comida cerca de casa o cuando esté de viaje, una cafetería de hospital es un buen sitio para comer. No sólo sirven buena comida, ésta no es costosa y es conveniente.

¿Qué dijo, insípido? ¿Qué hay de platos que van desde

Siete formas de pagar menos por una comida:

✓ Coma durante las horas no pico y disfrute de los especiales tempraneros.

✓ Pida sopa, ensalada o un aperitivo en lugar de una entrada.

✓ Siga en la búsqueda de cupones.

✓ Visite cafeterías de hospitales.

✓ Engánchese a las promociones de restaurantes en la Web.

✓ Reciba pagos por ser un crítico de restaurantes.

✓ Pregunte si usted tiene descuentos especiales como miembro de una determinada organización.

jamón y queso Suizo por$ 2.35 hasta tazas de sopa con chile de $1.25 dólares? El único sitio en donde usted mejorará eso es en casa.

Y los hospitales son consistentemente uno de los "restaurantes" más fáciles de encontrar, gracias a sus señales a lo largo de autopistas y en la vía pública. ¿No puede encontrar uno aún? Pregunte al centro de visitantes o al conserje de su hotel.

En donde buscar cupones de restaurantes

El esfuerzo que hacen los restaurantes para hacer que los cupones lleguen a sus manos testifica cuánto ellos quieren su preferencia. Y ellos son muy creativos acerca de eso, también. Aquí hay unas pocas fuentes que usted debería considerar.

- Las tarjetas y talonarios de cupones son recolectores favoritos de dinero para escuelas, iglesias, grupos de jóvenes y clubes. Éstos incluyen un año de ahorros sustanciales en buen comer.

- Muchos restaurantes ofrecen descuentos a clientes que presentan un boletín de iglesia o un buen boletin de calificaciones en el momento de la compra.

- Los periódicos locales y las circulares de publicidad que llegan en el correo están llenos de cupones de especiales semanales.

- Los directorios telefónicos también están cargados con cupones de descuento.

- La parte de atrás de su recibo de compra de víveres está raramente en blanco. Busque ahí cupones de restaurantes.

- Encuentre direcciones Web de sus restaurantes favoritos. Luego busque cupones imprimibles y otras ofertas especiales.

- Una búsqueda Web de "cupones de restaurantes" proporcionará página tras página de resultados. Algunos son realmente regalos. Otras ofrecen cupones de descuento por un pequeño cargo. Asegúrese de leer la letra pequeña.

- Revise calendarios. Sí, calendarios. Mucha gente tiene el hábito regular de disfrutar especiales mensuales, gracias a los cupones desprendibles de los calendarios que reciben de los anunciantes.

Porqué se debería omitir el plato principal de entrada

Un refrán común entre los clientes de restaurantes, dice algo así como, "¡Esta entrada es suficiente como para alimentar a mi familia entera!".

El problema es más que el tamaño de la porción. Es también el costo. Las entradas son costosas. Usted no quiere pagar por más de lo que usted puede comer. Pero hay una solución.

La próxima vez que usted cene afuera, omita las páginas de las entradas del menú y comience a explorar las secciones de aperitivos, ensaladas y sopas. Por una fracción del precio de una sola entrada, usted puede disfrutar una comida deliciosa.

Gane dinero cuando coma afuera

Coma afuera por menos del precio de una comida casera . . . e incluso gratis en algunos restaurantes. Cenar secretamente revela el secreto de comer 100% gratis en restaurantes. Cenar secretamente es un trabajo de tiempo parcial ampliamente practicado por gente como usted, que tienen un ojo para el detalle, la habilidad de recordar con precisión y reportar sus experiencias al cenar, y disfrutan comiendo.

La industria restaurantera está buscando consumidores secretos para comer en todo tipo de establecimientos de comidas. Las cadenas de restaurantes emplean compañías de investigación o de compradores secretos. Estos negocios, a su vez, lo contratan a usted como subcontratista para evaluar la calidad de la comida, el servicio y la pulcritud de restaurantes particulares. ¡La gente hace eso cada día!

La mayoría del tiempo, usted mantiene su nivel de consumidor secreto como secreto. Usted califica el profesionalismo del anfitrión, servicio y administración. Usted evalúa su comida, ¿Obtuvo lo que quería? ¿Estaba preparado como usted quería? Usted mide el tiempo de servicio, ¿Hace cuánto tiempo fue tomada su orden? ¿Cuánto tiempo demoró recibir su bebida, aperitivo y entrada?

Ocasionalmente, usted puede revelar su identidad y agradecer al mesero por su buen servicio. ¿Le ofreció él, el especial de hoy o un pedazo de su delicioso pastel de postre? Sorpréndalo, luego, con un certificado de regalo, dado a usted para que lo use como premio.

Las oportunidades para cenar secretamente son abundantes. La mayoría de cadenas de restaurantes quieren que sus establecimientos sean visitados mensualmente, algunas veces cada semana. Y las cadenas de comidas rápidas pueden querer que sus establecimientos sean evaluados tres veces al día.

Usted puede hacerlo tan frecuentemente como quiera, y siempre será entrenado completamente para hacer su tarea. Si usted cree que comer secretamente suena como una buena forma de ganarse una comida gratis, visite *www.justshop.org* o *www.ncpmscenter.org* para conseguir información acerca de cómo entrar en el campo de forma segura e inteligente.

Electrónicos

Como identificar una oferta real de un robo

Sólo porque la tienda de electrónicos tenga un aviso de "Oferta", en su ventana, no significa que usted hará una buena compra. En lugar de simplemente tomar la palabra de la tienda, aprenda a cómo evitar los robos en ventas.

Hay una forma simple de identificar si un artículo en venta es realmente una ganga. Usted ni siquiera tiene que salir de casa. Sólo vaya a la Internet y haga algunas comparaciones.

Algunos sitios, como *BizRate* o *Pricegrabber*, le permiten comparar precios de una variedad de comerciantes. Usted puede desplazar hacia abajo una lista, o ver una comparación lado a lado, de especificaciones, evaluaciones y precios para dos o más productos. Éstos incluso le indican si el artículo está en inventario o cuánto dinero extra tendrá que pagar por envío e impuestos. Eso hace fácil encontrar el mejor precio e identificar una oferta real de un robo.

Sitios buenos de comparación de compras incluyen *www.bizrate.com*, *www.pricegrabber.com*, *http://shopper.cnet.com*, *www.nextag.com* y *www.shopping.com*, una combinación del motor de búsqueda *DealTime* y las evaluaciones y comentarios de *Epinions*.

Para comparar precios en su área, revise *www.salescircular.com* o *www.shoplocal.com*. Ponga su estado o código postal y quede al tanto de todas las ventas locales, incluyendo cuánto van a durar. Sea que usted esté buscando marcas o modelos específicos, o sólo buscando televisores, reproductores de *DVDs*, estéreos u otros equipos electrónicos, haga de la Internet su primera tienda. Recuerde, comprar comparando significa ahorrar más allá de la comparación.

Traiga el anuncio para evitar confusión

Usted encontró un aviso en el periódico o recibió en el correo una circular anunciando precios bajos. La tienda de electrónicos ha hecho un gran trabajo promoviendo su última venta, excepto entre sus propios empleados, quienes lo observan como si usted tuviera dos cabezas cuando lo menciona. La próxima vez, lleve el aviso con usted. De esa forma, la tienda está legalmente obligada a hacer válida la oferta.

Tome ventaja de las garantías de precios

Haga que las tiendas pongan su dinero en donde está su boca. Si una tienda clama que igualará el más bajo precio que usted encuentre, o incluso más bajo por un 10%, tome ventaja de la oferta. Las tiendas esperan que esas garantías de precio más bajo simplemente garanticen que usted no va a comparar precios. Pero, si usted hace su tarea, ellas pueden realmente garantizarle una gran oferta.

Usted tendrá que hacer una comparación completa de precios para encontrar los mejores disponibles. Use varios sitios de comparación de compras en línea. Sólo asegúrese de que está comparando la misma marca y número de modelo. De otra forma, la garantía de precio más bajo no aplica.

Cuidado con los descuentos inflados

¡Caramba! Eso parece una gran oferta . . . pero, ¿Lo es? Tenga cuidado con los descuentos inflados, un truco que los publicistas usan para transformar pequeñas rebajas en grandes ofertas.

Comunes en cosas como cuartos de hotel y descuentos para adultos mayores, los descuentos inflados pueden aplicar a bienes y servicios, incluyendo electrónicos.

No se alegre automáticamente cuando usted vea "¡50% de descuento!". En lugar de eso, pregúntese usted mismo "¿50% de descuento de qué?" Si el precio inicial de lista es más grande que el precio de venta normal, el descuento es engañoso. Podría ni siquiera ser un descuento en absoluto.

La Comisión Federal de Negocios (*Federal Trade Commission*) tiene guías estrictas acerca de esas prácticas de publicidad engañosas. Pero no lastima mantener los ojos abiertos a los avisos sospechosos y tener una buena idea del precio real original antes del "descuento".

Ahorre una fortuna cada vez que usted compre equipos electrónicos. Recuerde estas cuatro formas de conseguir televisores, reproductores VCR, estéreos, cámaras de videos, cámaras y más, al menor precio posible.

✓ Comparar tiendas.
✓ Use cupones en línea.
✓ Tome ventaja de las garantías de precio más bajo.
✓ Compre modelos descontinuados, devueltos o de muestra.

Considere comprar modelos de mostrador

¿Quién dice que su nuevo estéreo o reproductor de *DVDs* tiene que venir en una caja? Pregúntele a su vendedor al detalle local si vende modelos de mostrador. Usted puede ahorrar un fajo de billetes si a usted no le importa un poco de desgaste y rasguños. Sólo asegúrese de que usted obtenga una demostración para verificar que el producto funciona. Es probable que mucha gente lo haya manejado.

Compre artículos descontinuados o devueltos para enganchar descuentos similares. Pregunte acerca de una garantía, la política de devolución de la tienda para tales artículos y si usted puede obtener un manual. Usted podría tener que prescindir del material de empaque, pero eso es un pequeño precio que pagar por una gran oferta.

Espere por los precios bajos y menos fallos

La paciencia es una virtud. Ésta es también una ahorradora de dinero. Si usted se apresura a comprar los electrónicos últimos, mejores y avanzados tan pronto como éstos llegan al mercado, usted va a pagar hasta sus narices.

Simplemente espere un poco, quizá seis meses o un año. No sólo el precio baja, el equipo en cuestión también trabajará mejor porque el fabricante habrá tenido tiempo para arreglar cualquier fallo.

Estrategias para los compradores por catálogo

De acuerdo a la Asociación de Mercadeo Directo (*Direct Marketing Association*), el 58% de los norteamericanos compran por catálogo y el 27% de los compradores por catálogo compran electrónicos. Eso es porque es más conveniente, y a menudo más barato, que comprar en una tienda. Pero usted debería mantener algunas cosas en mente antes de rellenar esa orden de pedido.

Apéguese a nombres bien conocidos, sea que usted compre directamente del fabricante o pidiendo de una compañía por catálogo, como *Crutchfield*, que incluye varias marcas.

Revise las políticas de devoluciones de la compañía, y mantenga un registro de su pedido. Nunca envíe dinero en efectivo. Envíe un cheque u giro postal, o pague con tarjeta de crédito.

Subastas de las oficinas de correo proveen ahorros

Ni la lluvia, ni el aguanieve, ni la nieve, ni el granizo deberán impedir que usted encuentre una buena oferta. Afortunadamente, el Servicio Postal de los Estados Unidos (*United States Postal Service*) hace fácil que usted aplaste los altos precios de los electrónicos.

Solamente asista a una subasta de correo recuperado, en donde la oficina postal vende artículos perdidos o no reclamados, o aquellos en los cuales un reclamo de seguro ya ha sido pagado. Usted puede a menudo encontrar equipos de sonido, televisores, radios y reproductores *VCR* en esas ventas especiales.

Los dos sitios principales para las subastas de correo recuperado son Atlanta y St. Paul, Minnesota. Pero mantenga sus ojos abiertos en ventas locales y distritales de igual forma. Éstas pueden ser subastas regulares o de oferta fija. Póngase en contacto con su oficina postal local para mayor información.

Cada lote, o grupo de objetos similares a ser subastados juntos, tiene una oferta mínima aceptable, pero puede subir a una cantidad mucho más alta. Dinero en efectivo, tarjetas de crédito y giros postales son aceptados en todas las subastas de oficinas postales.

Usted tendrá la oportunidad de inspeccionar cada lote antes de que la subasta empiece. Asegúrese de que los artículos de su interés están en buena forma. Usted puede querer llevar a un amigo conocedor si usted no es un experto en electrónicos.

Recuerde, como con cualquier subasta, fije un precio máximo que está dispuesto a pagar por cada artículo y apéguese a él. Es muy fácil quedar atrapado en el entusiasmo y agitación de una subasta y pagar de más. Y eso no es una ganga en absoluto.

Siete formas de comprar en línea con seguridad

Usted no puede mejorar la conveniencia de comprar en la Internet. A diferencia de una tienda convencional, está siempre abierta. ¿Y en dónde más puede usted encontrar un mundo completo de opciones en la punta de sus dedos?

Pero, por todos sus beneficios, comprar en línea tiene un lado oscuro. Esté alerta de sitios Web inescrupulosos, ladrones de identidad, y otros engaños y trampas.

De acuerdo a la Comisión Federal de Comercio (*Federal Trade Commission; FTC*, por sus siglas en inglés), usted debe seguir estos consejos para hacer de su experiencia de compra en línea, una experiencia segura.

- Use un navegador seguro que codifique la información de su compra.

- Compre sólo con compañías que usted conozca y en las que confíe. Esté alerta de compañías sospechosas irresponsables. Investigue a una compañía antes de comprar en ella.

- Mantenga sus claves de acceso privadas. No use nada obvio, como su fecha de nacimiento o número telefónico.

- Pague con una tarjeta de crédito. De esa forma, su transacción está protegida por el Decreto de Facturación de Crédito Justo (*Fair Credit Billing Act*).

- Guarde un registro de su transacción.

- Guarde su información personal. Sepa quién está recolectando información y por qué. Deles tan poca como sea posible.

- Examine la política de privacidad de cada sitio. Asegúrese de que ellos no van a usar su información personal en formas que usted rechace.

Aún si usted toma estas precauciones, no hay garantía de que usted consiga una buena oferta en línea. Usted aún necesita usar técnicas de compra inteligentes.

No compre automáticamente del primer sitio que usted visite. Compare precios. Asegúrese de incluir los costos de envío, y revise las políticas de reembolso y devolución del sitio antes de hacer el pedido. Y no quede atrapado en subastas en línea en donde usted puede gastar de más sólo para "ganar".

Recuerde, la Internet puede ser una gran herramienta para obtener grandes ahorros, pero sólo si usted la usa sabiamente.

Precios rebajados con cupones en línea

Usted reúne cupones antes de ir a la tienda de víveres, entonces, ¿por qué no hacer lo mismo para comprar electrónicos? Usando la Internet, usted puede encontrar reembolsos, descuentos y códigos de cupones promocionales que le ayudan a ahorrar cuando compra en línea.

Varios sitios Web, como *www.couponmountain.com*, *www.couponcraze.com* y *www.couponsurfer.com*, están dedicados a encontrar esas ofertas. Usted también puede hacer su propia búsqueda. Vaya a su motor de búsqueda favorito, como *Google*, y escriba la marca o producto que usted está buscando y la palabra *"coupon"*, o *"rebate"*. Por ejemplo, *"Sony stereo"* y *"coupon"*. Usted estará sorprendido de cuantas opciones ahorradoras de dinero descubrirá.

Cómo funcionan las casas de empeño

Piense en una casa de empeño, y usted probablemente se imaginará personajes desharrapados haciendo turbios negocios en una sórdida parte de la ciudad. Pero las casas de empeño realmente proveen excelentes, y completamente legales, ahorros en electrónicos.

De hecho, televisores, estéreos, reproductores VCR y otros electrónicos, se ubican entre los artículos más comunes para la venta en casas de empeño. Si bien usted podría no encontrar los modelos más recientes y mejores, usted seguramente encontrará artículos de calidad a precios buenos.

Aquí está cómo funciona. La gente que necesita dinero en efectivo usa artículos personales, tales como un televisor o estéreo, como respaldo para un pequeño préstamo. Ellos, o pagan el crédito, con intereses, en cierta cantidad de tiempo o pierden el artículo; en tal caso, la casa de empeño lo vende. Ellos también pueden vender mercancía usada de forma convencional.

Algunos de las cosas que usted típicamente encuentra en una casa de empeño incluyen:

- ✓ Electrónicos
- ✓ Joyería
- ✓ Artículos deportivos
- ✓ Ropa
- ✓ Instrumentos musicales
- ✓ Equipo de jardinería
- ✓ Herramientas

Mientras que las casas de empeño parecen sospechosas, realmente operan bajo algunas reglas muy estrictas. Por ejemplo, cada día el dueño de la casa de empeño debe proveer una lista de los artículos empeñados a la policía; incluyendo una descripción y número de serie. De esa forma, ellos pueden verificar si alguno de los artículos ha sido reportado como robado.

Las casas de empeño también se aseguran de que la mercancía funcione, porque ellos no quieren quedar en aprietos con mercancía dudosa. La gente que quiera empeñar cosas debe presentar una identificación con foto, y en algunos casos huellas digitales; mientras que a los dueños de la casa de empeño y sus empleados se les realizan investigaciones de antecedentes por la policía.

En general, es una experiencia de bajo riesgo y costo. Así que no piense en ello como dudoso, piense en algo inteligente.

Entretenimiento

Nueve formas de conseguir entradas baratas

¿Porqué pagar precios completos por su entretenimiento? Usted disfrutará aún más cuando encuentre una forma de pagar menos.

Si usted tiene 50 o más años, comience a buscar los descuentos para adultos mayores. Estas ofertas ayudan en casi cualquier situación. Películas, museos, parques de diversiones, parques nacionales, áreas de esquiar, óperas, teatros y salones de boliche, son algunos de los sitios que podrían ofrecer descuentos a nuestros amigos mayores. Aún si no han anunciado un descuento para adultos mayores, no cuesta preguntar; usted podría conseguir una oferta de todas formas.

Pero usted no necesita ser un adulto mayor para tener ventaja de grandes descuentos. Muchos cines ofrecen talonarios con precios descontados. Busque en sus cines locales para conseguir detalles.

La Internet también le proporciona muchas oportunidades para ahorrar en entradas. Si usted disfruta del teatro en vivo, visite *www.theatermania.com* para conseguir grandes descuentos en su área. O compre y venda entradas para conciertos, juegos o eventos deportivos en *www.stubhub.com*.

Usted también puede probar estas estrategias "probadas y verdaderas" para conseguir entretenimiento de bajo costo.

- Ofrézcase de voluntario como acomodador de un teatro local o sitio de conciertos.

- Vaya al cine en la mañana, o espere a que su película llegue a un teatro de a dólar.

- Actúe rápido y llame cuando su estación de radio ofrezca boletos gratis.

- Escriba a los departamentos de atención al cliente (*Guest Relations*) de cadenas de televisión, para conseguir entradas gratis de programas de televisión grabados en vivo.

- Compre talonarios con cupones para entretenimiento.

- Regístrese en listas de correo de organizaciones de arte para enterarse de descuentos de último minuto.

- Revise sus beneficios por membresía en *AAA* o en cualquier otro club al que pertenezca.

- Suscríbase temprano al teatro o sinfonía para mayores descuentos.

- Tenga un ojo puesto en eventos públicos o festivales.

Eche un vistazo para pagar menos

Con la práctica llega la perfección, y precios perfectos. En lugar de pagar hasta sus narices sus entradas a ópera o teatro profesional, vaya a una presentación de ensayo de vestuario o preventa.

Es igual a lo real, sólo más barato. Para aquella ocasión, los actores sabrán sus libretos y cómo moverse en escena. El reparto y el equipo de producción también han trabajado en los aspectos técnicos del show. Todo lo que ellos necesitan es una audiencia. Ahí es en donde usted entra.

Llame a teatros locales y pregunte acerca de precios para esas presentaciones especiales. Usted podría también verlas anunciadas en su periódico local.

Regrese a la escuela para conseguir grandes ofertas

Vivir cerca de una escuela significa estar con estudiantes alborotadores. Pero eso también significa grandes oportunidades para entretenimiento de bajo costo.

Usted puede asistir a conferencias, conciertos y presentaciones o recitales de estudiantes, por precios razonables, o incluso gratis. Si la escuela tiene un programa bueno de música o drama, dichas actuaciones pueden rivalizar con las producciones profesionales.

Llame a las escuelas locales para obtener mayor información o entradas con descuento. A menudo, las funciones de la mañana y de entre semana por la noche son más baratas. Pregunte si la escuela ofrece descuentos a adultos mayores.

Consígalo gratis en días especiales

Si usted va a visitar estas ciudades, échele un vistazo a sus festivales gratis.

- *French Quarter Festival*, New Orleans, en abril
- *Main St. Fort Worth Arts Festival*, en abril
- *Atlanta Jazz Festival*, en mayo
- *Northwest Folklife Festival*, Seattle, en mayo
- *Shakespeare in the Park*, Ciudad de Nueva York, en junio
- *Museum Mile Festival*, Ciudad de Nueva York, en junio
- Películas de proyección al aire libre, en varias ciudades, en verano
- *Berkeley Kite Festival*, en verano
- *Bele Chere*, Asheville, N.C., en julio
- *Ethnic Enrichment Festival*, Kansas City, Missouri, en agosto
- *Chicago Jazz Festival*, en septiembre

Algunos sitios de eventos, como museos y zoológicos, ofrecen "días gratis" cuando la entrada no tiene precio. Esa es una buena forma de admirar las bellas artes o aprender acerca de animales exóticos sin costo en absoluto.

A menudo, esos días especiales son anunciados en la página Web del sitio de eventos. Usted también puede buscar anuncios, en su periódico local o incluso en zoológicos y museos cercanos, para conseguir información.

La mejor forma de ahorrar en rentas de *DVDs*

A usted le gusta ver películas desde la comodidad de su sofá. Pero no quiere ir a la tienda de videos, o pagar cobros por demora cuando usted no regresa la película a tiempo.

Ahorre tiempo y dinero con servicios de renta de *DVDs* en línea. Por una pequeña cuota mensual, usted puede rentar todas las películas que usted pueda ver. Y usted nunca pagará cobros por demora o cargos por envío.

Es fácil. Sólo haga una lista, o *queue*, de las películas que usted quiera ver. Tan pronto como ellas estén disponibles, los *DVDs* serán enviados a usted por correo. Cuando usted ya los haya visto, envíelos de regreso en sobres de prepago. Luego, espere a que la siguiente ronda de películas lleguen por correo. Usted puede siempre editar su *queue* para reubicar, agregar o quitar películas.

Aquí hay un vistazo de los tres servicios de renta de *DVDs* más populares.

- *Netflix*, el pionero en la renta de *DVDs* por correo, cobra una cuota mensual de $17.99. Usted puede tener hasta tres películas al mismo tiempo. Vaya a *www.netflix.com* para registrarse en una prueba gratis.

- *Wal-Mart* cuesta sólo $12.97 al mes, pero usted sólo puede tener dos películas a la vez. Usted puede también ensayar el servicio con una prueba gratis. Visite su sitio Web en *www.walmart.com* y haga clic en *DVD rentals*.

- *Blockbuster*, el último en entrar en el negocio, cobra $14.99 por mes. Usted puede tener tres videos al mismo tiempo, así como dos rentas de *DVDs* en tienda al mes. Cuando usted se registra, usted sólo paga $9.99 por el primer mes. Vaya a *www.blockbuster.com*.

Con cerca de 35.000 títulos, *Netflix* ofrece la mejor selección, especialmente para películas difíciles de conseguir, pero *Wal-Mart* está bien para los éxitos que van saliendo al mercado. *Blockbuster*, con más de 30.000 películas disponibles, también le permite rentar juegos.

Usted no puede encontrar una forma más conveniente de rentar películas. Pero, antes de involucrarse, piense cuánto va a usar lo que obtenga del servicio. Si usted cree que va a ver sólo dos películas por mes, no vale la pena. Mejor haga un viaje ocasional a la tienda de videos. Pero si usted es un cinéfilo, esta es una maravillosa oferta.

Disfrute *DVDs* gratis

En lugar de pagar mucho dinero en comprar o rentar *DVDs*, considere pedirlos prestados en su biblioteca pública local. En algunas áreas, la renta de *DVDs* es gratis con una tarjeta de la librería. En otras, usted tiene que pagar una pequeña cuota, usualmente uno o dos dólares. Pregunte en su biblioteca acerca de sus políticas.

Mientras que la selección no es tan extensa como con la tienda de videos o el servicio en línea, usted puede incluso encontrar cosas valiosas que ver. Junto con películas populares y clásicas, usted puede echarle un ojo a videos educativos, de viajes y de no ficción.

Y esto le da la oportunidad de averiguar qué es mejor, la película o el libro.

Equipo de acondi- cionamiento físico

Disfrute de acondicionamiento físico gratis con *FreeCycle*

Freecycling es la forma perfecta de disponer de, o adquirir, equipo de ejercicios. Esta innovadora idea para reciclar involucra a comunidades de reciclaje, basadas en la Web, en poblaciones pequeñas y grandes ciudades a lo largo del país. Los miembros de la comunidad hacen una lista de artículos de los que ellos quieren deshacerse en la Web, y se comunican unos con otros a través de correo electrónicos.

Tenga en mente que este no es un esquema para hacer dinero. Todo tiene que ser gratis. Es una gran conveniencia para los que dan y una gran oferta para los que reciben. La variedad de artículos gratis es ilimitada, pero el equipo de ejercicios es constante.

Deron Beal of Rise, Inc., una organización sin fines de lucro que promueve el reciclaje, lanzó el movimiento en 2003. Hay ahora cerca de 2.500 comunidades en *Freecycle* con más de un millón de miembros. La membresía es gratuita. Información acerca de *Freecycle* puede ser conseguida en *www.freecycle.org*.

El mejor momento para comprar una bicicleta

Muchos pedalistas compran una nueva bicicleta cuando el clima se calienta. Pero el verano no es el mejor momento para comprar una oferta. Espere hasta el otoño cuando los nuevos modelos están en los aparadores. Tal como con los carros, los modelos del año pasado salen para la venta, y hay que hacer espacio para los modelos nuevos, a menudo con descuentos del 15% al 25% o más.

Si usted está buscando una bicicleta usada de calidad, la temporada se extiende hasta el final del invierno. Encuentre grandes compras publicitadas en tableros de boletines de tiendas de bicicletas, en los avisos clasificados, y en *eBay*.

Esté alerta de los encantos de las bicicletas baratas. Los entusiastas de las bicicletas coinciden en que bicicletas baratas y de mercado masivo funcionan pobremente y tienen vida más corta.

Descubra buenas ofertas en máquinas usadas

Es una realidad. El mundo está lleno de compradores impulsivos — gente que compra por capricho. En ningún área eso es más evidente que en el equipo de ejercicio.

Después de un año o más, el aparato por el que ellos babearon está acumulando polvo. Con sólo mirarlo les recuerda qué rápido desapareció la intención de usarlo. Ahora ellos sólo quieren encontrar una forma elegante de deshacerse de él.

> Pruebe estas alternativas en lugar de equipo de acondicionamiento físico costoso
>
> - Objetos enlatados, botellas de leche y libros, en lugar de pesas.
> - Medias llenas de granos secos y amarradas fuertemente como peso extra.
> - Escaleras de casa, o de un estadio, en lugar de máquinas escaladoras.
> - Bicicletas elevadas con un soporte como sustituto de bicicletas estacionarias.
> - Paredes, sillas robustas, corbatas viejas, libros y cobijas para ayudarle a estirarse

Aquí está su oportunidad. Estas personas usan varias vías predecibles para deshacerse de sus bienes excedentes. Los avisos clasificados. Las ventas de garaje. Las tiendas de segunda mano. Las tiendas de equipo deportivo. Si ellos son conocedores del Internet, en *eBay*.

Comience su búsqueda al saber lo que está buscando; tipo de equipo, nombre de marca y números de modelo. Haga una investigación de forma que usted reconozca un buen precio cuando usted lo vea.

Preste cuidadosa atención a los precios seguidos por un *OBO* (o mejor oferta, por su significado en inglés).

Sea prudente con los anunciantes ingeniosos

Los programas de publicidad (*infomercials*) son glamorosos y seductores. Estos anuncios, de un programa de televisión de duración, lucen como un programa de entrevistas real o programas educativos. Comprador, ¡Esté alerta! Usted no será capaz de verificar lo que ellos claman.

Pero, ¿qué hay si usted quiere ponerse en forma y está convencido de que un equipo le ayudará a cumplir sus metas? Antes de llamar para hacer su pedido, hágase usted mismo un favor. Haga estas preguntas.

■ ¿Puede este u otro producto similar ser comprado por menos en una tienda de acondicionamiento físico cercana, a través de los avisos clasificados o en una venta de garaje?

La primicia sobre los programas de publicidad (*infomercials*)

Este año se cumple el aniversario número 20 de los programas de publicidad, o *infomercials*. Los consumidores (la mayoría mujeres) gastan cerca de 1.000 millones de dólares comprando de todo, desde equipo de ejercicios hasta aparatos para fabricar pasta, a través de los "*infomercials*". Si usted incluye las ventas en tiendas que los anuncios comerciales promueven, la cantidad bruta sube a 154.1 miles de millones de dólares en 2003. Ese número representa un incremento de un 81% en un período de seis años.

Si usted combina los "*infomercials*" de radio, televisión e Internet, las ventas alcanzan 256 miles de millones de dólares. Hay 339 redes tratando de capturar la atención del consumidor hoy, en 1980 sólo había 28.

En 1991, un programa de publicidad tenía una oportunidad de uno entre siete de generar una ganancia. Hoy, sólo uno en 69 puede clamar lo mismo. Pero siempre que usted tenga éxito como *ProActiv Solution*, una forma de combatir el acné de acuerdo a la portavoz *Vanessa Williams*, es muy probable que la gente y las redes continúen produciendo los avisos de televisión de 28 minutos. El año pasado, *ProActiv Solution* vendió 600 mil millones de dólares en productos para la piel.

- ¿Cuánto va a costar realmente el producto? Cuando usted calcule el envío y manejo, los impuestos de venta y los costos de instalación, ¿es aún una buena oferta?

- ¿Qué hay de aquellas "garantías de devolución de dinero"? Éstas no son tan buenas si usted tiene que pagar por el envío de regreso de una máquina de ejercicios pesada.

Manteniendo bajos los costos de clubes de acondicionamiento

Sus pensamientos pueden volverse hacia los clubes de acondicionamiento cuando la urgencia de estar en forma llega. Sus anuncios son atractivos, pero la membresía puede ser costosa.

Aquí hay una estrategia para hacer lo mejor con su dinero.

- Dedíquese usted mismo a su bienestar. Si usted se une a un club, úselo. Una membresía anual de $450 resulta en $2.88 por visita, si usted va tres veces por semana; $8.65, si usted va una vez por semana; y $18.75, si usted sólo va dos veces al mes.

- No pruebe su resolución de apegarse con el programa al comprar una membresía de un año. Al principio, pague mes a mes para probar su determinación y asegurarse de que el club al que se ha unido cumple con sus necesidades.

- Descubra cuánto el club de acondicionamiento realmente va a costar. ¿Hay cobros ocultos que van a opacar los ahorros que usted pensó obtener con las tarifas especiales de introducción? Sepa lo que está incluido en la membresía y lo que no.

- Asegúrese de que el club es conveniente. Si está muy lejos de casa o del trabajo, usted probablemente no va a ir regularmente.

- Asegúrese que éste tiene las instalaciones, programas y horas que cumplen con sus necesidades. No compare simplemente las cuotas por membresía. Comparados con un gimnasio con la mínima cantidad de aparatos y suministros bajo llave, un club con buen entrenamiento, personal de ayuda e instalaciones actualizadas, podrían valer los dólares de más.

- Compare los paquetes de membresías. Compre uno que se ajuste a usted. Busque descuentos en planes para familias y adultos mayores.

- Mire y compare fuera de lo conocido. Algunas de las mejores ofertas en salud y acondicionamiento físico son alternativas a clubes de nombre reconocido: *YMCA*, hospitales, escuelas e iglesias. Y vea si su *HMO* o aseguradora de gastos médicos ofrece membresías de clubes de acondicionamiento físico, o va a pagar una parte de las cuotas de los clubes.

Su mejor compra en salud en su hospital

Los hospitales de hoy están promocionando agresivamente la salud y el bienestar ofreciendo programas de ejercicios y centros de acondicionamiento actualizados.

Los hospitales, con sus propios clubes de salud, usualmente cobran cuotas de membresía o pagos por visita, pero aún así éstos ofrecen buenas ofertas comparados con otros clubes de salud. Adicionalmente, algunos hospitales permiten a sus voluntarios usar el centro de acondicionamiento gratis.

El hospital de salud y acondicionamiento físico *Newnan* (*Newnan Hospital Health and Fitness Center*), en Georgia, ofrece una variedad de membresías y programas. Personas menores de 62 años pueden enrolarse por $35 al mes, adultos mayores por $25, y hay planes familiares desde $45. Las clases incluyen entrenamiento con pesas, sesiones para trabajo del corazón, bicicleta estacionaria, yoga y Pilates. El hospital incluso ofrece clases gratis para adultos mayores que se enfocan en la movilidad de articulaciones y el balance.

Hágale una llamada a su hospital local, y pregunte lo que ellos ofrecen. No se sorprenda si usted encuentra una oferta real en acondicionamiento físico.

Las oportunidades crecen para los instructores

Los profesores veteranos le enseñarán que han aprendido más como profesores que como estudiantes. Lo mismo es cierto con la educación física.

Si usted está listo para un nuevo reto, ¿por qué no compartir su experiencia y liderar una clase? Dele a su centro de recreación local o *YMCA* una llamada para ver qué clases ellos han organizado y lo que se requiere para ser instructor.

La inversión de corto plazo, de tiempo y dinero, para convertirse en instructor certificado podría ser más que recuperada por las ventajas, como membresías de clubes de salud gratis. Usted podría incluso recibir un pago por su servicio.

Cómo encontrar la mejor clase para usted

Antes de que usted pague por una membresía de club de salud, averigüe si hay otras clases de acondicionamiento disponibles en su centro de recreación local o en un estudio privado. Luego compare las cuotas por las clases con las cuotas que usted pagaría para ir al club de salud.

Tenga en mente que el estilo de enseñanza puede ser diferente en un club de salud y en una clase de estudio. Un instructor de un club de salud dirigiendo una clase de *kickboxing* estará más enfocado en quemar calorías, mientras que un instructor de artes marciales se enfocará en el arte mismo. Determinar cuál estrategia es mejor depende completamente de usted.

Mire en la siguiente tabla para comparar una membresía de club de salud con precios de clases similares ofrecidas en otros establecimientos. Sólo recuerde que las cuotas de membresía anual en un gimnasio o club de salud incluyen todas las clases.

	Yoga	Bicicleta/ spinning	Kickboxing
Club de salud o gimnasio	$49 por mes (clase incluida en la cuota mensual)	$49 por mes (clase incluida en la cuota mensual)	$49 por mes (clase incluida en la cuota mensual)
Centro de recreación	$40 por mes	N/A	N/A
Estudio privado	$75 por mes	$15 por mes	$39 por mes

Muebles

■ Muebles nuevos

Como identificar la alta calidad

Aquí está la mejor forma de llevar a casa muebles con
calidad incorporada que valen su dinero.

- Busque paneles traseros hechos de madera en
  lugar de tablas de cartón o fibras.

- Asegúrese que el lado
  inferior, el de atrás y el interior del
  mueble luzcan tan completamente
  bien construidos como las partes del
  mueble que están a la vista.

- Inspeccione las bisagras en todas
  las puertas. Asegúrese de que estén
  firmemente puestas.

- Revise las puertas y cajones. Ellos deben
  abrir y cerrar libre y suavemente. Cuando
  usted cierra una puerta, ésta debe agarrar el
  seguro fácilmente y permanecer cerrada.

- Revise los encajes, un tipo de unión por
  intersección, en la parte delantera y trasera
  de los cajones.

- La barra o riel que guía un cajón es mejor si
  está hecha de madera, pero el metal funciona
  bien, también.

- ¿Tiene el cajón un tope de forma que no se
  salga completamente fuera del mueble? Los

topes de madera son mejores, y los de metal satisfactorios,
pero evite los topes de plástico.

- Busque cajones con superficie interior lisa.

- Busque uniones que se ajusten bien y difícilmente se
flexionen cuando usted jale, empuje o eleve el mueble.

- Las extensiones de la mesa deben elevarse y bajarse sin difi-
cultad, y deben tener seguros que ayuden a mantenerlas en
su sitio.

- Las mesas nuevas nunca deberían tambalearse.

- Suponga que usted necesita deslizar el mueble unas pocas pulgadas para aspirar debajo de él, o quizá usted necesita moverlo
a otro cuarto. ¿Tienen algo las patas del mueble en sus
extremos que protejan sus pisos de raspaduras u otros daños?

- La mayoría de los pisos no están perfectamente nivelados.
Si el artículo tiene puertas, pida al personal de ventas que le
muestre los dispositivos de nivelación en la base de la pieza.

Tres formas de identificar buenas artesanías

Usted pudo haber encontrado una gran adquisición si los muebles de
madera a precio de ganga pasan esta simple prueba de calidad.

- Busque las uniones de los muebles, cualquier lugar en donde
una pieza de madera se conecta con otra. Las dos piezas de
madera deben ajustarse fuertemente juntas. Presione, o levante,
o jale para ver cuán fuertemente están hechas las uniones.

- Inspeccione la parte de debajo de las sillas de madera. Si
usted ve tornillos o puntillas, éstos pudieron haber sido
puestos para reforzar una unión débil y de calidad pobre.

- Revise el encaje de la parte trasera de los cajones. Si usted ve
un patrón de interconexión en donde los lados del cajón se
conectan con el panel trasero, usted está viendo la durabilidad y
calidad de la construcción del encaje.

Compre madera de máxima calidad a precios rebajados

Consiga excelente calidad en muebles de madera sin pagar el alto precio de la madera de lujo, como la caoba. Sólo asegúrese de buscar estas características apreciadas que se encuentran en la madera más fina de muebles.

- Suficientemente fuerte y dura para defenderse de golpes y rasguños.

- Resistente al encogimiento o alargamiento causado por los cambios de humedad.

- No se alabea.

- Está entintada uniformemente.

La caoba es conocida por estas características, pero usted puede encontrarlas también en teca, nogal, roble y cerezo. Aún mejor, usted puede conseguir muebles excelentes de madera de roble y cerezo a precios que son más asequibles que los costos exuberantes de la caoba.

Pero usted podría ahorrar aún más si usted quiere amueblados sin curvas o adornos tallados. Para estilos de muebles de línea recta, el arce y el abedul, de menor precio, son tan buenos como las mejores variedades de madera.

Por otra parte, si usted simplemente quiere tener el aspecto de la madera del nogal, usted podría aún tener oportunidad de ahorrar. La madera de nogal viene en dos variedades. El nogal inglés es un poco más fácil de trabajar, pero el nogal norteamericano ofrece casi igual alta calidad por menos dólares.

Pero tenga cuidado. Sólo porque un artículo esté etiquetado como "madera sólida" no significa que usted tendrá las cuatro características de la madera de alta calidad. El término "madera sólida" puede referirse a casi cualquier madera en la que usted piense, incluyendo tres que podrían dejarlo estupefacto.

El aglomerado (*particleboard*), y la madera conglomerada de densidad media (*Medium-Density Fiberboard*; *MDF*, por sus siglas en inglés) y alta (*High-Density Fiberboard*; *HDF*, por sus siglas en inglés), son todas "maderas sólida", pero ellas califican pobremente en las cualidades necesarias para hacer buenos muebles. Después de todo, el aglomerado es sólo pegante y pedazos de madera, o aserrín, tratados a presión. El *MDF* y *HDF* usan fibra de madera, por eso son un poco mejores que el aglomerado.

Pero incluso cuando estos tres productos son cubiertos con chapas elegantes, no pueden proporcionarle las ventajas de la madera de calidad. Ninguno de ellos dura tanto como la madera. Éstos también son difíciles de reparar, son más pesados que la madera de calidad, y son muy vulnerables a la hinchazón y la contracción producto de los cambios de humedad.

No se conforme con una descripción vaga como "madera sólida". Pregunte por detalles acerca de la madera usada para fabricar el mueble, de forma que sepa cuando finalmente haya encontrado calidad.

Haga añicos a los mitos de la chapa y ahorre

Usted podría sorprenderse al enterarse de que una chapa (o lámina de madera) no es un signo de muebles de calidad pobre. De hecho, usted-podría encontrar muebles de calidad atractivos a precios rebajados si usted elige muebles chapados sabiamente.

Piense en una chapa como una rebanada delgada de madera que cubre partes de los muebles de madera. Por ejemplo, una chapa de caoba puede ser unida a la parte superior de una mesa de cena de roble.

Quizá la clave para ahorrar dinero con muebles chapados es asegurarse que usted consiga tanto chapas de calidad, como muebles de calidad. Haga al vendedor preguntas como éstas.

- ¿Está el mueble chapado?

- ¿Es la chapa de tres, cinco o siete láminas?

- ¿Qué tipo de madera está debajo de la chapa?

Si el mueble está chapado, las chapas de cinco o siete láminas son más durables que las de tres. La madera buena, debajo de la chapa, puede también ser un signo de un buen mueble. Recuerde, si la madera base es buena y la chapa está hecha de una madera costosa, como teca o cerezo, usted podría conseguir un bajo precio en muebles que lucen mucho más costosos.

Pero esté alerta de las chapas que ocultan la mala calidad. Si la madera de debajo es aglomerado, madera conglomerada de densidad media (*MDF*, por sus siglas en inglés) o alta (*HDF*, por sus siglas en inglés), el mueble es casi seguramente de segunda categoría. Para verificar si hay aglomerado o conglomerado debajo de una chapa, saque los cajones y repisas ajustables. Usted expondrá la madera, el aglomerado, o el conglomerado. Si el artículo no tiene cajones o repisas, revise por debajo o revise otra parte oculta del mueble.

Examine el resto del mueble. Para cuando haya terminado, usted probablemente sabrá si esta es una pieza de chapa de muy mala calidad o de un gran valor.

Inspeccione sofás y sillas como un profesional

Busque signos de primera calidad en muebles tapizados con estos consejos.

- Pregunte qué material hay en el cojín de la silla. Al final, cada cojín debe tener un núcleo envuelto en espuma o material de relleno; y ese debe estar anidado dentro de una cubierta decorativa. Un cojín con un núcleo interno o resortes envueltos en varias capas de relleno, espuma y tela es aún mejor.

- Evite cojines que solo tengan espuma desenvuelta bajo el exterior de la cubierta de tela.

- Elija cojines de asientos con cierres.

- Siéntese en él, o acuéstese, y luego levántese y visualice el mueble. Si usted puede ver una huella en donde usted se sentó, la calidad del mueble es probablemente peor.

- Siéntese o acuéstese y luego levántese. ¿Fue fácil? Si usted tiene que luchar para levantarse o para salir de cualquier mueble, usted probablemente no lo quiere.

- ¿Puede usted sentir algún resorte o tablero? Usted no debería sentir nada excepto el cojín cuando usted se apoye en el espaldar, asientos o descansabrazos.

- Revise cómo están unidas las patas. Revise que éstas estén pegadas al riel, no simplemente atornilladas o apuntilladas. Si usted encuentra bloques esquineros, eso es aún mejor. Si usted no está seguro de lo que es un bloque esquinero, pídale al vendedor que se los muestre.

- Los cojines de respaldo son mejores con rellenos de espuma, en lugar de plumas.

- La forma del marco debe igualar la forma del mueble. En donde el mueble sea curvo, el marco también debe ser curvo.

- Pregunte de qué está hecho el marco y si la madera fue secada en horno. Maderas nobles, como el abedul, son mejores que las maderas suaves o de partículas. La madera secada al horno significa mayor calidad y durabilidad.

Conviértase en un experto en cueros

Encuentre el mueble de cuero que satisfaga sus necesidades sin esforzar su cartera. Use estas pistas para ayudarlo a elegir el cuero sabiamente, y detectar cuando usted pueda no estar obteniendo el mueble de cuero de la calidad que usted esperaba.

Lea las etiquetas y descripciones. Grano superior significa que usted ha encontrado cuero de calidad superior, tomado del exterior de la piel; pero grano dividido es un cuero más débil tomado del interior de la piel.

Elija el cuero de grano superior que mejor iguale su estilo de vida, de forma que usted obtenga el valor perfecto. El cuero de anilina es agradablemente suave porque estas pieles de grado alto sólo reciben un pequeño procesamiento: un remojo en algo llamado teñido de anilina. La anilina es el cuero de mejor calidad, pero no es el más resistente a raspaduras y manchas.

Si usted necesita durabilidad, vaya por algo más barato. Los cueros de semi-anilina tienen un ligero recubrimiento o pigmento aplicado de forma que estén mejor protegidos contra manchas y desteñido. Pero conseguirá la mejor resistencia contra manchas y protección contra raspaduras en el cuero pigmentado más barato y duro.

No todos los muebles de cuero son verdaderamente 100% de cuero. Sepa lo que usted está obteniendo de forma que no pague de más. Después de todo, ese sofá de cuero de aspecto lujoso puede ser principalmente hecho de vinil, excepto por los cojines y almohadas de cuero.

O quizá el cuero cubre todas las partes del mueble que su cuerpo normalmente toca; pero el respaldo del sofá, la base de la falda, y la sección exterior de los brazos son todas de vinil. Aún si el sofá es todo de cuero, usted podría encontrar que sólo los cojines y almohadas son de cuero de grano superior. El resto es de cuero de grano dividido. Asegúrese de que el precio pagado iguale la cantidad, y calidad, de cuero que usted se lleva a casa.

Busque precios de oferta en tiendas de descuentos

Usted puede encontrar tesoros enterrados en tiendas de descuentos, a precios que lo hacen sentir como un millón de dólares. Sólo esté preparado para hacer una pequeña búsqueda y descubrir ese tesoro.

Las tiendas de descuento pueden tener muebles nuevos de máxima calidad o muebles que están imperfectos, descontinuados, en exceso, con rayones o desportilladuras, o son modelos de piso. En lugar de adornos, como diseños interiores o exhibiciones glamorosas, usted va a encontrar ofertas del 50% de descuento o mejores, y algunas veces tan altas como del 70% al 90% de descuento. Sólo asegúrese de inspeccionar el mueble cuidadosamente antes de que lo compre. Devoluciones y reembolsos no son usualmente aceptados.

Guía para ofertas fabulosas de muebles

¡No pague al detalle por muebles! En su lugar, averigüe exactamente cómo embellecer su casa con muebles de alta calidad, hasta con un 70%

Después de buscar precios en el área de Atlanta, Stephen Worth y su esposa fueron de compras a Hickory, N.C. "Con un viaje a Hickory, nosotros conseguimos ver una amplia selección, experimentar menos tráfico y tiempo de viaje y comprar todos nuestros muebles, más una compra impulsiva", dice Stephen. El estima que el ahorró alrededor de $2.000 en seis cosas, un descuento promedio de cerca del 50%.

Y, aún mejor, aquellos ahorros llegaron después de que Stephen pagara los costos de envío de un escritorio ejecutivo, un módulo grande para computadores, dos gabinetes para TV y estéreo, y una cajonera. "Mientras más artículos usted consiga, más lo que se ahorra compensa el gasto de envío", él explica. "Compre en grandes cantidades en Hickory. Redecore cuartos enteros".

Más de un año después de haber comprado sus muebles, Stephen está aún feliz con los resultados. El ha animado entusiastamente a su familia y amigos a comprar muebles de Hickory y planea, de igual forma, hacer sus futuras compras de muebles ahí.

de descuento. Su mejor oportunidad es visitar la capital de los muebles de Norteamérica, Carolina del Norte, en donde usted puede ahorrar de un 40% a un 70% en cada pieza de mueble que usted compre.

Muchos fabricantes de muebles están ubicados cerca de *Hickory* o *High Point*, así que usted puede encontrar una selección prácticamente ilimitada de marcas importantes con buenos descuentos, en cualquiera de las dos ciudades. Y podría probablemente conseguir los muebles enviados a su puerta. Usted podría preocuparse de que los costos del viaje y llevar los muebles a casa puedan borrar cada centavo de ahorro. Pero si usted compra el valor de un cuarto lleno de muebles o más, es muy probable que sus ahorros totales en muebles puedan cubrir sus gastos de viaje y el envío por mucho más. Para asegurarse, haga cuentas antes de hacer el viaje.

Planear con anticipación puede ayudar, también. En su libro, *Shopping the North Carolina Furniture Outlets*, *Ellen R. Shapiro* recomienda que usted no visite *Hickory* o *High Point* durante el

Mercado Internacional de Muebles del Hogar (*International Home Furnishings Market*) en abril y octubre. Usted probablemente tendrá más suerte con sus compras si elige otro momento.

También, tenga en mente que sus nuevos muebles podrían tomar semanas en llegar. Si usted tiene una fecha de entrega límite, programe su viaje apropiadamente. Y no olvide que usted estará lejos de los cuartos y colores que sus nuevos muebles necesitan emparejar. Tome medidas y escriba cualquier cosa que necesitará saber. Si usted quiere coordinar los muebles con el color de sus cortinas, papel de pared, alfombra o pintura, lleve muestras de colores con usted.

Si realmente no quiere hacer el viaje a Carolina del Norte, usted podría hacer su pedido a "los que descuentan" por teléfono. A alrededor de un 15% de "los que descuentan", los fabricantes no les permiten tomar pedidos por teléfono, pero se puede hacer pedidos con los demás. Antes de hacerlo, encuentre los muebles que quiere, en una tienda local, y consiga exactamente el número del modelo del mueble y la tela. Los vendedores al detalle podrían dificultarle conseguir esa información, pero usted podría tener suerte.

Para mayor información sobre compras con descuentos en Carolina del Norte, contacte la Agencia de Visitantes y Convenciones de High Point y Hickory (*High Point and Hickory Convention and Visitors Bureaus*).

- *High Point Convention and Visitors Bureau* en el número 800-720-5255, o visite su sitio Web en *www.highpoint.org*

- *Hickory Metro Convention and Visitors Bureau* en el número 800-849-5093, o visite su sitio Web en *www.hickorymetro.com*

Logre aún más descuentos

Planee con tiempo y podría ahorrar más que en sólo muebles cuando usted viaje a Carolina del Norte. Usted podría también reducir el costo de comer, conducir, hoteles y entretenimiento, mientras usted está ahí.

Visite *www.highpoint.org* para encontrar cupones de descuento o tomar ventajas del Pasaporte para Ahorrar (*Passport to Savings*). Este programa recientemente ha incluido descuentos como los que siguen.

- Ofertas en hoteles con nombres familiares como *Howard Johnson* y *Courtyard* de *Marriott*.

- Rebajas en las atracciones y entretenimiento de *High Point*.

- Especiales y ofertas de restaurantes.

- Ahorros en renta de carros.

- Descuentos especiales en tiendas de muebles selectas.

Aún sin el Pasaporte o los cupones en línea, usted podría hacer que parte de su cuenta de hotel sea pagada. Algunas tiendas de ofertas y de descuento le reembolsarán parte, o toda, su cuenta de hotel, si usted compra suficientes muebles. La cantidad mínima varía de una tienda a la siguiente, sólo pregunte si esa agradable oferta está disponible.

> Usted negoció un descuento del 10% a un 15% del precio y ahora el vendedor no se mueve de ese punto. Eso no significa que usted no pueda obtener más por su dinero. Agregue más valor a su oferta de muebles al negociar extras gratis como los que siguen.
>
> - Entrega a domicilio
> - Garantías
> - Reparaciones
> - Protección de la tela

Si usted planea comprar en centros comerciales o tiendas gigantes de muebles, revise sus sitios Web para buscar hoteles que ofrezcan descuentos a compradores de muebles. Usted puede también llamar a un recepcionista de la tienda, o al número principal de un centro comercial de muebles, para obtener referencias similares.

Busque también en los centros comerciales de muebles otras oportunidades de ahorro. Por ejemplo, *Catawba Furniture Mall* en *Hickory* ofrece un fin de semana de "compre y quédese" (*Shop'n'Stay*) cuatro veces al año. El cual puede incluir almuerzo gratis, transporte, un paquete de información acerca de las ofertas del centro comercial, y cupones de descuento. Visite *www.catawbafurniture.com* para saber más o revise con otros centros comerciales de muebles para ver si ellos tienen programas similares.

Ahorre más en tiendas al detalle

Conseguir descuentos en muebles en una tienda al detalle puede ser engañoso, pero no es imposible. Si usted necesita ir de safari en la jungla de los muebles al detalle, tenga estas tácticas en mente.

Los vendedores al detalle colocan precios extremadamente altos de forma que ellos puedan rebajarlos para llamar la atención de los clientes. Eso es por lo que usted debe esperar para comprar un artículo hasta que éste sea rebajado al menos un 20%.

Planee tomar su tiempo en las compras de muebles al detalle. Tomar más tiempo para encontrar el artículo correcto puede literalmente pagar al ahorrarle dinero extra. Por ejemplo, cuando usted encuentre el artículo correcto, asegúrese de encontrar uno similar en otra tienda. Luego sabrá en dónde está el mejor precio. Sin embargo, si usted se apresura a comprar el artículo, tratará de omitir la comparación, y podría perder grandes ahorros.

Considere las muestras de exhibición, los muebles que el vendedor al detalle pone en las salas de exhibición. Después de un tiempo, las muestras de exhibición se venden pero usualmente con un mayor descuento. Busque ventas de muestras de exhibición o ventas de liquidación. O sólo pregunte cómo las muestras de exhibición y los muebles imperfectos son vendidos, en caso de que estas ventas no estén anunciadas. Revise cualquier muestra de exhibición cuidadosamente para inspeccionar su calidad, y asegurarse de que

---

Las tiendas al detalle podrían no tener siempre el mueble correcto, al precio correcto, para usted. Para conseguir lo que usted necesita, al precio que usted quiere, pruebe alternativas como estas.

- Ventas de garaje o de patio
- Tiendas de muebles usados, incluyendo *Goodwill*
- Tiendas de consignación
- Tiendas de "cajas grandes", como *Walmart* y *Costco*.
- Mercado de pulgas
- Avisos clasificados
- Venta del contenido de inmuebles
- Cargas no reclamadas
- Tiendas de muebles no terminados
- Tiendas de antigüedades

tiene una condición suficiente que se ajusta a usted. También, tome medidas para confirmar que se ajusta al tamaño que usted espera.

Algunas tiendas aceptan devoluciones de mercancía usada o dañada, y tratan de revenderla. Estos artículos son también ampliamente descontados pero deben ser inspeccionados y medidos con extrema atención al detalle. Haga ese trabajo preliminar bien, y usted podría tener una pieza fina de mueble a un precio ampliamente descontado.

Evite errores de compra costosos

Cuando usted vaya a comprar muebles, tome un cuaderno que contenga un esquema de la vista superior, preferiblemente a escala, del cuarto que usted planea amueblar y medidas exactas. Esto le ayudará a evitar cometer errores costosos, como comprar demasiadas piezas, o piezas muy grandes, para el espacio. Incluya ventanas, entradas, clósets, empotrados e incluso enchufes eléctricos. Si usted está amueblando un cuarto subiendo las escaleras, mida el ancho de sus escaleras y cualquier descanso.

Evite el engaño de los extras costosos

Protéjase de vendedores que tratan de venderle garantías u otros extras que usted no necesita. Por ejemplo, le ofrecerán protección de la tela en muebles tapizados. No pague por eso. Si está preocupado de que la tela no es resistente a manchas, trátela con *Scotchgard* usted mismo.

También, planee cómo le va a decir no a los vendedores que lo animen a comprar accesorios o muebles que hagan juego, o que traten de tentarlo a "mejorar" a una versión de última, del artículo que usted quiere. Ahorre dinero y sólo acepte estas clases de extras si el precio final ha sido establecido y las mejoras son gratis.

El objetivo interno de los anuncios

Se supone que las ofertas le ahorran dinero, pero algunos avisos de muebles podrían llevarlo a mayores gastos si usted no es cuidadoso. Protéjase con los consejos de *Leonard Bruce Lewin*, autor de *Shopping for*

Furniture: A Consumer's Guide. Recuerde estas advertencias la próxima vez que usted lea un anuncio de muebles.

- 10% de descuento, o cualquier otro porcentaje, podría no aplicar a cada producto que la tienda tenga.

- "cero intereses hasta el 2009" suena muy bien hasta que usted sepa todas las restricciones que vienen con él. Lea la letra pequeña.

- Tenga cuidado con los avisos que dan todo tipo de detalles describiendo qué tan maravilloso es el producto pero nunca dan una pista del precio.

- Esté preparado contra la información de productos que no le digan todo lo que usted necesita saber. Por ejemplo, un aviso de descuentos increíbles en muebles de cuero podría no decir exactamente qué proporción del mueble está hecho de cuero genuino.

- Tenga cuidado de palabras de moda vagas y de frases no claras. ¿Significa "precios tajados" que usted espera 80% de descuento, o simplemente 15%? ¿Describe "colección de caoba" muebles hechos 100% de caoba, o artículos con una delgada lámina de caoba sobre madera más económica?

- Lo que usted ve en las fotos puede o no ser el mismo artículo en venta. Usted podría ver otros muebles o características que no están incluidas. Cuando se trata de anuncios de muebles, las fotos no hablan más que mil palabras.

Venza las tácticas de financiamiento sin intereses

El financiamiento sin intereses suena como una oportunidad fabulosa para ahorrar, pero los problemas están al acecho en los detalles de esta trampa. Descubra como protegerse de forma que no pierda dinero. Usted puede comenzar incluso antes de visitar una sala de exhibición.

- Busque en la Agencia para Negocios Mejores (*Better Business Bureau; BBB*, por sus siglas en inglés) información acerca de la compañía. Visite *www.bbb.org* para conseguir información de la oficina *BBB* más cercana a usted.

- Revise su puntaje de crédito. A menudo se necesita un impecable reporte de crédito para calificar para una oferta libre de intereses; y usted también podría tener que registrarse en una cuenta de la tienda con altos intereses.

- Examine sus ingresos, gastos y deudas, para determinar si usted puede hacer los pagos mensuales sin presionar su presupuesto. Si usted puede pagar fácilmente la deuda total antes de que el periodo sin intereses termine, esta podría ser una buena oferta después de todo.

- Compare precios y la calidad de la mercancía. Sepa cómo reconocer si usted está consiguiendo el mejor precio.

Comience a hacer preguntas tan pronto encuentre a un vendedor o llame con anticipación para hacer sus preguntas. El engaño de porcentaje cero puede estar diseñado para atraerlo a la sala de exhibición hacia una compra impulsiva, así que no espere hasta que se enamore de un artículo. Esperar podría significar que usted está "más que vendido" en un trato con una tasa de interés mayor.

En lugar de eso, averigüe con anticipación si usted califica para la oferta sin intereses, y luego dedíquese a los detalles menores de la oferta. Entienda las fechas límites de pago, cobros por retraso, penalidades y periodos de gracia. A menudo, el financiamiento libre de intereses termina después de de un periodo corto. A menos de que usted page todo el dinero antes de esa fecha límite, usted tendrá que pagar costosos intereses que han sido acumulados durante el tiempo libre de intereses.

Lea el contrato de ventas cuidadosamente. Asegúrese de que usted entiende y acepta todo antes de firmar.

Pague menos y elija su propio acabado

Con un poco de esfuerzo físico, usted puede conseguir muebles con descuento con cualquier acabado que usted quiera. Sólo encuentre un sitio que venda muebles sin acabados y luego haga el trabajo usted mismo, aconseja *Kimberly Causery*, autor de *The Insider's Guide to Buying Home Furnishing*.

Los muebles sin acabados están usualmente bien construidos y hechos con madera sólida. Sin embargo, no son de máxima calidad; así que no trate de usarlos para decorar su sala y comedor elegantes. Por otra parte, si usted quiere tener muebles que "trabajan" para la cocina, el estudio o los cuartos de los niños, a un precio moderadamente descontado, esta podría ser una forma inteligente de ahorrar en un acabado personalizado.

Mantenga su tapicería luciendo bien por más tiempo

Cuando elija un sofá u otro mueble tapizado, empareje la tela con su estilo de vida, recomienda *Leonard Bruce Lewin*, autor de *Shopping for Furniture: A Consumer's Guide*. Un sofá de sala, raramente usado, no requiere la misma tela que el famoso sofá del cuarto familiar, en donde es usado por tres niños y un gato llamado *Destructor*.

También, no asuma que un precio alto significa telas más durables, *Lewin* advierte. Unas pocas telas costosas pueden verse bien, pero prefiera los materiales más baratos y fuertes para buscar durabilidad. Reserve las telas costosas o frágiles para artículos menos usados.

Y lo más importante, no importa cuál tela usted eligió para la tapicería, trátela con un repelente de suciedad y manchas. Usted siempre estará feliz de lo que hizo.

Formas inteligentes de actualizar sus muebles viejos

Imagine cuánto dinero usted ahorraría si usted pudiera darle a sus muebles viejos un realce de presentación en lugar de reemplazarlos. Antes de gastar cientos de dólares en muebles nuevos, considere las tácticas de transformación recomendadas por *Kimberly Causey*, autor de *The Insider's Guide to Buying Home Furnishings*.

■ Retocar una vieja cajonera para darle un color más de moda, o sólo para hacerla lucir bien de nuevo.

- Cambiar las manijas, cerraduras, bisagras u otras piezas de herrería, de sus cajones para tener un diferente aspecto.

- Pintar una pieza favorita con un interesante color nuevo; o usar técnicas decorativas de pintado, como usar plantillas decorativas y acabados de imitación.

- Agregar más almohadas.

- Organizar de nuevo los muebles en un cuarto o mover un objeto a un cuarto diferente.

- Cambiar las fundas a nuevos diseños de moda.

Otra opción es hacer que sus muebles sean tapizados de nuevo profesionalmente. Si eso no se ajusta a su bolsillo, tome una clase y hágalo usted mismo. O busque a un estudiante, o a alguien más que esté empezando en el negocio. Usted podría conseguir grandes descuentos si está dispuesto a servir como referencia.

Consiga un buen colchón por su dinero

Aún si usted sólo duerme seis horas cada noche, usted pasa 42 horas a la semana en su cama. Esto es por lo que paga elegir un buen colchón. Use estos consejos como ayuda.

- Compare costos. Compare precios, cobros por envío y la calidad de los colchones.

- Lleve ropa cómoda y ligeramente suelta de forma que pueda subirse y bajarse del colchón sin esfuerzo. Porte zapatos que se pueda quitar fácilmente. Si usted lleva maquillaje que se sale fácilmente, use una pequeña toalla de forma que no deje parte de su maquillaje en una almohada.

- Revise la etiqueta en un colchón para ver si usted está comprando uno nuevo o uno usado. Una etiqueta que describe al colchón como uno que "contiene sólo nuevos materiales" probablemente significa que el colchón es nuevo. Una etiqueta "usada" puede indicar que el colchón incluye materiales usados.

- Aún si usted planea comprar un colchón nuevo, pregunte si la tienda también vende camas usadas. Luego, asegúrese de revisar la etiqueta para verificar si es nuevo o usado. Si el colchón no tiene etiqueta, pase a otro colchón.

- Pregunte por el número de espirales. Entre más tenga una cama, es mejor.

- La base de resortes es la parte del soporte del colchón que está llena de espirales. Ésta debe ser al menos de nueve pulgadas de grosor. Pregunte por eso.

- Nunca se siente en un borde del colchón para probarlo. Reclínese, con su cuerpo completo, sobre la cama y trate de imitar su posición al dormir.

- Un colchón duro como roca podría no ser lo mejor para su espalda. Si el colchón es un poco más suave, su cadera y hombros podrán hundirse en el colchón lo suficiente para mantener su columna recta y cómoda.

- Compre el colchón con su base al mismo tiempo. Ellos se pertenecen.

- Consiga un colchón con garantía de 10 años.

- Antes de dejar la tienda, pregunte por las políticas de devolución y de reembolso hasta que usted esté seguro de entender cómo funcionan. Luego consiga copias escritas de esas políticas.

Alternativas para planes de "renta para compra" inflados

Un cliente de "renta para compra" puede gastar tanto como $2.400 en pagos de renta por un artículo que podría costar tan poco como $200 en tiendas al detalle. Mientras que ese es probablemente un escenario del peor caso , la "renta para compra" es aún más costosa de lo que parece.

A primera vista, la "renta para compra" suena como una forma excelente para tener su pastel y comerlo también. Incluso si usted está sin suerte suficiente por tener un crédito pobre o sin historia de crédito, no tiene que preocuparse. Las compañías de "renta para compra" podrían no solicitar una revisión de crédito en absoluto. Y si ellas lo hacen, podrían no rechazarlo si usted tiene un ingreso, un sitio para vivir y una o dos referencias personales.

Usted podría incluso escoger cuán a menudo pagaría. Y mientras usted renta, usted puede usar ese estéreo, televisor, mueble o electrodoméstico como si usted fuera su dueño. Aún si eventualmente no puede hacer los pagos, usted probablemente no tendrá problemas. Las compañías de "renta para compra" pueden simplemente tomar de nuevo el artículo sin escándalo.

El problema con este paquete tentador es que usted tendrá probablemente que soltar al menos dos veces el precio del artículo, antes de que sea el dueño de él. Eso es casi como pagar una tasa de interés del 50% anual.

Antes de entrar en un plan de "renta para compra", considere otras opciones, como un plan a pagos, o ahorrar para comprar un producto usado. Un programa de "renta para compra" podría ayudar si usted está construyendo su calificación de crédito; pero usted va a pagar muchísimo para hacerlo. Por otra parte, si evita los planes de "renta para compra", usted podría acumular suficientes ahorros para comprar ese artículo costoso dos veces y más. Entonces, usted podría pagar en efectivo por el artículo y también comprar otras cosas.

■ Muebles usados

Muebles de primera clase a precios no elevados

Un periódico enrollado podría ser su boleto a fantásticas ofertas. Además, usted evitará a los vendedores, y podría incluso encontrar artículos que no puede conseguir en tiendas. Sólo busque en los avisos clasificados de muebles en su periódico dominical.

De acuerdo a *James L. Paris*, autor de *Absolutely Amazing Ways to Save Money on Everything*, usted podría ahorrar hasta un 80% en muebles si usted lee los avisos clasificados y mantiene estos consejos en mente.

- Usted puede encontrar toda clase de muebles y todo tipo de estilos de muebles en esos avisos, pero usted tendrá que llamar al vendedor, y quizá visitarlo, para ver si ha encontrado el artículo que quiere.

- Usted puede encontrar muebles como nuevos, artículos que han sido raramente usados, si usted está dispuesto a hacer el esfuerzo.

- Espere un amplio rango de precios. La persona que se prepara para mudarse al otro lado del país venderá muebles de máxima calidad a precios mucho más bajos que el vendedor casual. Si usted está preparado para esperar el momento oportuno, un futuro vendedor podría ofrecer el mismo artículo por mucho menos.

Asegúrese de hacer preguntas e inspeccionar el mueble cuidadosamente antes de hablar del precio. Después de todo, las devoluciones y reembolsos están casi seguramente fuera del asunto.

También, busque una forma de hacer su propio plan de transporte de muebles si usted puede. Aún si el vendedor ofrece transportar los muebles, usted podría regatear un precio más bajo si puede transportarlos por su cuenta.

Subastas inusuales ofrecen grandes ofertas

Usted no siempre tiene que ir a las subastas tradicionales para encontrar buenos precios. Aquí hay algunos sitios en los que podría no haber pensado en buscar.

- Revise el periódico o conduzca a través de áreas de negocios en búsqueda de ventas o subastas de liquidación de hoteles. Si un hotel está cerrando o renovando, ellos a menudo venden sus muebles e instalaciones. Otros negocios pueden ofrecer tipos específicos de artículos. Por ejemplo, las oficinas disueltas pueden subastar muebles de oficina. O centros de cuidado de niños que se cierran necesitarán deshacerse de una variedad de artículos para bebés.

- Consiga de todo, desde pianos de cola, pasando por herramientas de carpintería, hasta escritorios, en una subasta de escuela pública. Los artículos considerados inutilizables, innecesarios o desactualizados son ofrecidos a otras escuelas primero, y luego subastados al público. Averigüe acerca de éstos al buscar en periódicos; o buscando en la Internet, en los sitios Web de las escuelas públicas.

- Visite la página Web de su condado local para buscar información sobre subastas anuales de muebles y equipos de los departamentos y agencias del condado.

- Las compañías de envíos y almacenaje a menudo subastan propiedades abandonadas. Póngase en contacto con las líneas de transporte o negocios locales que ofrezcan unidades de auto-almacenaje para la renta.

- Los teatros amasan una enorme cantidad de accesorios, como muebles, ropa y decorados de escenario, los cuales ocupan valioso espacio. Ellos a menudo venden o subastan artículos, para hacer un poco de dinero y espacio para la siguiente producción.

Tácticas simples para los aficionados a los mercados de pulgas

Consiga una gran oferta en muebles usados al ir al mercado de pulgas temprano. Trate de ser una de las primeras personas ahí. Usted encontrará muebles de calidad a precios bajos, antes de que la muchedumbre llegue y arrebate todas las buenas ofertas.

Los comerciantes profesionales, que son dueños de tiendas de antigüedades, saben aparecer, antes de que el mercado de pulgas realmente abre, de forma que ellos puedan comprar los muebles más apreciados, a los precios más bajos. Tome el consejo de los profesionales y esté ahí una hora antes del momento de apertura. Este es cuando los vendedores primero hacen disponibles sus muebles al público.

Los vendedores tratan de vender su mercancía en el estacionamiento de autos, antes de que el mercado abra, de forma que puedan omitir el proceso de trasladar los pesados muebles a sus lugares de venta. Ellos también quieren alcanzar sus metas de venta temprano en el día, de forma que los precios son descontados cuando están medio dormidos en ese momento. Agárrelos antes de que ellos se trasladen a su sitio de ventas, y usted podría conseguir otro 15% de descuento del vendedor.

Muchas de las piezas que usted encuentre están a la venta porque tienen un defecto. Use el defecto como una ventaja al señalarlo y bajar el precio del mueble. Cómprelo barato ahora y arréglelo después.

Recuerde incluir otros costos antes de acordar una compra. Considere lo que costará rentar un camión o trailer, llenar el tanque con gasolina, y comprar las herramientas y suministros que usted necesitará para reparar su hallazgo.

Seis buenos consejos para comprar en ventas de garaje

Su próximo mueble podría estar esperándolo a la vuelta de la esquina. Una venta de garaje puede ser un cofre lleno de tesoros de muebles usados económicos. Usted podría conseguir una pieza de calidad por la mitad de su precio original, al seguir estos consejos.

- Mantenga el ojo en ventas de garaje de su vecindario y busque en su periódico local las ventas que van saliendo. Temprano en la mañana es buen tiempo para ir si usted quiere una buena oferta. También es bueno en la tarde cuando otros clientes se han ido a casa.

- Esté preparado antes de irse a la venta. Vístase con ropa cómoda con varias capas, en caso de que haya clima impredecible.

- Lleve una cinta métrica para asegurarse de que el mueble es del tamaño correcto y una cámara si necesita fotos del artículo. Cuerdas y otros suministros para empacar son también útiles si usted planea llevar una pieza de mueble a su casa.

- Anímese y ofrezca aproximadamente dos terceras partes menos del precio que ellos piden. Los vendedores están preparados para regatear con usted. Lo más probable es que usted termine pagando 20% menos del precio original.

- Deje que el vendedor sepa que tiene dinero en efectivo en su mano, si usted ofrece un menor precio. Si él cae en cuenta que usted está firme con la compra, probablemente aceptará su oferta.

- Tenga confianza cuando regatee con un vendedor. Recuerde que cualquier cosa que ellos no vendan tiene que ser sacada a la calle para que el basurero la recoja. Ellos quieren hacer una venta, y el tiempo está de su lado, así que deje que el regateo comience.

Ahorre unos buenos dólares en piezas de decoración

Véase como si viviera en una casa modelo por una fracción del costo. Compre los muebles y accesorios usados que usted ve en las casas modelo, por una décima parte del precio original.

Los constructores de viviendas sólo necesitan los muebles mientras se están vendiendo las propiedades. Una vez se vendan todas, ellos no están interesados en tener ganancia al vender sus muebles usados; sólo quieren deshacerse de los muebles, así que el precio que piden es bajo.

Dígale a un vendedor que usted está interesado en los muebles de a casa modelo, para poder asistir a la venta o subasta pública. Una vez que vaya a la venta, podrá elegir entre una variedad de camas, sillas, centros de entretenimiento, juegos de dormitorio para niños, piezas de arte, floreros, y mucho más.

Regalos

Tenga cuidado al comprar tarjetas de compras de regalo

Si usted está comprando tarjetas de compras de regalo para sus amigos y familiares, mejor lea la letra pequeña. Eso es porque muchas de las tarjetas de regalo, vendidas por comerciantes, tienen fechas de expiración; o fechas en las que, después de las cuales, se cargan tarifas a la tarjeta si no ha sido usada, reduciendo su balance original.

Las tarjetas de regalo "deben venir con un advertencia adjunta", de acuerdo a *Charles Schumer, D-N.Y.* Resultados estadísticos proporcionados por esa oficina muestran que algunas compañías deducen hasta $2.5 mensuales, si una tarjeta no es usada en cierta cantidad de tiempo. Estas cuotas son a menudo permitidas hasta un 67% del valor original de la tarjeta.

Ahora que se comienza a conocer lo que hacen los comerciantes, algunos estados están creando leyes en contra de las cuotas de las tarjetas de regalo. Y los comerciantes mismos están empezando a cambiar sus políticas por temor a perder la lealtad de sus clientes fieles.

Por ejemplo, recientemente *Starbucks* y *Circuit City* cambiaron sus políticas y detuvieron los cargos a tarjetas de regalo. El cargo de $2 dólares de *Walgreens* y *Chili´s* después de que la tarjeta no haya sido usada, no ha sido usado por 12 meses.

Así que si va a comprar tarjetas de regalo, mejor asegúrese de que conoce las políticas del vendedor, de forma que se lo informe a quien reciba el regalo. O quizá es mejor boicotear totalmente a aquéllas tarjetas que cobren cuotas, hasta que los vendedores reciban el mensaje de que los consumidores no van a aceptar cobros de tarjetas de regalo de cualquier tipo.

Guía para las ventas increíbles de temporada

Algunos bienes salen a la venta, como con cronómetro, cada año; ropa de cama y mantelería en enero, por ejemplo, y carros nuevos al final del año.

Mes	Ventas
Enero	Tarjetas de días festivos, calendarios, ropa de cama y mantelería, electrodomésticos y muebles.
Febrero	Ventas del día del presidente (*President's Day*) y catálogos de liquidación de ropa de compañías como *L.L. Bean*.
Marzo	Ropa de invierno en oferta y artículos de verano como herramientas de jardinería.
Mayo	Ofertas de viajes, equipajes, joyería, suministros para jardinería, muebles exteriores, e incluso colchones.
Julio	Las fantásticas ventas del cuatro de julio (*Fourth of July*) en llantas, electrodomésticos, electrónicos y muebles, junto con trajes de baño y ropa especial de verano.
Septiembre	Ofertas de viajes, suministros para escuelas y oficinas, carros nuevos, las ventas explosivas del día del trabajo (*Labor Day*) en ropa de clima cálido y zapatos, artículos exteriores, artículos de cocina y llantas.
Diciembre	Calendarios gratis de negocios, velas, planeadores, luces de temporada y decoraciones, y las "ventas de después de Navidad" (*after-Christmas sales*).

¿Porqué comprar rosas de alto precio en una florería sofisticada cuando usted puede conseguir hermosos botones baratos, e incluso gratis? Pruebe estos sitios para conseguir cortes frescos de flores.

- Mercados de granjeros locales
- Mercados de flores al por mayor
- Vendedores ambulantes en el centro de la ciudad
- Clubes de ventas al por mayor, tales como *Costco*
- Tiendas de víveres con departamento de florería
- Su propio jardín

Por supuesto, si usted las compra durante un día festivo, costarán más que lo usual; pero aún así estos vendedores le darán las mejores ofertas.

Las ventas por temporada como estas brindan las mejores ofertas. Tome completa ventaja de ellas comprando regalos a lo largo del año y metiéndolos en una caja para después hacer regalos de cumpleaños, días festivos y otras ocasiones especiales.

Pague menos por la entrega de flores

No paga llamar a un número 800 para enviar flores u ordenarlas a través de un sitio de Internet. Aquí está porqué. Su florería local puede hacer el mismo arreglo y entregarlo por menos dinero.

De hecho, cuando usted coloca una orden con una de esas grandes compañías, ellos simplemente piden sus flores desde una florería pequeña cerca de usted; ellos son los que las entregan.

La diferencia: usted paga más, quizá 25% más por hacer su pedido a través de un sitio Web o número 800, en lugar de ir directamente con su florería local.

La próxima vez que una ocasión especial se acerque, esquive a los intermediarios y vaya directo a la fuente. Usted apoyará los negocios pequeños y también ahorrará dinero.

Olfatee ofertas en fragancias sofisticadas

No compre perfumes en tiendas departamentales; en lugar de eso, compre en línea. Las tiendas departamentales principales llevan perfumes deliciosos a aún más deliciosos precios; pero los vendedores de Internet ofrecen los mismos aromas por menos. Usted puede incluso conseguir fragancias en línea que usted no puede encontrar en tiendas.

Comience con estos sitios Web respetables. Antes de comprar cualquier cosa, compare precios en su tienda departamental con aquellos que usted encuentre en línea. Agregue los cargos por envío y manejo de los vendedores de la Internet, y vea si ellos aún así ofrecen una buena oferta.

- *www.perfumania.com*

- *www.scentiments.com*

- *www.perfume.com*

Dé el regalo del tiempo

Algunas veces los mejores regalos son aquéllos que usted mismo hace y los da de corazón, y si usted tiene una familia grande, podrían ser los únicos regalos que usted pueda pagar.

Eso es lo que Jim Garver descubrió. Él y su esposa tienen seis hermanos entre ellos, y aprendieron cómo ajustar su presupuesto al hacer regalos de días festivos hechos a mano.

"Un año conseguí calendarios gratis de mi agente de seguros que tenían impresiones de Currier & Ives. Monté las impresiones en contrachapa (madera de varias láminas) y usé molduras para hacer un marco alrededor de ellas, luego le di una o dos a cada uno de mis hermanos y hermanas", el explica. ¿No es bueno con la madera? No se preocupe. Usted podría también poner las impresiones en marcos baratos de tiendas de centavo.

Su familia agarró la idea en el acto, también. "Mi hermano y su esposa encontraron grandes bloques de madera, cubos de cuatro pulgadas de lado, y usaron plantillas para hacer bloques alfabéticos gigantes. Algunos lados tenían letras. Otros tenían acebos, bastoncitos dulces o cosas como esas. Eran tantos que usted podría ponerlos en la repisa de la chimenea para decir 'Felíz Navidad' (Merry Christmas), 'Felices Fiestas' (Happy Holidays), o 'Los Garvers' (The Garvers). Aún tenemos esos, también".

Vuélvase creativo con su propia forma de dar regalos. Anote recetas familiares favoritas para un ser querido que se está mudando solo; o de un certificado de regalo por un favor que usted pudo haber hecho por ellos. Es gratis para usted y un recuerdo apreciado para ellos.

Comestibles

Qué hacer antes de comprar

Antes de salir hacia el supermercado, planee sus comidas de la semana. Revise su despensa o gabinete para ver lo que usted tiene y luego revise los avisos de supermercado para presentar algunas ideas. Cruce sus comidas con su calendario para ver qué noches no estará en casa para cenar. Cuando usted toma el tiempo para planear, es más fácil ahorrar dinero.

Cuatro cosas para llevar a la tienda

Una vez usted tenga sus comidas planeadas y sepa lo que necesita, es tiempo de hace una lista de compras. Luego está listo para ir al supermercado. Junto a su lista, asegúrese de estar armado con el plan de piso del supermercado, un puñado de cupones y, ya sea, dinero en efectivo, su chequera o una tarjeta de débito. Apéguese a los artículos en su lista. No se deje deslumbrar por alguna cosa que no esté escrita.

Forma fácil de comprar menos

La única cosa que un administrador de tienda de comestibles quiere más que un comprador hambriento, es una tienda llena con compradores hambrientos. Si su estómago está vacío cuando compra, usted probablemente querrá gastar de un 10% a un 15% más de lo que normalmente gasta. Recuerde, haga un alto si está hambriento, enojado, solitario y cansado. Trate de no comprar si usted está indispuesto.

Descubra grandes precios en productos alimenticios

Mejor compre frutas y vegetales cultivados localmente en temporada. De otra forma, usted pagará más en la caja. El costo de transportar comida a otras áreas, incrementa el precio. Eso es cierto sea que se esté enviado desde otra parte del país o desde Suramérica. Si realmente quiere ahorrar, compre frutas y vegetales extras en temporada, luego blanquéelos y congélelos para usar una próxima vez.

Tome ventaja de los descuentos de adultos mayores

Pregunte en su tienda de comestibles local si ellos ofrecen descuentos para adultos mayores. La mayoría de los supermercados separan un día a la semana para que los adultos mayores obtengan un porcentaje de descuento en su cuenta total.

Busque arriba y abajo para ahorrar

Llegan momentos en los cuales, en casi todos los viajes de compras de comestibles, usted tiene que aventurarse en la jungla de comida procesada. Para ayudar a mantener su presupuesto intacto, recuerde ver los productos de los estantes superiores e inferiores. El espacio del estante al nivel de los ojos es el más caro. Usted tendrá que buscar, arriba y abajo, las marcas menos conocidas y más baratas.

Compre genéricos y ahorre 50%

Las marcas genéricas pueden ahorrarle un 50% o más de descuento, en comparación con las marcas de nombre. Y usted podría sorprenderse de cuán similares son a los productos que usted usualmente compra. No lo piense dos veces acerca de comprar productos básicos genéricos, como azúcar, harina, sal, pimienta, bombillos, productos de limpieza y artículos de papel. Pero usted podría querer hacer una prueba del gusto de bienes enlatados y aperitivos. Aún así, cualquier producto genérico que usted compre ayudará a reducir su cuenta de víveres.

	Artículo	Marca	Genérico	Ahorros
	17.3 onzas de cereal de fibra de trigo	Kellogg's $2.84	Wal-Mart $1.50	$1.34
	20 onzas de pan blanco rebanado	Colonial $2.17	Publix $0.99	$1.18
	5 libras de azúcar	Domino $2.69	Publix $1.69	$1.00
	1 galón de leche al 2%	Mayfield $4.35	Kroger $3.48	$0.87
	2 libras y 8 onzas de mantequilla de maní	Jif $3.74	Wal-Mart $2.98	$0.76
	1 libra de margarina en barra	Land o' Lakes $1.39	Kroger $0.75	$0.64
	2 litros de cola	Coke $1.59	Kroger $0.99	$0.60
	16 onzas de queso *cheddar*	Kraft $3.54	Wal-Mart $3.14	$0.40
	1 libra de judías verdes (vainitas)	Birds Eye $1.33	Publix $0.99	$0.34

Los planes de acción frenan las compras impulsivas

No deje que las exhibiciones creativas, especialmente cerca de la caja, lo atraigan para comprar cosas que usted no pueda permitirse. Los expertos en mercadotecnia saben cómo hacer para que usted gaste más. No les dé oportunidad. La mayoría de las tiendas de comestibles están organizadas con los productos básicos, como carne, pan, lácteos y frutas y verduras, hacia los alrededores. Si usted sólo camina en el perímetro, evitará la tentación en los pasillos.

Por qué debería hacerlo usted mismo

Usted ya no tiene que pelar y machacar papas más. Sólo cómprelas listas para preparar y caliéntelas en su horno de microondas. Desafortunadamente, ese paquete cuesta alrededor de $5, pero sólo le ahorró 7 a 10 minutos de cortar y machacar.

Si usted gana $15 (dólares) la hora, hace $5 por cada 20 minutos de trabajo. Usted apenas gastó esos $5, lo cual tomó 20 minutos para ganar, en algo que sólo tomó 10 minutos en hacerse.

Así que recuerde; sea que esté deshebrado, ensamblado, en cubitos, precocinado o empacado en varias porciones, le costará más. Piénselo dos veces antes de gastar dinero en algo que puede fácilmente preparar usted mismo.

Los precios por unidad vienen al rescate

Una unidad es una cantidad, tales como las onzas, porciones o libras. La mayoría de tiendas de comestibles tienen el precio unitario en la etiqueta que muestra el precio del producto. Pero hay artículos en los que usted podría necesitar calcularlo usted mismo, así que mantenga su calculadora con pilas.

Por ejemplo, si una lata de 16 onzas de aceitunas cuesta 88 centavos, su precio unitario es 88 centavos divididos en 16, ó 5.5 centavos por onza. Compare eso con una lata de 24 onzas de 1.09 dólares. Su precio unitario es 1.09 dólares divididos en 24, ó 4.5 centavos por onza. La lata grande tiene el mejor valor.

Comprar al por mayor da ahorros grandes

Si usted se puede permitir pagar dinero extra por adelantado, piense en comprar algunos de sus productos comestibles a granel. Comidas como arroz, cereal, pasta, comida para mascota, azúcar, harina y aún mantequilla de maní puede ser su boleto a grandes ahorros.

Pero eso es sólo una buena oferta si usted lo usa todo. Haga las cuentas para averiguar si es realmente una buena oferta o sólo una ilusión. Sea inteligente de forma que no arroje sus ahorros a la basura.

Protéjase usted mismo de cobros adicionales

Un estudio reciente reveló que los supermercados cobran el precio equivocado en más del 10% de sus productos. Asegúrese de que se le cobre bien en los productos que compre. Cuando compre, haga una lista detallada de sus productos y ponga un asterisco junto a cualquier artículo en rebaja. Revise los precios a medida que el cajero escanea su compra. Si usted prefiere, después de que usted haya pagado, hágase a un lado y compare su recibo de pago con su lista. Si usted encuentra un producto que no coincide, vaya al servicio al cliente por una devolución. Algunas tiendas le permitirán conservar el producto libre de cargo.

Cómo ahorrar dinero en desayunos

Usted puede gastar mucho dinero en leche, huevos y cereales fríos empacados. Pero usted puede rebajar sus gastos de desayuno significativamente, si cambia a comer cereal caliente en la mañana.

No compre el paquete pequeño de avena instantánea. Esos son costosos. Y uno de los cilindros de una o dos libras de avena en las tiendas pueden también ser un poco costosos.

Usted querrá averiguar en cooperativas y tener el gusto de ver qué tipo de ofertas a granel puede encontrar.

Usted podría comprar cerca de 25 libras de avena por sólo $10. Si compra en grandes cantidades, divida la avena en porciones más pequeñas y almacénelas en recipientes herméticos en sitios frescos.

Usted puede servir la avena como un desayuno caliente o incluso preparar su propia *granola*, lo cual es significantemente más barata que lo que se compra en tiendas. Considere mantener leche en polvo en la casa para preparar sus recetas. Ésta es más económica y conveniente que mantener una reserva de leche fresca.

Recorte un 50% de su cuenta de comestibles

Los cupones pueden ayudarle a recortar hasta un 50% de su cuenta de comestibles, especialmente cuando usted los combina con ventas especiales, como días de cupones dobles o triples, y ofertas de "compre uno y lleve uno gratis".

Aquí hay algunos consejos inteligentes para ayudarle a sacar lo mejor de sus cupones.

- Compre un organizador de cupones para separar sus cupones en categorías.

- Cuando haga su lista de compras, ponga una "c" en los artículos de los que usted tiene cupón.

- Pida en la ventanilla de servicio al cliente un directorio de la tienda. El día de compras, separe sus cupones por pasillo y producto.

- Busque productos con cupones instantáneos en el exterior del empaque.

- Esté alerta de la letra pequeña. Muchos cupones tienen restricciones, como tamaño o estilo.

- Quite cupones expirados de su organizador.

- Pregunte a alguien en servicio al cliente cuándo tendrán días de cupones dobles o triples.

Haga que su viaje a la tienda de comestibles valga la pena con algunos grandes descuentos. Aquí hay 12 consejos de compras que recortarán su cuenta se-manal de comestibles.

✓ Planee menús semanales
✓ Apéguese a su lista de compras
✓ Coma antes de ir de compras
✓ Compre frutas y vegetales en temporada
✓ Compre en días de descuento para adultos mayores
✓ Compre marcas genéricas
✓ Evite las compras compulsivas
✓ No compre comidas preparadas
✓ Busque arriba y abajo
✓ Use los precios unitarios
✓ Compre a granel
✓ Esté alerta de los errores al pagar

- Combine los artículos en oferta, cupones, reembolsos, cupones en línea y días de cupones dobles para lograr ahorros extra.

- Sea dedicado. Recorte, llame o vaya en línea a menudo para cosechar los ahorros que usted quiere.

Forma sencilla de acumular cupones

Usted puede ahorrar hasta $1.000 o más en comestibles cada año. Solo regístrese en un centro de referencia de cupones. Por una pequeña cuota, usted tendrá acceso ilimitado a todos los cupones que quiera.

¿Pagar por un cupón? No es muy oído. Pero si usted compra el periódico dominical por los cupones, el costo es aproximadamente igual, y no tendrá que recortarlos. Además, usted tiene los cupones que quiere, no un paquete de cupones que nunca va a usar. Cada servicio es ligeramente diferente, así que analícelos bien para encontrar el mejor para usted.

Centsoff.com en *www.centsoff.com* cobra una cuota pequeña única por registro y $7.50 por un grupo de 50 cupones. *OnlineCoupons.com* en *www.onlinecoupons.com* cobra una cuota de membresía anual de $99. Usted puede lograr que no le cobren la cuota anual al hacer clic en el enlace de uno de sus patrocinadores. Los patrocinadores le dan un código de acceso si usted acepta una prueba gratis de sus productos o servicios. *OnlineCoupons.com* cobra 10% del valor mostrado de los cupones que usted elija, más una cuota de manejo de 75 centavos.

GroceryCoupons.com en *www.grocerycoupons.com* es similar a *OnlineCoupons. com* menos la cuota anual. Los tres servicios mencionados le envían por correo sus cupones dentro de la semana siguiente a la compra.

Aquí hay algunos otros centros de referencia de cupones que podrían ser de su interés.

- *www.valpak.com*

- *www.dealsdujour.com*

- *www.homebasics.com*

Secretos para lograr reembolsos de dinero en abundancia

Usted puede encontrar docenas de ofertas, de reembolsos (o *rebates*), en una única fuente. Visite *RefundSweepers Online Savings*, en *www.refundsweepers.com*; y busque en la sección *Rebates* ofertas para muchos tipos diferentes de productos. Algunas ofertas hacen, incluso, que los productos que usted quiere sean absolutamente gratis. Haga clic en *Free Items* para buscar regalos complementarios que van desde cafeteras hasta cartuchos de tinta.

Los *rebates* generalmente requieren que pague el precio total de un producto, y luego usted envía la documentación para recibir una devolución parcial por correo. Recuerde guardar copias de todos los documentos cuando solicite un *rebate*. De acuerdo a la Comisión Federal de Comercio (*Federal Trade Commission*), esas copias son importantes porque son el único registro de su solicitud y sirven en caso de que algo salga mal.

> Si para usted ahorrar tiempo es tan importante como ahorrar dinero, vaya de compras los martes. De acuerdo al Instituto de Mercadeo de Alimentos (*Food Marketing Institute*); solo un 9% de los consumidores compran los martes. Los siguientes mejores días son los lunes y jueves, con 12%. Viernes y domingos, con 16%; y sábados, con 22%.

Disfrute los productos de marca por menos

Haga amigos, con su computador, para ahorrar dinero en muchas de sus marcas de productos favoritos. Comience buscando cupones en las páginas Web de los fabricantes; las cuales están algunas veces puestas en el empaque del producto. Algunas compañías, como *Wyeth Consumer Healthcare*, el fabricante de *Advil* y *ChapStick*, le permiten imprimir cupones directamente desde sus sitios Web.

Otras compañías ponen información, en sus sitios, acerca de productos que están en oferta. Adicionalmente, muchos fabricantes también ponen números telefónicos gratuitos en sus empaques. Llámelos y solicite los cupones que usted quiere. Usted estará sorprendido qué tanto puede ahorrar con una llamada telefónica gratis.

Reciba pagos por sus opiniones

Las compañías de investigación de mercados están siempre buscando gente para llenar encuestas de manera que ellos aprendan más de la opinión del público.

Una compañía, *I-Say* en *www.i-Say.com*, les da a sus miembros la oportunidad de llenar encuestas a cambio de la oportunidad de ganar dinero y otros premios. Como un bono, *i-Say* mantiene sorteos regulares en donde los miembros pueden ganar hasta $250.

Para encontrar aún más oportunidades de encuestas, visite *RefundSweepers* en *www.refundsweepers.com*, y haga clic en *Surveys paying cash* en la sección *Freebies*.

Usted tendrá que compartir alguna información personal para participar en esas encuestas, así que es importante elegir compañías honestas. Por ejemplo, *i-Say* es una división de *Ipsos Insight*, una compañía de investigación de mercados y miembro del Consejo de las Organizaciones Norteamericanas de Investigación de Encuestas (*Council of American Survey Research Organizations; CASRO*, por sus siglas en inglés). *CASRO* es una asociación de negocios de organizaciones de investigación en encuestas que requiere que sus compañías miembros sigan un Código de Estándares y Ética para la Investigación con Encuestas.

Antes de dar cualquier información personal, revise el directorio de miembros de la *CASRO*, en *www.casro.org*, para asegurarse de que la compañía es un miembro.

Descubra cómo recibir pagos por comprar

Muchas tiendas de comestibles le van a pagar realmente por comprar ahí. Si tiene buenas habilidades de comunicación escrita y oral, y es bueno notando detalles, usted podría ser un candidato para un trabajo como comprador secreto.

Más de 750 compañías asignan tareas de compra a compradores secretos. Un comprador secreto, o *mystery shopper*, actúa como un comprador real, mientras evalúan los servicios de supermercados y otros establecimientos de ventas al detalle. Cuando termina de comprar, usted entrega un reporte escrito acerca de todos los aspectos de su experiencia de compra. Dependiendo de cuantas asignaciones elija, usted puede comprar a tiempo completo o a medio tiempo.

Para comenzar, infórmese acerca de la industria de las compras secretas para asegurarse de que es adecuada para usted. *Mystery Shopping Made Simple* por *Dr. Ilisha S. Newhouse* es un buen sitio para empezar. Usted puede encontrar mucha información acerca de las compras secretas en la Internet, pero tenga cuidado. Si una compañía quiere que usted pague una cuota o compre una lista de nombres de compañías, no caiga en eso. Si eso cuesta dinero, es probablemente un fraude.

Para volverse un Evaluador de Servicio al Cliente Certificado (*Certified Customer Service Evaluator*), contacte al Centro Nacional de Compradores y Comerciantes Secretos Profesionales (*National Center for Professional Mystery Shoppers & Merchandisers*) en *www.ncpms.org*. Ellos ofrecen cuatro programas diferentes en línea con precios desde $49 hasta $98 (dólares). Los cursos de una semana y media, a dos semanas, le enseñan todo, desde conseguir contratos hasta técnicas de escritura de negocios. Todos los programas otorgan una certificación e incluyen cursos de educación continua.

Si usted quiere ganar algo de dinero mientras usted compra, pruebe las compras secretas. Luego siéntase libre de comprar hasta que quiera.

Vaya por los descuentos en suministros para mascotas

Usted puede encontrar todo para su mascota, con grandes descuentos, cuando sabe en dónde buscar. En lugar de comprar en una veterinaria, pruebe estas cinco fuentes de suministros baratos para mascotas.

- Visite la tienda de descuentos en línea *www.drsfostersmith.com*. Usted puede encontrar suministros para mascotas con un 70% de descuento, pero no pare ahí. Busque también en otras tiendas en línea. Pruebe *www.petmarket.com*, *www.petsmart.com* y *www.kvvet.com*, solo para comenzar. Compare costos y revise si tendrá que pagar los costos de envío y manejo.

- Pruebe tiendas locales de cadenas especializadas al detalle, como *PETsMART* y *Petco*. Ellos pueden ofrecerle grandes precios sin el costo de envío y manejo.

- Revise los clubes con membresía, como *Sam's* y *Costco*. Esos clubes usualmente cobran una cuota de membresía, así que calcule su potencial de ahorro antes de volverse miembro. No se sorprenda si usted aún ahorra dinero, incluso con la cuota de membresía.

- Usted puede solicitar un catálogo de venta al por mayor de la mayoría de compañías que usted encuentre en línea, incluyendo *UPCO* en *www.upco.com*.

- La selección puede ser limitada, pero no pierda las oportunidades de descuento en tiendas "de caja grande", como *Home Depot* y *Lowe's*.

Salud y belleza

Encuentre excelentes ofertas en suplementos

Los catálogos y sitios Web de pedidos por correo pueden ayudarle a conseguir las mejores ofertas en hierbas, minerales, vitaminas y otros suplementos nutricionales. Estos vendedores ofrecen grandes descuentos, con respecto a las tiendas al detalle, y tienen también una gran variedad.

The Vitamin Shoppe es uno de los nombres más confiables en el negocio. Revise su sitio Web en *www.vitaminshoppe.com* para obtener grandes descuentos, o llámelos a la línea gratis 800-223-1216 para pedir un catálogo. Usted podría calificar para obtener el envío gratis si compra $75 o más.

Los usuarios de la Internet querrán las ofertas que descubran en línea en *Walgreens*. Sólo vaya a *www.walgreenshealth.com* y haga clic en *Mail Service Pharmacy*. Luego, haga clic en el enlace de pedido de productos sin receta médica (*Order Non-Prescription Items*). A partir de ahí, usted puede descargar un aviso con las últimas ofertas en artículos de cuidado personal, así como hierbas, vitaminas y otros suplementos. Estas ofertas cambian regularmente, así que revise si hay actualizaciones. Los especiales abundan también con estos otros vendedores.

- Consiga un catálogo de *Swanson Health Products* al llamar al 800-824-4491, o compre en línea en *www.swansonvitamins.com*.

- Haga su pedido en línea de *Vita Cost* en *www.vitacost.com*, o solicite su catálogo gratis en el número 800-793-2601.

- *Herbal Remedies* le incluye los costos de envío, en pedidos por arriba de $75, en *www.herbalremedies.com*.

- *Drugstore.com* provee especiales en su sitio Web, en *www. drugstores.com*, y promete envío gratis si usted gasta al menos $49.

Las buenas ofertas pueden ser grandes, pero tome unos pocos pasos de seguridad cuando haga pedidos de un nuevo comerciante. Llame a la oficina local de la Agencia para Negocios Mejores (*Better Business Bureau; BBB*, por sus siglas en inglés) para saber más acerca de una compañía antes de comprar en ella. Y siempre busque el sello de aprobación de la *BBB* cuando compre en línea.

Por qué usted debe tener una cuenta de gasto flexible

Una Cuenta de Gasto Flexible, o *FSA* por sus siglas en inglés, puede reducir su cuenta de impuestos y pago por cuidado de la salud. Este programa le permite separar parte de su ingreso antes de impuestos, y luego usarlo para después reembolsarse usted mismo, por costos de

Forma económica de "limpiar"

Usted nunca debería comprar artículos de aseo en las tiendas de comestibles o farmacia, dice el Servicio de Consejería del Consumidor de Crédito de Atlanta (*Consumer Credit Counseling Service of Atlanta*). Usted está tirando su dinero a la basura, si compra ahí artículos como champú, jabón de baño, crema dental y espuma de afeitar. En su lugar, vaya a tiendas de descuento grandes, como *Sam's Club* o *Costco*. Estas gigantes pueden ayudarle, en todas partes, de un 20% a un 50% en artículos de aseo, así como detergentes para lavadoras, suministros de limpieza y otros artículos de casa. O ahorre en una tienda de dólar local, en donde usted a menudo encontrará productos de marca.

cuidado de la salud no cubiertos por su seguro: copagos, deducibles en visitas al doctor, recetas médicas, estancias en hospitales, lentes y, ahora, algunos artículos de venta en mostrador.

Dependiendo de sus gastos en el cuidado de la salud cada año, usted podría recortar de su pago de impuestos unos pocos cientos de dólares. El dinero separado en una *FSA* sale de su cheque de pago, antes de los impuestos federales, seguridad social, *Medicare* y la mayoría de impuestos estatales. Esto baja su ingreso bruto, el cual se convierte en menores impuestos a deber. Esta cuenta incluso podría reducir su nivel de impuestos.

Solicitar una *FSA* es simple. Aquí está lo que usted debe hacer.

- Averigüe si su empleador ofrece un programa *FSA*

- Decida cuánto dinero espera gastar en cuidados de la salud durante el siguiente año calendario.

- Divida esa cantidad en el número de cheques de pago que va a recibir. Esto le indica cuánto separar de cada cheque y ponerlo en su cuenta de gasto.

- Solicite la *FSA* a través de su empleador, y dígale cuánto quiere separar de cada cheque.

En el año 2004, el Servicio Tributario Interno (*Internal Revenue Service*; *IRS*, por sus siglas en inglés) comenzó a permitir que la gente usara las *FSA* para comprar algunos, pero no todos, sus productos de mostrador (*over-the-counter*; *OTC*, por sus siglas en inglés). De acuerdo con el *IRS*, usted puede reclamar estos y muchos otros *OTCs*.

- Aspirina
- Cremas para irritación
- Remedios para la tos
- Medicinas contra resfrios
- Laxantes
- Vendas adhesivas
- Compresas calientes y frías
- Audífonos
- Lentes

Artículos como vitaminas, suplementos herbales, bloqueador solar y cremas para la piel, usados para mantener buena salud general o por razones cosméticas podrían no ser elegibles. Su médico debe recomendarle una cierta dosis para condiciones médicas específicas, para obtener el reembolso por esos productos.

- Cuando usted pague un copago en medicamentos o visitas al médico, simplemente llene una forma de reembolso y envíela. Usted va a recibir un cheque, por correo, por esa cantidad, la cual salió de su cuenta *FSA*.

La única desventaja de una *FSA* es que, en la mayoría de planes, se debe gastar todo el dinero separado, al final del año, o usted lo pierde. La mejor forma de evitar eso es separar dinero sólo para medicamentos, tratamientos y visitas al doctor, que usted sepa que va a tener el año siguiente.

Mejore su audición por menos

Usted ya no necesita soltar mucho dinero en audífonos personalizados. Ahora usted puede pedir dispositivos listos para usar en la Internet, por una fracción del costo y recibirlos por correo directo en su casa. Los precios varían ampliamente, pero éstos casi siempre cuestan menos que los audífonos personalizados. La calidad de sonido también varía, así que usted podría querer probar más de uno para encontrar el "que se ajuste".

- *Hearing Help Express* vende varios audífonos, incluyendo el *EarMate-65*, el cual viene en cinco diferentes tamaños de punta, de forma que usted puede elegir el que mejor se ajuste a su oído, y por sólo $299 cada uno. Llámelos al 800-221-2099 o visite su sitio Web *www.hearinghelpexpress.com*.

- *Crystal Ear* también ofrece productos desde $299 cada uno. Hay también disponible por teléfono en el 800-374-5959 o en línea en *www.crystalear.com*.

- Algunos productos de caza tienen doble uso como dispositivos de audición, amortiguando ruidos fuertes como disparos, mientras que aumentan los ruidos suaves. Éstos no son oficialmente audífonos de ayuda; así que usted puede fácilmente comprar dispositivos como *Walker's Game Ear* por cerca de $200 en tiendas de artículos deportivos, o vaya a *www.walkersgameear.com*.

Una prueba de audición, hecha por un audiólogo, puede ayudarle a encontrar el aparato que mejor se ajuste, la primera vez. Algunos comerciantes sugieren enviarles una copia de su prueba de audición para ayudarles a programar su aparato de forma que cumpla con sus necesidades.

Pregúnteles a los vendedores acerca de sus políticas de garantía y devoluciones. La mayoría le dan un periodo de prueba, de 30 a 60 días, para decidir si el audífono cumple con sus necesidades. Llame a la oficina del Procurador General del Estado, o la Agencia para negocios mejores (*Better Business Bureau*), y pregunte acerca de algún comerciante de audífonos del cual usted está pensando comprar. Estas agencias pueden decirle cuántas quejas ha recibido un negocio y si éste tiene licencias para vender audífonos en su estado.

Compra de vivienda

Haga trueques por un mejor precio

Un vendedor puede enlistar su casa por un cierto precio, pero usted no tiene que pagar eso. La negociación puede reducir unos miles de dólares del costo de su próxima vivienda.

■ Asuma que cada uno está dispuesto a hacer buenas ofertas. No le tema a negociar cuando se trata de comprar una casa. Usted no tiene nada que perder excepto dinero.

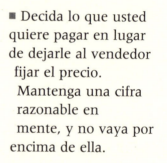

■ Decida lo que usted quiere pagar en lugar de dejarle al vendedor fijar el precio. Mantenga una cifra razonable en mente, y no vaya por encima de ella.

■ Construya una relación con el vendedor. Es difícil decirle no a alguien que usted conoce y aprecia.

■ Pónganse de acuerdo. Trate de no pensar que la negociación es una situación de "yo gano, tú pierdes" en donde cada lado quiere lo mejor del otro. Trabajen juntos para encontrar un precio que haga a las partes felices.

■ Permanezca flexible. Por ejemplo, ofrezca cerrar cuando es más conveniente para el vendedor, y ellos podrían ofertar más en otras áreas.

- Esté dispuesto a retirarse. Esta es el arma más poderosa que usted tiene. Si el vendedor sabe que se ha enamorado del lugar, él podría pensar que sólo es cuestión de tiempo hasta que usted ceda.

Mantenga esas tácticas en mente a medida que usted avance en el proceso de compra de la vivienda. Un poco de regateo puede darle provecho a la larga .

Múdese cerca a, y no a, una mansión

¿Cansado de estar afuera mirando hacia adentro? Compre la casa más barata en el mejor vecindario y viva mejor por menos. Usted obtiene todos los beneficios de un buen vecindario sin la etiqueta de alto precio.

Es más que una vivienda, es una inversión inteligente. Su casa podría no opacar a las demás, pero las casas costosas a su alrededor podrían aumentar su valor. Mantenga en mente que los mejoramientos y reparaciones podrían desplazar sus ahorros.

Evite pagar de más en su próxima casa

Decidir cuánto dinero ofrecer por una casa es parte arte y parte ciencia. Lo que la gente considera un "precio justo" largamente depende del costo de casas similares en el mismo vecindario.

Llamados comparables, esas casas actúan como guías de valorización en el proceso de negociación. Sólo un poco de preparación podría ahorrarle mucho dinero. Es menos probable que pague de más por una casa que usted quiere, cuando sabe en cuánto otras comparables se han vendido recientemente. Usted puede conseguir esa información de varias formas.

- Ver los precios de venta usted mismo en el periódico o localizarlos en su alcaldía local. Enfóquese en ventas en el último año, para hacer más preciso el sentido del mercado.

- Los agentes de propiedades inmobiliarias pueden darle una lista de precios de viviendas comparables. Hábleles a algunos que sean especialistas en el vecindario que le interesa.

- Busque casas comparables en sitios Web de la Internet. Pero esté alerta, algunos pueden hacer que usted pague por información desactualizada. Usted encontrará datos, útiles y gratis, en *www.domania.com*. Busque en *Home Price Check* para conseguir los precios de venta de cualquier dirección en los Estados Unidos, desde 1987, hasta el presente.

Busque en estos 16 sitios Web buenísimos listas de viviendas y consejos de compra.

- *www.realestateabc.com*
- *www.realtor.com*
- *www.mlsonline.com*
- *www.century21.com*
- *www.coldwellbanker.com*
- *www.remax.com*
- *www.domania.com*
- *www.buyowner.com*
- *www.forsalebyowner.com*
- *www.fsbocentral.com*
- *www.homeclassifieds.com*
- *www.homeswatch.com*
- *www.homegain.com*
- *www.homescape.com*
- *www.myhomeplans.com*
- *www.real-estate.com*

Por supuesto, el mercado no puede predecir cuánto va a costar su próxima casa, pero le dará una idea general de cuanto usted va a gastar.

Los números no son todo, sin embargo. Tenga en mente el diseño, la ubicación, la edad y la condición, de la casa; otros factores, como quién pagó los costos de cierre, también juegan un papel en el precio final.

Guía de los expertos para comprar embargos

La pérdida de otra persona podría ser su ganancia. Las casas embargadas hacen grandes las oportunidades de comprar por menos.

Los embargos ocurren cuando el dueño no puede pagar más las cuotas de la hipoteca o falla en el pago de los impuestos de la propiedad. Luego el prestamista o las autoridades de impuestos toman de regreso la casa y la venden, usualmente por mucho menos de lo que vale sólo para deshacerse de ella.

Es fácil tomar ventaja de esas ofertas.

- Llame al personal de créditos del banco, a cargo de los embargos y haga una oferta. El banco también podría contratar a un agente de propiedades inmobiliarias para vender la casa.

- Pregunte a la oficina de recolección de impuestos del condado cómo disponen de las propiedades embargadas. A menudo, usted puede comprarla en una subasta pública.

- Contacte agencias federales, como el Servicio Tributario Interno (*Internal Revenue Service*; *IRS*, por sus siglas en inglés) y la Administración de Vivienda Federal (*Federal Housing Administration*; *FHA*, por sus siglas en inglés), que provee listas de casa embargadas para la venta.

- Haga una oferta por una casa de Desarrollo Urbano y Vivienda (*Housing and Urban Development*; *HUD*, por sus siglas en inglés) al enviar una oferta sellada a través de un agente inmobiliario. Vaya en línea a *www.hud.gov* para conseguir más información y una lista de casas disponibles, o llame a la oficina de *HUD* en su estado.

- Escriba al encargado de la corte federal en su área y pida una lista gratis de ventas por bancarrota.

Esas casas pueden ser un regalo. Usted puede, algunas veces, comprarlas con nada o un poco de dinero inicial, obtener términos de crédito preferidos del prestamista, e incluso obtener exención de impuestos de agencias gubernamentales interesadas en descargar la propiedad.

Pero usted no quiere algunas. Las casas realmente económicas están a menudo en mal estado o en comunidades inestables. Y usted tiene que comprar todas las casas embargadas "como están". Haga una inspección de la casa antes de firmar la línea punteada, o podría estar en aprietos con reparaciones costosas.

Compre una "por arreglar" por menos

Si usted es habilidoso, puede ahorrar bastante en el costo de una casa. Sólo busque una casa valorada por debajo del mercado que requiera un poco de trabajo.

La casa "por arreglar" perfecta quedará como nueva con unas pocas reparaciones, mejoramientos cosméticos y algo de pintura. Sin embargo, aléjese de casas que necesiten trabajos mayores en la estructura a menos que usted sea muy talentoso.

Asegúrese de que tenga en cuenta el costo de cualquier reparación que la casa necesite antes de comprarla. No es una gran oferta si usted tiene que gastar una pequeña fortuna.

Consiga ofertas reales en una subasta de propiedades inmobiliarias

"A la una, a las dos, . . . vendida" Esas palabras podrían significar que usted es un propietario de vivienda. Las subastas de propiedades inmobiliarias se están convirtiendo en una forma popular de comprar y vender casas.

No es una sorpresa. Un estudio reciente de una subasta *HUD* en Florida encontró que la gente pagó mucho menos por sus casas, que lo que aquéllas valían en el mercado, hasta en un 21.5% menos.

Los precios de subastas varían dependiendo del vecindario y condiciones de las casas, pero las buenas ofertas abundan. Llame a la oficina estatal de Desarrollo Urbano y Vivienda (*Housing and Urban Development*) para conseguir información acerca de subastas próximas en su área.

Negocie buenas ofertas con el constructor

Vaya directo a la fuente cuando compre su próxima casa, el constructor. Comprar directamente del constructor puede rebajar el dinero, no sólo del costo de la vivienda misma, sino de los honorarios del agente de propiedades inmobiliarias.

Usted probablemente enganchará la mejor oferta comprando una casa modelo o una casa terminada en una nueva urbanización, pero también puede regatear en una construcción desde el principio.

A diferencia de los bancos, los constructores tienen el poder de hacer sacrificios creativos. Aún si rechazan rebajar el costo de una casa, ellos pueden poner una chimenea u omitir otros costos extras. Ellos incluso podrían pagar los gastos de cierre.

Esté alerta de estas otras formas de ahorrar dinero.

- Permanezca por debajo de los complementos del constructor en artículos como pisos y electrodomésticos en donde usted tenga opciones, y asegúrese que él le reembolse la diferencia. Esto puede reducir el precio final.

- Trate de encontrar un proveedor más económico que el que usa el constructor.

- Busque un constructor de menor precio. Usted podría conseguir una mejor oferta si ellos saben que usted está comparando. Asegúrese de elegir uno cuyo trabajo y reputación sean ambos excelentes.

Recorte su deuda para tener pagos menores

Aquí hay otro beneficio de reducir su deuda; le ayudará a comprar una casa. Sin deudas altas de tarjeta de crédito, usted podría calificar para un crédito mayor y una mejor tasa de interés en su hipoteca.

Como regla de dedo, los prestamistas indican que usted no debe gastar más del 28% del ingreso bruto mensual en su pago de hipoteca. El total de su hipoteca más otras deudas de largo plazo, como aquéllas de carros o universidad, no deben exceder 36%.

Evite el desastre con la inspección

Usted ha oído la expresión "se requiere dinero para hacer dinero". Bien, algunas veces la misma regla aplica para ahorrar dinero.

Gastar un poco de dinero anticipadamente en una inspección de la casa, puede ahorrarle un brazo y una pierna más adelante, cuando usted se haya comprometido con una mina de dinero.

Un inspector de casas hábil indicará tanto los aspectos buenos, como los malos, de una casa; incluyendo problemas potenciales, reparaciones esenciales y mantenimiento necesario. Pruebe estos consejos de la Agencia para negocios mejores (*Better Business Bureau*) para encontrar un inspector en el que pueda confiar.

- Pida a amigos y vecinos recomendaciones.

- Asegúrese que el inspector tiene experiencia con el tipo de casa que usted está considerando.

- Pregunte por su entrenamiento y experiencia. ¿Hace cuanto ha estado en el negocio? ¿Pertenece a una asociación profesional, como la Sociedad Norteamericana de Inspectores de Viviendas (*American Society of Home Inspectors*)?

- Evite aquéllos con conflictos potenciales de interés. Es difícil confiar en alguien que se beneficiará financieramente si usted compra la casa.

- Acompáñelo durante la inspección y haga preguntas. Una estimación completa puede tomar hasta cinco horas, así que disponga de tiempo suficiente.

- Pregunte cuándo recibirá una copia del reporte escrito final. Obsérvelo cuidadosamente antes de comprometerse a comprar la casa.

Póngase en contacto con la Sociedad Norteamericana de Inspectores de Viviendas (*American Society of Home Inspectors*) en el 800-743-2744 o visite su página Web en el *www.ashi.org* para saber más y encontrar un inspector calificado cerca de usted. También puede escribirles a esta dirección.

Contacto:	*American Society of Home Inspectors*
	932 Lee Street, Suite 101
	Des Plaines, IL 60016

Haga más dinero vendiendo su casa

¿Cuánto vale su casa? Esa es información crucial si usted planea venderla al mejor precio. Los evaluadores se lo dirán por unos honorarios significativos, pero usted tiene otra opción.

Convierta su fuga en una mina de oro

Una segunda casa puede ser una inversión de altos rendimientos. Sólo pregúnteles a Bob y Kathy, cuya casa de vacaciones en la ribera del río Jersey vale ahora más de seis veces lo que ellos pagaron por ella.

En 1986, ellos compraron una pequeña casa de vacaciones en Cape May, New Jersey por $62.000. "¡El año pasado las mismas casas se estaban vendiendo por $375.000 y más!" Dice Bob. "Eso es menos de 20 años. Qué inversión, ¿ha? Ubicación, ubicación, ubicación".

Excelentes restaurantes, pintorescas casas Victorianas y una atmósfera relajante hacen de Cape May un sitio de vacaciones ideal, uno que Bob y Kathy han disfrutado por años.

"En retrospectiva, fue la mejor inversión que hubiéramos podido hacer para obtener ese tipo de retorno de nuestro dinero", dice Bob. "Eso no es por lo que la compramos, sin embargo; fue sólo por tener un sitio de vacaciones. No teníamos idea de que la propiedad se valoraría en la forma que lo hizo".

La casa aún ayuda a pagarse a sí misma. "La rentábamos selectivamente por los primeros 15 años mientras estábamos pagando la hipoteca. La rentábamos cerca de cuatro o cinco semanas al año a amigos y colegas", él explica.

Una vez ellos pagaron la casa, le hicieron algunas renovaciones. Ellos pusieron un nuevo piso, compraron un nuevo horno, instalaron una nueva alfombra y linóleo, y tapizaron de nuevo los muebles. Sus esfuerzos, e inversión inicial, les pagarían maravillosamente si ellos hubieran decidido en algún momento vender.

Antes de vender su casa, consiga un evaluador gratis, no necesariamente un agente inmobiliario. Sólo visite el sitio Web de *HomeGain* en
línea en *www.homegain.com*. Luego escriba su dirección, código postal,
el número de cuartos y baños, área aproximada en pies cuadrados,
área total en acres y unos pocos detalles más acerca de su casa.

HomeGain le dará una cifra aproximada de cuánto vale su casa; así
como precios de venta recientes de casas en su área. Esto puede ayudarle a valorar su casa más realísticamente, mejorando sus
oportunidades de una venta rápida.

Este sitio Web ofrece otras herramientas útiles, también, tales como:

- Un glosario de términos inmobiliarios

- Calculadoras para ayudarle a averiguar su utilidad e
  impuestos sobre capital ganado.

- Una herramienta para comparar los gastos de mudarse con
  los de mejorar su casa actual.

- Guías gratis para el consumidor, artículos de agentes inmobiliarios profesionales y otros consejos.

Esto podría incluso ayudarle a encontrar y comparar agentes inmobiliarios para conseguir el mejor costo. En resumen, es un buen sitio
en donde comenzar cuando esté vendiendo su casa.

Mejorando la casa

Proyectos que pagan por ellos mismos

Remodelar su casa puede generar grandes retornos, un estilo de vida más cómodo y una casa más valorada cuando usted decida venderla. Desafortunadamente, no todos los mejoramientos de la casa reditúan en la reventa. Convierta su casa en su castillo en adelante, por nada, al elegir proyectos de mejoramiento que paguen por ellos mismos en la reventa. Algunos proyectos podrían generarle de regreso entre un 70% a 104% de sus gastos de remodelación.

Algunos proyectos agregan más valor a su casa que otros, porque los compradores pagarán más por ellos. Agregarle una terraza tiene el más alto pago, dice el reporte de Costo versus Valor, del año 2003, de la revista *Remodeling*. Los propietarios de viviendas, a nivel nacional, recuperan en promedio el costo total de su trabajo más un 4% extra cuando ellos venden su casa; eso es el 104% del gasto total. Vea cómo estos otros proyectos populares cuentan.

- Poner un baño elegante adicional le genera un 95% de retorno sobre el dinero que usted invierta.

- Remodelar un baño existente es casi igual, le genera un 89% de retorno de dinero.

- Actualizar su cocina con nueva pintura, pisos y gabinetes recupera en general un 75% de su costo.

- Convertir el espacio extra existente en algo útil, generalmente ofrece altos rendimientos. Convertir un desván en una habitación y baño genera un 93% de retorno en su dinero en el momento de venta.

- Convertir un sótano en un espacio familiar pagará un 79% de su costo.

- Unos pocos mejoramientos exteriores reditúan, también. Reemplazar revestimientos viejos con revestimientos de vinil nuevas genera un 98% de retorno.

Elegir uno de estos proyectos de remodelación no garantiza un buen retorno. Su vecindario, el clima y el mercado inmobiliario también afectan lo que los compradores están dispuestos a pagar por su casa. Considere lo que está pasando en el vecindario alrededor suyo, y decida cuanto tiempo planea usted vivir allí. Renovaciones extensas o costosas podrían no pagar por ellas mismas si usted planea vivir en la casa unos pocos años.

Sólo recuerde, incrementar el costo de su casa puede valer la pena, pero al final, su felicidad importa más que el dinero que usted genere.

Haga que la economía débil trabaje para usted

Planee remodelar o reparar su casa cuando el mercado de bienes inmobiliarios y la economía estén lentos. Usted pagará menos por mano de obra y materiales de contratistas hambrientos por trabajar. Pero durante tiempos buenos, ellos fijan el precio, y usted podría terminar con menos trabajadores hábiles.

Consejos para encontrar un contratista de calidad

Si usted está remodelando su casa y necesita un contratista, ¿Cuál es la mejor forma de conseguir uno bueno? Aquí hay algunos consejos para ayudarle a encontrar un contratista de calidad para transformar su casa.

- Pregunte a amigos y conocidos. Pregunte a cualquiera que haya contratado un trabajo recientemente; y averigüe si ellos estuvieron felices de los resultados. Si ellos lo estuvieron, consiga el nombre del contratista. Usted también podría ponerse en contacto con agentes de bienes inmobiliarios en su área. Es probable que ellos sepan quién es confiable y quién no.

- Haga una lista de lo que usted necesita, y sea específico. Dé números de modelos y nombres de marcas de lo que usted quiere instalado. Escriba el marco de tiempo que espera.

- Consiga ofertas de al menos tres diferentes contratistas. Consiga sus números de licencia. Asegúrese de conseguir el número de las licencias de subcontratistas que pudieran vincularse al proyecto después.

- No acepte automáticamente la menor oferta. Ese contratista podría ser inexperto o podría no saber cómo hacer el trabajo correctamente. También tenga cuidado con las ofertas mayores, ellos podrían estar tratando de tomar ventaja de usted. Haga su investigación y elija la mejor opción.

- Haga un acuerdo de pago antes de que el trabajo comience. Por ejemplo, usted podría poner un depósito inicial de 30% a 40%.

Hacer sus propios mejoramientos le da cierto sentido de orgullo, pero no se deje llevar. Algunos trabajos deberían siempre ser dejados a los profesionales.

- No se meta con los soportes estructurales de su casa. Instalar una ventana en una pared sólida, y otros proyectos que afecten el sistema de soporte de su casa, podrían causar daños mayores si son hechos erróneamente; desde puertas caídas, hasta techos colapsados.
- Nunca haga su propio trabajo de electricidad. Un cableado inadecuado podría hacer que su casa prenda fuego.
- La plomería aficionada es sólo buscar problemas, desde daños por agua, hasta gases de desechos regresando a su casa.

- Hágase disponible para responder preguntas que el contratista pudiera tener. Esto prevendrá demoras en la terminación del proyecto. Si las cosas cambian durante el curso del trabajo, ponga los cambios y los acuerdos concernientes a compensación, etc., por escrito. Mantenga la comunicación fluyendo y usted terminará con el resultado que quiere.

Hágalo usted mismo para ahorrar

Mejoramientos simples del hogar no tienen que quebrar su banco. Gracias a los sitios Web de Hágalo Usted Mismo (*DIY*, por sus siglas en inglés), canales de cable y clases, usted no necesita contratar un reparador para cada trabajo. Ahora usted puede colocar su propio azulejo, colocar una puerta, retapizar una silla o retocar una mesa vieja.

Sitios Web de la Internet, como los que están listados abajo, a menudo ofrecen instrucciones detalladas de cómo hacer una variedad de proyectos, así como listas de materiales y consejos para localizar y resolver problemas. Si usted no entiende las instrucciones, busque el enlace *Contact Us* en el sitio *Web*; y luego envíe un correo electrónico, o llámelos, y haga sus preguntas.

- *www.homedepot.com*

- *www.diynet.com*

- *www.askthebuilder.com*

- *www.hgtv.com*

La mayoría de las ferreterías a menudo ofrecen clases en donde expertos enseñan cómo usar las herramientas en forma segura; poner azulejos usted mismo, aplicar técnicas de pintura especiales, y otros trucos de la industria. Y recuerde buscar en las librerías y ventas de garaje libros de "Cómo hacer . . ." con buenas fotografías e ilustraciones.

Descubra una mina de oro en suministros

Busque las subastas de suministros para edificios. Ellos usualmente
ofrecerán inventarios excedentes de proveedores y distribuidores.
Usted puede encontrar electrodomésticos, partes de repuesto, pisos,
azulejos, puertas, gabinetes y cientos de otros artículos; una auténtica
mina de oro. Sólo recuerde, las subastas no ofrecen garantías o
devoluciones, y raramente entregan.

Busque una gran oferta en alfombras

Desde comprar hasta instalar, estos consejos le guiarán a través del
proceso de conseguir una buena oferta en alfombras nuevas.

- Compre su alfombra directamente de los fabricantes. Ellos
  mejorarán los precios al detalle hasta por un 75% de
  descuento.

- ¿Vive lejos de un centro comercial de alfombras? Los servicios
  de pedido por teléfono pueden incluso ahorrarle entre un
  50% y 80% del precio al detalle, y ellos entregan en su
  puerta. Comience con *Bearden Brothers Carpet & Textile Corp.* en
  el número 800-433-0074; *S & S Mills*, 800-241-4013; o
  Warehouse Carpets, 800-526-2229.

- Consiga la alfombra más pesada y de tejido más denso que
  pueda pagar. Ésta durará mucho más.

- Compre un poco más de alfombra que la necesaria. Selle los
  sobrantes, en una bolsa plástica, y úselos después para
  reemplazar zonas dañadas.

- Contrate a un experto para instalar su alfombra. La mayoría
  de los fabricantes sólo hacen válidas sus garantías si un profesional hace el trabajo. Mantenga su recibo de instalación con
  sus documentos de garantía.

- Contrate su propio instalador en lugar de dejar que la tienda
  de alfombras lo haga por usted. Ellos cobrarán una cuantiosa
  suma sólo por hacer una llamada telefónica.

- Solicite una estimación separada, y de tarifa fija, por cada servicio, como mover sus muebles o retirar su alfombra vieja. Ellos pueden cobrar de más si incluyen todo en un estimado de trabajo.

- Pida a su familia o a chicos vecinos que le ayuden a mover sus muebles. El instalador de alfombras cobrará mucho más.

- Ponga su alfombra durante el verano o el invierno. Los expertos cobran mucho en primavera y otoño, sus temporadas más ocupadas.

Logre más millas con su alfombra nueva

En lugar de comprar costosas cubiertas de piso, invierta en una almohadilla de alfombras de alta calidad. Éstas cuestan mucho menos, alargan la vida de la alfombra, y hace que las alfombras económicas se sientan como de lujo. Una buena almohadilla también reduce las cuentas de energía porque aíslan mejor el piso. El Consejo de Almohadillas de Alfombras (*The Carpet Cushion Council*) hace estas recomendaciones.

- En zonas de alto tráfico y cuartos con muebles pesados, elija una almohadilla pesada, de alta densidad, pero delgada; de no más de 3/8 de pulgada de grosor.

- Coloque una almohadilla más gruesa en cuartos, estudios, y áreas con menos desgaste y roturas; pero elija una almohadilla de la más alta densidad.

- No economice mucho. La almohadilla de alfombras es una mejor inversión que la alfombra misma; y usted obtendrá más por su dinero.

El ahorro para eventualidades es una bendición

Las reparaciones mayores, como reemplazar el calentador de agua caliente, parecen ocurrir de repente y pueden causar una catástrofe financiera. Suavice el impacto de las reparaciones al separar el 1% de sus ingresos mensuales en un ahorro de mantenimiento especial.

Por ejemplo, si usted gana $2.000 al mes, separe sólo $20 como parte de su presupuesto mensual. Este se sumará rápidamente y convertirá en una bendición cuando usted más la necesite. Planeando con anticipación, usted protegerá su sustento cuando los problemas costosos surjan.

Arreglo rápido para problemas eléctricos

¿Se fue la luz en su baño, o ese viejo refrigerador de repente dejó de funcionar? No se alarme. Antes de que tire ese refrigerador o llame al electricista, revise los fusibles.

Los circuitos sobrecargados y otros problemas eléctricos disparan los fusibles para prevenir fuego. Primero, desconecte todo en el sitio sin energía, y prenda las luces. Luego busque la caja principal de fusibles.

Busque etiquetas que le indiquen cuál habitación o electrodoméstico es controlado por cada interruptor, o busque interruptores fuera de línea con los demás, ya sea en la posición de apagado (*Off*) o atorados en medio. ¿Encontró uno? Reinicie el circuito al pasar el interruptor de apagado (*Off*) a encendido (*On*).

La Asociación Nacional de la Industria del Remodelado (*National Association of the Remodeling Industry*; *NARI*, por sus siglas en inglés) ofrece 10 formas de ahorrar en proyectos de remodelación.

- Omita los cambios estructurales; modernice un cuarto maltratado con una nueva pintura.
- Use papel texturizado o pintura para cubrir paredes dañadas, en lugar de reemplazarlas.
- Conserve sus electrodomésticos viejos de cocina; y construya gabinetes, nuevos y de tamaño estándar, alrededor de ellos.
- Conserve partes integrantes de electrodomésticos y luces en el mismo sitio para ahorrar gastos de electricidad y plomería.
- Vea si tiene pisos de madera bajo el linóleo viejo, y retóquelos en lugar de reemplazar el vinil.
- Retoque, no reemplace, los gabinetes viejos para un mejor aspecto.
- Róbele espacio al clóset de ropa blanca para alargar un baño.
- Añada una ventana saliente pequeña o tragaluz en baños estrechos.
- Retoque su bañera, en lugar de comprar una nueva.
- Instale láminas de mármol refinado o fibra de vidrio alrededor de bañeras, en lugar de baldosas de cerámica.

Prenda las luces o conecte el aparato para ver si funciona. Si no, o si este circuito se rompe de nuevo, llame a un electricista, ya que esto podría ser una señal de un problema serio.

Un poco de cuidado perdura

El mantenimiento de la casa es como las tareas del hogar; haz un poco a menudo y no tendrás que hacerlo todo en una sola vez. Manténgase por arriba de los problemas pequeños, y usted podría no experimentar reparaciones costosas en el camino. Mantenga su casa en excelente forma con este plan de mantenimiento básico.

Una vez al año:

■ Cambie las baterías de su alarma de humo

■ Revise el calentador de agua buscando signos de fuga u óxido.

Cada otoño:

■ Limpie el tiro de la chimenea para deshacerse de creosota inflamable acumulada, y revise los ladrillos en busca de grietas.

■ Drene las líneas de agua y mangueras exteriores. Ábralas de nuevo en primavera.

En primavera y otoño

■ Limpie los canalones y bajantes, y revíselos en busca de grietas.

■ Pode árboles, arbustos y vegetación pesada pegados a la casa.

■ Repare el enmasillado del exterior de puertas, ventanas y otras áreas exteriores, y reemplace los empaques dañados de sellado contra el clima.

Limpie su castillo con sólo centavos

Mucho antes de que las tiendas vendieran pasillos completos de productos de limpieza sofisticados, la gente limpiaba con lo simple, incluso con productos naturales. Vuelva a lo básico.

Frotar alcohol hace brillar grifos cromados y desinfecta superficies; mientras que el jugo de limón remueve manchas de óxido y depósitos minerales.

Usted probablemente sabe que el agua gaseosa limpia manchas de alfombras; pero también limpia lavaplatos de acero inoxidable e incluso pisos de vinil.

El amoniaco, por otra parte, hace maravillas sobre ventanas y espejos. Mézclelo primero con agua, y evite usarlo cerca de blanqueadores.

La soda de hornear limpia casi todo suavemente. Pruébela sobre superficies, lavaplatos de porcelana, azulejos de cerámica, y bañeras. El vinagre limpia películas de manchas, y manchas por escurrimiento, de bañeras; y los dos juntos (la soda de hornear y el vinagre) destapan drenajes. Vierta soda de hornear directamente en el drenaje del lavaplatos y bañera, luego lentamente añada vinagre para remover la mugre acumulada.

Detecte problemas potenciales

Contrate un inspector de casas, cada cinco años, para identificar pequeños problemas; antes de que éstos se conviertan en dolores de cabeza quiebra-bancos. Ellos examinarán áreas como desvanes, techos y espacios de difícil acceso; identificarán fugas del techo antes de que se vuelvan agujeros de lagunas; y detectarán otros problemas que usted no puede ver, oír u oler.

Aquí hay unas pocas cosas que su inspector va a revisar.

- Cimentación y apoyos estructurales

- Sistemas de calentamiento y aire acondicionado

- Sistemas de plomería y eléctricos

- Ventanas y puertas

- Techo y canales

- Chimenea

- Detectores de humo y otros dispositivos de seguridad

- Jardinería ornamental y drenaje

- Exterior de la casa

- Ventilación e aislamiento

Pídale a sus amigos y vecinos recomendaciones de un buen inspector, y asegúrese de que tiene una licencia de una organización nacional, tal como la Sociedad Norteamericana de Inspectores de Viviendas (*American Society of Home Inspectors*; *ASHI*, por sus siglas en inglés), o la Asociación Nacional de Inspectores de Viviendas (*National Association of Home Inspectors*; *NAHI*, por sus siglas en inglés).

Seguro de vivienda

Recorte su prima de seguro con una estrategia simple

Reduzca su seguro de propietario de vivienda por más de un 35%. Esta opción poco usada está disponible a todos. Sólo aumente su deducible, y su prima caerá en picada.

Entre más alto usted pueda ir, mayores serán sus ahorros. En lugar de un deducible estándar de $250, apunte a$2.000, o incluso $5.000. Usted ahorrará un promedio de 37% a 40%.

Si aquellos números grandes lo ponen nervioso, no tema. Cualquier incremento, incluso simplemente doblándolo a $500, será un porcentaje de descuento significativo de su prima. Hable con su agente de seguros acerca de ajustar su póliza maximizando el ahorro.

Primero, sin embargo, eche un vistazo a sus finanzas. Con mayores deducibles, más dinero sale de su bolsillo cada vez que usted hace un reclamo. Separe algo del dinero que ahorre en la prima mensual para manejar esas emergencias.

Aplique una política de comparación de precios

Usted compara precios buscando ofertas en comestibles, ropa, carros y electrónicos, ¿Por qué no hacerlo para seguros de propietarios de viviendas?

Las primas pueden variar grandemente de una compañía a otra, así que seguramente algunas ofertas son mejores que otras. Siga estas guías para encontrar la que mejor se ajuste a usted.

■ Pídale a amigos y vecinos referencias, busque en las páginas amarillas o llame al departamento de seguros del estado.

■ Consiga cotizaciones de al menos tres compañías de seguros.

■ Tenga en mente que el servicio cuenta, tanto como el precio. Revise el registro de quejas de cada compañía con la Asociación Nacional de Comisionados de Seguros (*National Association of Insurance Commissioners*) en línea en *www.naic.org*, o llame al comisionado de seguros de su estado.

Haga paquetes para conseguir mejores ofertas

Las pólizas de seguros son como los invitados de una fiesta; entre más, mejor. Una vez encuentre una buena póliza de propietarios de vivienda, considere comprar otras de la misma aseguradora; esta es una práctica conocida como *bundling*.

Usted podría calificar para obtener grandes descuentos por múltiples pólizas. Por ejemplo, usted podría ahorrar de 10% a 15%, simplemente solicitando su seguro de propietario de vivienda, automóvil y responsabilidad, de la misma compañía. Si a usted le gustan, paga hacer más negocios con ellos.

Descubra descuentos poco conocidos

Usted podría calificar para un descuento, en su seguro de propietario de vivienda, justo ahora; y no saberlo aún. Revise estas ofertas subestimadas.

- La lealtad beneficia. Muchas aseguradoras le dan descuentos sólo por ser fieles con ellos; por decir, un 5% después de tres a cinco años, y 10% después de seis años.

- La edad tiene sus privilegios. Ser un retirado significa que usted probablemente estará más tiempo en casa, en donde puede prevenir incendios y robos. Las compañías de seguros pueden reducir su prima, hasta en un 20%, cuando usted cumpla 50.

- Simplemente pertenecer a un grupo como *AAA*, *AARP*, una organización profesional, o una organización de egresados, puede hacerle ahorrar dinero. Averigüe en cualquier grupo al que usted pertenezca, si ellos ofrecen ofertas con alguna compañía de seguros.

Vaya por la seguridad y ahorre mucho

Ponga la seguridad primero, y los ahorros lo seguirán. Las compañías de seguro lo premiarán por proteger bien su casa.

De hecho, unas pocas mejoras simples le hacen ganar un doble beneficio. Estas mejoras no sólo le hacen ahorrar dinero; ellas podrían también salvar su hogar y familia. Considere estas adiciones inteligentes y seguras, para recortar sus primas de propietario de vivienda.

- Cerrojos de seguridad

- Alarmas de humo

- Alarma antirrobo

- Extinguidores de fuego

- Sistemas de rociado

- Sistemas de seguridad monitoreados

- Contraventanas para tormentas o huracanes

- Ventanas y puertas resistentes a huracanes

No cada mejoramiento le hará ganar descuentos, pero todos ellos cuentan. Pasos pequeños, como colocar cerrojos de seguridad, podrían ahorrarle un 2%; mientras un sistema de seguridad monitoreado podrían descontarle otro 20%. Sin nadie en su casa fuma, usted incluso podría calificar para un descuento para no fumadores.

Infórmele a su compañía de seguros, cualquier mejoramiento que usted haga, de forma que ellos sepan y reduzcan sus primas.

Recalcule su valor de reemplazo

Asegure su casa por su valor de reemplazo, en lugar del valor que un agente de bienes inmobiliarios, o valuador, le diga.

Reemplazar significa cuánto costaría reconstruir su casa si algo ocurriera, mientras que el valor del mercado es lo que costaría comprarla.

Es usualmente más barato reconstruir que comprar, porque usted sólo paga por la casa, no por la tierra que está debajo de ella. Usted no necesitaría "reconstruir" la tierra. El valor de mercado, sin embargo, incluye el valor de la casa más el terreno. Asegure su casa con el valor de mercado, y usted asegurará de más, pagando más en primas, que lo que usted necesita.

Las primas varían según el estado

Todo es más grande en Texas, incluso la prima de seguro de la vivienda.

Texas ocupa el primer lugar en la lista de los estados más caros en su prima de seguro de las viviendas, con un promedio anual de $1.238 en 2002.

Otros estados caros incluyen a Louisiana ($840), Oklahoma ($800) y Florida ($786).

Algunos lugares son baratos. Wisconsin se jacta de los montos más bajos con un promedio de $340. Idaho ($382), Delaware ($390) y Oregon ($398) no se quedan lejos. El Instituto de Información de Seguras (Insurance Informatio Institute) dice que los dueños de casa pagarán una prima media de $677 en 2005.

Consiga una estimación precisa del costo de reemplazo de su casa y asegúrela por esa cantidad. Los contratistas puede darle estimados aproximados basados en el área en pies cuadrados de su casa, materiales usados y otros detalles. O trabaje con su compañía de seguros, la cual podría incluso enviar un valuador especial.

Haga un inventario para limitar sus pérdidas

Proteja su propiedad personal de la misma forma con la que *Santa Claus* se prepara para la Navidad; haga una lista y revísela dos veces.

Haga un inventario de sus posesiones antes de que sean destruidas, dañadas o robadas. Esto ayudará a limitar sus pérdidas; y a asegurarse de que obtenga el dinero, que le deben, la próxima vez que usted haga un reclamo. Aquí está cómo.

- Use una cámara regular o una videocámara para hacer un registro de lo que usted tiene. Vaya cuarto por cuarto y documente cada artículo. Abra cajones, mire en clósets, vaya afuera, y revise su desván, garaje y bodega exterior.

- Las aseguradoras podrían también aceptar listas escritas, especialmente si usted incluye detalles tales como número de serie, marca, modelo, fecha y precio de compra. Pídale a su aseguradora una forma de inventario de casa para hacer el proceso más fácil.

- Cada vez que compre un artículo valioso, agréguelo a su inventario de casa. Guarde los recibos de forma que usted sepa lo que pagó.

Guarde su video o lista de artículos en una caja de seguridad. Con suerte, usted nunca la necesitará.

Revise las pólizas para recortar costos

Haga una revisión de su póliza de propietario de vivienda cada año. Usted podría descubrir que está gastando demasiado en seguros. Revise estas formas de cortar su cobertura.

- Si usted se deshizo de algún artículo costoso recientemente, quítelo de su póliza.

- Otros artículos se devalúan con el tiempo; así que usted podría querer reducir la cantidad de dinero asignada a aquellos artículos, en la póliza.

Actualizar su seguro, para incrementar su cobertura, puede también ahorrarle dinero y dolores de cabeza a largo plazo. ¿Ha hecho compras importantes o adiciones a su casa? Asegúrese de que la póliza los cubra.

Usted podría necesitar agregar un anexo o seguro extra, para cubrir artículos como joyería, computadores, obras de arte y otros artículos, no cubiertos por una póliza de propietarios de vivienda estándar.

Pague menos a su propio riesgo

Tal como *W.C. Fields* diría, ser propietario de una vivienda es "lidiar con el peligro". Afortunadamente, su seguro lo protege de muchos peligros.

Los seguros de propietarios de vivienda ofrecen tres tipos principales de cobertura, cada uno protegiéndolo de más riesgos. Por supuesto, entre más peligros cubra su póliza, más dinero usted paga.

El tipo básico, llamado *HO-1*, cubre su casa y propiedades de: fuego, rayos, tormentas de viento, granizo, explosión, disturbios o conmoción civil, aviones, vehículos, humo, vandalismo o daños maliciosos, robo, daño por materiales como vidrio y vidriería de seguridad de otra construcción, y erupción volcánica.

Parece mucho, pero no es todo. De hecho, muchos propietarios de vivienda deberían considerar un mejoramiento al siguiente nivel; una póliza tipo *HO-2*, que cubre todo lo anterior más:

- Daño relacionado con agua de servicios públicos o electrodomésticos de casa.

- Daño por variaciones eléctricas.

- Objetos que caen.

- Peso de hielo, nieve o aguanieve.

El último tipo, *HO-3*, cubre todos los peligros, incluyendo los de arriba, excepto inundación, sismo, guerra y accidente nuclear. Llame a su agente de seguros acerca de la cobertura que usted actualmente tiene, y si es tiempo de modernizar su póliza.

Evite asegurar en exceso

Los seguros para propietarios de vivienda proveen una valiosa paz mental, pero usted podría tener demasiado de una buena cosa.

Asegúrese de no asegurar en exceso, es una pérdida de dinero. Por ejemplo, si su casa cuesta $100.000, y la asegura por $200.000, usted sólo recibirá $100.000 si ésta es destruida.

Recuerde no incluir el valor del terreno, el cual no tiene que ser reemplazado, cuando calcule el costo de reemplazo de su casa.

Pague su prima una sola vez al año

Como una cucharada llena de aceite de Castor, los pagos de seguros son más fáciles de "pasar" cuando se hacen de una sola vez.

Pague su prima anualmente, en lugar de estar en un plan de pagos mensuales. Usted probablemente obtendrá un descuento, de la compañía de seguros, más recortes por cuotas de cobranza y costos postales.

Reduzca sus reclamos pequeños

Es tranquilizador saber que la compañía de seguros se hará cargo de cualquier problema que surja con su casa, pero usted puede pagar un alto precio por hacer ese reclamo. Los reclamos frecuentes pueden provocar que su aseguradora aumente sus primas o incluso le retire su cobertura.

No haga muchos reclamos de poca importancia. Pague por reparaciones pequeñas usted mismo, y sólo haga reclamos por emergencias mayores. Usted mantendrá su prima baja, y podría incluso merecer un descuento por tener una historia libre de reclamos.

Pista para resolver los misterios de los seguros

Supuestamente, aquéllos quienes no aprenden de la historia están condenados a repetirla. De forma similar, aquéllos quienes no aprenden de las historias de reclamos de sus casas pueden estar condenados a pagar primas de seguros exageradas.

Afortunadamente, usted tiene una pista del pasado misterioso de su casa. La agencia *Comprehensive Loss Underwriting Exchange* (*CLUE, por sus siglas en inglés*) rastrea las historias de seguro tanto de los propietarios, como de las propiedades.

Las aseguradoras usan los reportes de *CLUE* para determinar el riesgo de asegurarlo a usted, y a su casa. Cualquier reclamo hecho por usted, o por el dueño anterior de la casa, en los últimos cinco años puede traer serias consecuencias. Por ejemplo, si su casa tiene una historia de daño por agua, usted podría tener problemas para encontrar un seguro asequible, o incluso para vender la casa.

Ahora usted puede saber, lo que las aseguradoras saben, al pedir su propio reporte *CLUE* de *Choice Trust* en su sitio Web *www.choicetrust.com*, o llamando al número 866-312-8076. Usted se enterará de:

- Problemas potenciales antes de que afecten sus primas o riesgo de la venta de su casa.

- Cómo corregir o actualizar su información.

Este reporte también ayuda cuando usted compra una casa. Los compradores no pueden pedir un reporte *CLUE* de la casa que quieren; sólo el dueño de la casa puede. Pero usted puede pedirle que le dé una copia. Hable con su agente de propiedades inmobiliarias acerca de poner esta solicitud en el contrato; de forma que si el reporte muestra cualquier problema serio, usted pueda retractarse de la compra.

Evite esta cobertura costosa

¿Quiere ahorrar dinero? No compre cosas que usted no necesita, como seguro de vida de hipoteca.

Ésas pólizas pagan su hipoteca si usted muere; así que ellas realmente protegen a su prestamista. Además, éstas pueden costar de tres a cinco veces el costo de un seguro de vida comparable.

Es más barato y mejor tener un seguro de término fijo; el cual puede ser usado para cubrir cualquier gasto cuando usted muera.

Oficina en casa

Busque una recompensa en su condado

No pague el precio máximo por sus muebles de oficina. Busque una tienda de excedentes del condado más cercano a usted. Estas tiendas venden mercancía usada del gobierno a precios bajísimos; todo, desde escritorios, sillas y gabinetes de archivo; hasta sofás, bicicletas y computadores.

Por supuesto, usted los compra "como están" sin una garantía; pero encontrará muchos artículos funcionando; y muebles macizos en buena condición, o que necesitan un reacondicionamiento menor. Otros artículos, tales como propiedad no reclamada o incautada, podría estar ligeramente usada, e incluso nueva.

Oferte por las grandes ofertas

Reclute al Tío Sam para que le ayude a amueblar su oficina. Muchas agencias del gobierno organizan subastas para deshacerse de propiedades excedentes, incautadas o decomisada.

Usted puede encontrar muebles de oficina, equipos y una variedad de otros artículos a precios razonables. Consiga equipos de impresión y encuadernación excedentes; y equipo general de oficina de la Oficina

de Impresión del Gobierno (*Government Printing Office*), o computadores extras, y equipo de oficina del servicio postal de los Estados
Unidos (*United States Postal Service*).

Mantenga sus ojos abiertos, es fácil no notar estas ofertas. Busque
publicidad de las subastas del gobierno en la sección de clasificados y
negocios de su periódico local. O revise su oficina postal local,
alcaldía u otros edificios del gobierno Federal. Usted también encontrará mucha información sobre estos sitios Web.

Departamento	Sitio Web
Departamento de Agricultura de los Estados Unidos	U.S. Department of Agriculture www.usda.gov/da/property.html
Servicio de Reutilización y Mercadeo de Defensa	Defense Reutilization and Marketing Service www.drms.dla.mil
Corporación de Seguros del Depósito Federal	Federal Deposit Insurance Corporation www.fdic.gov/buying/index.html
Administración de Servicios Generales	General Services Administration www.gsaauctions.gov
Departamento de Justicia	Department of Justice www.usdoj.gov/marshals
Administración de Negocios Pequeños	Small Business Administration www.sba.gov/assets.html
Departamento del Tesoro	Department of the Treasury www.treas.gov/auctions
FirstGov.gov	www.firstgov.gov/shopping/ shopping.shtml

La mayoría de las ventas son finales, y usted generalmente debe pagar con un giro postal, cheque certificado o dinero en efectivo. Los procedimientos de oferta varían, y algunas restricciones especiales podrían aplicar. Póngase en contacto con el agente organizador de la subasta para conseguir más detalles.

Bolsas llenas de suministros de oficina por un dólar

¿Buscando ahorros en artículos de papelería y otros productos de oficina? No busque más que en su tienda de a dólar local, en donde todo cuesta, usted lo ha adivinado, un dólar. Abastezca su oficina de casa con sobres, cinta adhesiva, lapiceros, lápices, papel, papel adhesivo y más. Precios bajísimos como este pueden hacer sentir a cualquiera como un magnate.

Envíe tarjetas de cumpleaños, agradecimiento y otras gratis

Quizá a usted le interese enviar la tarjeta de agradecimiento más bonita, pero ésta puede ser muy costosa. Deje de pagar grandes sumas por tarjetas elegantes, y envíe una tarjeta electrónica gratis.

Las tarjetas electrónicas de agradecimiento, o e-tarjetas, pueden ser divertidas, sentimentales o incluso musicales. Usted encontrará una para cualquier ocasión o sin ocasión especial. Sólo elija una que usted quiera, agregue un mensaje personal, y envíela por correo electrónico a ese ser especial.

Busque en estos sitios Web tarjetas electrónicas gratis.

- *www.americangreetings.com*

- *www.bluemountain.com*

- *www.hallmark.com*

- *www.greeting-cards.com*

- *www.egreetings.com*

- *www.cardmaster.com*

- *www.mypostcards.com*

Algunos sitios podrían pedirle que se registre por una pequeña cuota anual; pero usted podría usualmente probar sus tarjetas gratis por un periodo de prueba. Además, la cuota es menos de lo que usted gastaría en un año de tarjetas y estampillas.

Seguridad en el hogar

Haga tropezar a los ladrones con consejos de bajo costo

Haga que su casa sea más segura sin gastar miles de dólares en sistemas de alta tecnología. Sólo combine una alarma antirrobos básica con unas cuantas estrategias lógicas.

- Cambie la combinación de los seguros cuando usted se mude a una nueva casa.

- Dele una llave de repuesto a un vecino confiable en lugar de ocultarla en algún lugar del exterior de su casa.

- Ponga cerrojos de alta seguridad en todas sus puertas. Las cadenas de puerta se rompen muy fácilmente.

- Asegure las ventanas de guillotina doble con seguros de llave o pasadores.

- Use pasadores, un palo de escoba o cerraduras para evitar que una puerta de vidrio deslizante se mueva en su guía.

- Aún si usted no tiene un sistema de seguridad, coloque un aviso indicando que sí lo tiene. Esto puede disuadir a los ladrones.

- Deje las cortinas y persianas abiertas durante el día. Las persianas cerradas señalan a las casas vacías y dan a los ladrones privacidad para hacer su trabajo sucio.

- Encienda el televisor o la radio cuando usted salga de forma que indique que alguien está en la casa.

- Instale luces exteriores y déjelas encendidas por la noche, o instale sensores de movimiento de $20 a $50 para encender las luces.

- Pode arbustos o árboles que le permitan a alguien subirse a una ventana o arrastrarse cerca de su casa sin ser visto.

- Pode su césped regularmente y contrate a alguien para que lo haga cuando usted se vaya de vacaciones.

- Pida a un amigo o pariente que visite su casa cuando usted esté fuera de la ciudad.

- Ponga temporizadores para encender y apagar las luces interiores, mientras usted está fuera, o simplemente deje algunas luces encendidas.

- Deje un carro en la entrada, o pídale a un amigo que se estacione ahí, cuando salga de la ciudad.

Compare sagazmente los sistemas

Una de cada cinco casas tiene un sistema de alarma. Los norteamericanos gastaron unos impresionantes 18,7 mil millones de dólares, en el año 2001, en sistemas electrónicos de seguridad instalados profesionalmente, dice la Asociación Nacional de Alarmas Antirrobo y Fuego (*National Burglar & Fire Alarm Association*; *NBFAA*, por sus siglas en inglés), y ese número sólo está creciendo.

Invierta su dinero sabiamente. Siga estos pasos antes de pagar una alarma costosa.

- Pida a amigos, vecinos y su agente de seguro referencias.

- Asegúrese de que los empleados de la compañía de seguridad estén entrenados y certificados, y hayan pasado pruebas de revisión de antecedentes.

■ Solicite una inspección, y pida una cotización por escrito, de
cada compañía que usted esté considerando, y compárelas.

Identifique costos de seguridad ocultos

En la prisa por proteger su casa de ladrones, no se deje robar por la
letra pequeña de su sistema de seguridad.

■ Esté alerta de cobros extras, tales como cuota de $25 cada vez
que la compañía de alarmas llame a la policía.

■ Pagos mensuales por una estación de monitoreo las 24 horas
puede sumar. Considere sistemas menos costosos que le permitan configurar su teléfono para que marque un número
particular cuando la alarma es desconectada.

■ Los sistemas de seguridad cableados vienen con el alto
costo, y la molestia, de perforar las paredes. En su lugar,
considere un sistema inalámbrico.

Hospitales

Secretos para el cuidado gratis en hospitales

No posponga su cirugía u otros tratamientos médicos porque usted está preocupado por los costos. Deje que el Tío Sam pague. Un programa del gobierno poco conocido podría pagar todo su cuidado de hospital y de casa.

Bajo el programa *Hill-Burton*, el gobierno federal dice que ciertas instalaciones de salud deben dar cuidado médico gratis o a costos reducidos. Aquí le explicamos por qué. En 1946, el gobierno comenzó a dar dinero a algunas instalaciones de cuidado de la salud. Los hospitales, clínicas y casas de cuidado que obtuvieron esos recursos deben dar algo a cambio: servicios gratis o de bajo costo a gente en sus comunidades.

Olvídese de las limitaciones del Medicare. Su elegibilidad está basada en sus ingresos; pero no tiene que estar en la pobreza para calificar. Hospitales, clínicas y otras instalaciones pueden ofrecer servicios gratis, o de bajo costo, a gente con un ingreso hasta de dos veces el nivel de pobreza. Y usted puede calificar para una ayuda de cuidado en casa, incluso si sus ingresos son hasta de tres veces el nivel de pobreza.

Los copagos de *Medicaid* y cantidades deducibles son elegibles. Sin embargo, este programa no cubre cargos por doctores privados y farmacias privadas. Usted puede aplicar antes o después de recibir atención, incluso si su cuenta se ha ido a una agencia de cobranza.

Averigüe si usted puede tomar ventaja de este beneficio inesperado. Llame a la línea gratuita de *Hill-Burton* al 800-638-0742 para conseguir más detalles y una lista de hospitales, clínicas, casas de cuidado y otras instalaciones en su área que participan en este programa especial.

Tenga en mente que instalaciones diferentes ofrecen servicios diferentes bajo *Hill-Burton*. Llame o visite el sitio y pregunte a alguien de Admisiones (*Admissions*), Negocios (*Business*) o la oficina de Cuentas de Pacientes (*Patient Accounts*) acerca de la ayuda *Hill-Burton*. Ellos pueden decirle qué servicios ofrecen y si usted califica.

Aquí hay cuatro formas de encontrar un hospital de calidad.

- Revise si el hospital está acreditado por la Comisión Adjunta de Acreditación de Organizaciones de Cuidado de la Salud (*Joint Commission on Accreditation of Healthcare Organizations*; *JCAHO*, por sus siglas en inglés).
- Visite *www.qualitycheck.org* en la Internet para ver las calificaciones y comparaciones de desempeño de hospitales; o llame al Centro de Servicio al Cliente (*Customer Service Center*) de *JCAHO* al 630-792-5800 para solicitar ese reporte.
- Lea más calificaciones de calidad del *Leapfrog Group* en línea, en *www.leapfroggroup.org*; y de *Healthgrades*, en *www.healthgrades.com*.
- Pregunte a su doctor o cirujano cuántas veces la operación que usted necesita ha sido realizada en ese hospital. Revise el sitio de *Leapfrog* para ver el número mínimo que ellos recomiendan.

Compare para conseguir las mejores ofertas

Comparar no hace daño, incluso cuando usted compara hospitales. Los costos de cirugías pueden variar dramáticamente de un hospital a otro. Sorpresivamente, el mejor sitio para un determinado procedimiento, también puede ser el más económico; y el hospital más costoso no siempre es el mejor. La diferencia puede costarle miles.

Si usted tiene suficiente suerte como para poder elegir entre varios hospitales para un procedimiento particular; llame a cada uno de ellos, y pídales estimaciones antes de programar la cirugía. Pregunte a su doctor cuál hospital es mejor para la operación y llámelos primero.

Corte los costos de cirugías ambulatorias

Pregunte acerca de las opciones para pacientes externos, cuando su doctor llegue con la noticia de que usted necesita una cirugía. Junto con el ahorro en el costo del procedimiento, usted evitará una estancia costosa en el hospital por la noche, lo cual puede añadir cerca de $800 dólares por día a su cuenta.

Algunos procedimientos requieren estancia en hospital; pero los avances en la medicina han ayudado a los doctores a encontrar formas menos invasivas para realizar muchas operaciones rutinarias. Su doctor puede decirle si usted es un candidato a cirugía ambulatoria.

Quite una tajada de las cuentas de emergencias

Los trabajadores de cuartos de emergencias de hospitales gastan cantidades enormes de tiempo y dinero, porque mucha gente los usa para tratar problemas menores en lugar de emergencias importantes.

Evite el hospital y, en su lugar, busque un buen médico familiar. Un practicante general puede usualmente atenderlo el mismo día, si usted se despierta con un problema algo preocupante. Eso es mejor que gastar cuatro o más horas en una sala de espera de un hospital. Además, las visitas en cuartos de emergencias pueden costar dos veces lo que cuestan las visitas a un doctor.

Llame a su doctor familiar si usted no tiene un problema que amenace su vida. El doctor o enfermera le dirá si ir o no a una sala de emergencias. Si usted cree que tiene una condición grave, como un ataque al corazón o derrame cerebral, no tarde: llame al 911 y pida ser transportado al hospital.

Ahorre cientos en su cuenta de hospital

Usted puede ahorrar mucho dinero durante su estancia en hospitales con sólo al llevar unas pocas cosas de casa. Los hospitales cobran cantidades ridículas por artículos que deberían ser baratos. Considere llevar con usted lo siguiente:

- Aspirina

- Medicinas con prescripción, si usted las toma regularmente

- Almohadas

- Batas

- Pantuflas

- Camisones

- Pañuelos faciales

- Otros artículos básicos que el hospital podría tratar de proveer

Llame al departamento de cobros por adelantado, y dígales cuáles artículos planea llevar usted mismo. Asegúrese de que ellos entienden que usted no necesita que el hospital provea esas cosas. Escriba el nombre de la persona con la que hable, y revise varias veces su cuenta del hospital a la salida. Usted verá los ahorros cuando lea su cuenta detallada.

Dígales a los médicos que lo cuidan, si usted trajo medicinas de prescripción de casa. Éstas pueden interactuar con las medicinas que ellos prescriban.

Seis pasos para identificar errores costosos

Algunos expertos dicen que el 90% de las cuentas de hospitales contienen errores, usualmente no a su favor. Haga preguntas sobre su cuenta, en lugar de entregar el dinero que ellos claman usted debe.

- Tenga un bloc de hojas y un lapicero al lado de su cama, y anote cada prueba o procedimiento que usted reciba y cuándo; así como los nombres y dosis de cada medicamento que usted reciba; los nombres de cada doctor que usted vea; y cualquier otro artículo que el hospital pudiera cobrarle. Si usted no puede hacer esto usted mismo, pida ayuda a familiares o amigos.

- Insista que el hospital le de una cuenta detallada cuando usted pague. Ellos no lo hacen automáticamente, pero lo harán si usted hace una solicitud especial con anticipación.

- ¿Es su cuenta sólo un embrollo de códigos de computador y precios? Pida hablar con alguien en Cuentas de Pacientes (*Patient Accounts*) y haga que le expliquen cada cargo.

- Compare su cuenta cuidadosamente con sus propias notas para asegurarse de que las cantidades de medicina, pruebas y otros productos son correctas, junto con las fechas de cada una.

- ¿Encontró un error? Pida al departamento de auditoría interna del hospital que revise dos veces su cuenta; o pida hablar con el supervisor de Cuentas del Paciente (*Patient Accounts*). Pídales investigar el error y tomar nota de su pedido. Luego anote sus nombres, y la fecha en la que usted habló con ellos.

- Usted puede hacer que suspendan su cuenta por 30 ó 60 días, mientras que ellos la revisan, de forma que no vaya a una agencia de cobranza.

Tome ventaja de los servicios gratuitos

La ayuda está tan sólo a una llamada telefónica para adultos mayores que quieren permanecer independientes y en sus propias viviendas más tiempo. El Decreto de Adultos Mayores Norteamericanos (*Older Americans Act*; *OAA*, por sus siglas en inglés) del gobierno federal apoya una variedad de programas dedicados a mejorar la calidad de vida de los adultos mayores.

Aquí hay una buena forma en la que *OAA* puede servirle; un servicio de cuidado de la salud en casa puede ayudarle a recuperarse en casa, en lugar de en un hospital o casa de cuidado. Esto no es para personas que necesiten cuidado médico a cada rato, pero podría ser justo lo que necesite después de una enfermedad o cirugía.

Las Agencias del Área en Edad (*Area Agencies on Aging*; *AAA*, por sus siglas en inglés) son su puerta a estos y otros servicios gratuitos que usted necesita, incluyendo:

- Trasporte para mandados y citas

- Cuidado básico de casa

- Actividades pesadas

- Entrega de comida a domicilio

- Ayuda legal

- Ayuda para la energía del estado

Llame al Localizador de Cuidados para Adultos Mayores (*Eldercare Locator*) de *AAA*, al número gratuito 800-677-1116, o visite su página Web en *www.eldercare.gov*. Ellos pueden ponerlo en contacto con los servicios disponibles en su comunidad. Edad, no sus ingresos, es lo que cuenta; usted debe tener por lo menos 60 años para tomar ventaja de este programa.

Algunas agencias trabajan en un plan de "el que primero llega, primero es atendido"; pero otras pueden evaluar sus necesidades de forma que provean los servicios a los que más los necesitan. Tenga presente que algunos programas proveen servicios hasta una cantidad límite de dólares.

Inversiones

Cómo encontrar un tesoro oculto

El gobierno de los Estados Unidos podría deberle dinero, y todo lo que usted tiene que hacer es pedirlo. Más de 10 mil millones de dólares están esperando a ser reclamados. Aquí le explicamos cómo averiguar lo que sería su parte.

Por ejemplo, a más de 87.000 personas todavía se les debe cerca de 73 millones de dólares en reembolsos de impuestos. A la mayoría no se les puede pagar porque el *IRS* (por sus siglas en inglés) no tiene una dirección correcta.

Para averiguar si a usted se le debe una devolución, visite el sitio Web de la Unión Nacional de Pagadores de Impuestos (*National Taxpayer's Union*) en *www.ntu.org*, y haga clic en el bloque que dice *"Find out if the IRS owes you Money"*. Escriba su apellido y estado, y haga clic en enviar (*Submit*). Si su nombre aparece, llame a la línea gratis del *IRS* al 800-829-1040 para reclamar su devolución. Esté listo para dar su nueva dirección y prueba de identidad.

Si usted se ha mudado desde que llenó su última declaración de impuestos, pero no tiene acceso a la Web, llame a la línea gratuita del *IRS* al 800-829-3676 y solicite el formulario 8822, Cambio de Dirección (*Change of Address*). Llene el formulario y envíelo por correo al *IRS*, de forma que ellos sepan a dónde enviarle su devolución, si tiene una.

Los gobiernos estatales podrían tener dinero que le deben. Visite *www.unclaimed.org* en la Web para buscar. Haga clic en *Owners* y luego en *Find Property*. Busque en cada estado en donde su familia ha vivido. Usted podría descubrir un reembolso de una vieja compañía de servicios, dinero de una cuenta de custodia, o algo mucho más emocionante.

Pero eso no es todo. Visite para *www.firstgov.gov/Citizen/Topics/Money_Owed.shtml* descubrir más dinero gratis del gobierno de los Estados Unidos. Haga clic en los enlaces para averiguar lo que podría estársele debiendo, a quién llamar, y qué preguntas hacer.

Atesore más dinero en efectivo con metas financieras

Comience fijando metas financieras y de inversión, y usted podría tener incluso más dinero que el que actualmente tiene. Junto al ahorro para su retiro, o la educación universitaria de su hijo, usted podría también fijar metas emocionantes como comprar la casa de sus sueños. Piense en lo que quiere y necesita para ayudarle a fijar sus metas.

Para convertir un deseo o una necesitad en una meta, detállela al responder estas preguntas.

- ¿Será esta meta, a largo o a corto plazo?

- ¿Cuánto tiempo tengo para cumplir esta meta?

- ¿Cuánto costará esta meta? Para metas como el retiro, usted puede buscar, en línea y en libros, calculadoras y hojas de cálculo para ayudarse.

- ¿Hará la inflación que esta meta cueste aún más, y si es así, cuánto?

- ¿Cómo estaré seguro de haber logrado esta meta?

Use sus respuestas para definir sus metas y ponerlas por escrito. Haga cada meta tan específica como pueda y asegúrese de que sea razonable. Luego, asígnele una fecha límite. Cuando todas sus metas estén escritas, ordénelas por prioridades. Después de todo, acumular suficiente dinero para cumplir cada meta puede ser imposible; y usted quiere estar seguro de que logre las más importantes.

Luego haga un plan para cumplir sus metas. Averigüe cuánto necesitará ahorrar cada mes, o cómo deberá invertir para cumplir sus metas a tiempo. Es probable que esto le haga ser mucho más eficiente, al revisar su gasto, eliminar gastos innecesarios y ahorrar más dinero.

Esté preparado para reevaluar sus metas y fijar unas nuevas, tanto como sea necesario. Haga esto cada vez que su familia experimente cambios importantes personales, profesionales o económicos; tales como un incremento de pago, un nuevo bebé o un cambio de trabajo.

Sintonícese con su tolerancia al riesgo

Por decir, usted tiene $500 para invertir. ¿Pondría el dinero en inversiones que le generen ganancias o pérdidas por $20; o en inversiones que le generen ganancias o pérdidas por $150? Su respuesta sugiere cuánto riesgo usted está dispuesto a tolerar, y es capaz de afrontar.

Invertir fuera de su zona de comodidad puede llevar al pánico y a decisiones pobres que le cuestan. En lugar de eso, proteja su dinero al identificar con exactitud cuánto riesgo usted puede tomar. Para comenzar, decida cuales de estas frases suena como algo que usted diría.

> El Planeador Financiero Certificado (*Certified Financial Planner; CPF*, por sus siglas en inglés), del Consejo Nacional de Estándares (*National Board of Standards*), sugiere contratar un planeador financiero profesional si uno de los siguientes puntos se aplica a usted.
>
> - Usted necesita experiencia financiera que no tiene, o está enfrentando una decisión de inversión difícil.
> - Usted quiere ayuda profesional para mejorar el manejo de finanzas.
> - Usted quiere un profesional para evaluar el plan financiero que ha desarrollado.
> - Usted nunca tiene tiempo de hacer su propio plan financiero.
> - Usted ha sido tomado por sorpresa por un evento inesperado tal como una herencia o enfermedad seria.

- *"No quiero perder el dinero que yo invierta. Una inversión que apenas venza la inflación está bien"*. Si esto suena como usted, usted es un inversionista conservador y debe elegir inversiones de bajo riesgo, como los Bonos del Tesoro Nacional (*U.S. Treasury Bills*).

- *"El rendimiento de mis inversiones deberá superar la inflación en un 2%, pero sólo aceptaré una limitada probabilidad de perder el dinero invertido. Puedo tolerar caídas temporales en valor, si ellas me dan una oportunidad de mayores rendimientos que los bonos del tesoro"*. Los inversionistas moderados como usted favorecerán las inversiones de riesgo mediano, como bonos de corporaciones de alto grado.

- *"Quiero un mayor rendimiento que el índice de mercado S&P 500, y pondré mi inversión inicial a un alto riesgo para conseguirlo. Tengo la fe de mantener mi inversión incluso durante años cuando su valor pueda descender 25% o más"*. Si esto suena como usted; usted es un inversionista agresivo y podría preferir inversiones como acciones.

Evite cobros que se traguen sus ganancias

Las cuotas por inversiones son, por mucho, como termitas. Usted podría ni siquiera saber que las tiene, pero su mordisqueo mensual puede llegar a comerse sus finanzas. Eluda cuotas innecesarias con estos consejos.

- Antes de comprar acciones de fondos de inversiones, pregunte si a usted se le van a cobrar comisiones o cuotas por transacción cada vez que usted compre o venda. Favorezca los fondos de inversiones que no cobren esas cuotas.

- Averigüe cuánto tiempo usted debe tener un fondo de inversión antes de que pueda vender acciones sin ser penalizado con una cuota.

- Averigüe si el agente de bolsa cobra una comisión de manejo de órdenes, junto con la comisión de operaciones. Evite los agentes que lo hagan.

- Pregunte si el agente o la inversión requieren un saldo de apertura mínimo, y averigüe cuánto es este.

- Averigüe si el agente o la inversión cobran una cuota por inactividad, o cuota por mantenimiento de la cuenta. Si es así, pregunte con cuanta frecuencia necesita operar, o qué tan alto debe estar el saldo de la cuenta para no pagar la cuota. Si usted no puede fácilmente cumplir los requisitos para no pagar la cuota, busque otras opciones.

- Conozca las tasas para operaciones con la Web, con el teléfono de tonos, y con agentes en vivo.

- Pregunte al agente si él cobra una cuota de mantenimiento *IRA*. Busque un agente que no cobre esa cuota.

- Considere cambiarse a un agente con descuento, si usted está cómodo manejando su propia investigación y decisiones de inversión. Los agentes con descuento podrían no cobrar altos honorarios si usted no tiene mucho que invertir.

- Busque cobros en su estado de cuenta mensual. Algunos podrían merodear la sección de transacciones en efectivo, y otros podrían no aparecer cada mes.

Una sus fuerzas para vencer al mercado de valores

Tome un enfoque de equipo para invertir, y podría resultar como un ganador en el mercado. Al unirse a un club de inversión y poner en un fondo común su dinero con otros miembros, usted puede permitirse comprar más acciones que si invirtiera solo. Además, usted se beneficia de la experiencia de otros que tienen más conocimiento y experiencia.

Para descubrir clubes cerca de usted, póngase en contacto con la Asociación Nacional de Corporaciones de Inversión (*National Association of Investors Corporation*; *NAIC*, por sus siglas en inglés), o la Asociación Norteamericana de Inversionistas Individuales (*American Association of Individual Investors*; *AAII*, por sus siglas en inglés). También hable con amigos, familiares y colegas, para conseguir recomendaciones.

No se una a un club hasta que haya ido a una o dos reuniones. Averigüe cómo ellos hacen investigación; si hacen más socialización que estudios, y cuán bien informados están los miembros.

Los miembros de un club de inversión ponen a trabajar sus dineros, esfuerzos y conocimiento para seleccionar y comprar acciones. El dinero para la compra de las acciones viene de los pagos mensuales del club; usualmente entre $50 y $100 por mes. Este sistema permite que cada miembro se beneficie individual y colectivamente.

"Un club de inversión, con un poco de suerte, permite a los inversionistas comprar un ramo de rosas completo, en lugar de una simple rosa", dice la tesorera del Club de Damas Inversionistas del Sur (Southern Ladies Investment Club), en Peachtree City, Georgia. "Poner a trabajar dinero juntos permite la compra de más acciones de una vez, y el portafolio crece a un ritmo más grande".

Por supuesto, no hay garantía de que las inversiones crezcan, pero eso no significa que un club no pueda ahorrarle dinero, ella explica. "El club de inversión tiene buen valor porque el costo asociado con el manejo de registros y cuotas de negociación, para comprar y vender acciones, es compartido entre todos los miembros".

Averigüe cómo puede unirse al club, así como cuán fácil es salirse de él. Y asegúrese de preguntar los costos involucrados; incluyendo cuotas, cobros y gastos.

Pruebe la inversión inteligente y conveniente

Automatice sus inversiones, y usted probablemente mejorará sus retornos a tiempo que recorta el riesgo.

Primero, deje de predecir en qué momento un precio de inversión llegará a un fondo o a un pico. En lugar de ello, invierta la misma cantidad de dinero cada mes. Usted comprará más unidades de una inversión cuando esté más barata, y unas pocas cuando el precio sea más alto.

Usted puede arreglar este "promedio del costo del dólar" a través de un plan 401k, un banco, o un agente comisionista de bolsa.

Maximice su plan 401k para ahorrar más

Poner más dinero en su 401k es como obtener dinero extra para el retiro.

- Si su compañía iguala una parte de su contribución, eso es dinero adicional sin costo. Aún mejor, algunas compañías añaden hasta un 50% de lo que usted ponga. Sólo asegúrese de que su contribución sea suficientemente grande para conseguir ese dinero gratis.

- Entre más dólares usted ponga en un plan 401k, menos dólares usted pagará en impuestos este año.

- Usted no pagará impuestos sobre sus ganancias en un plan de inversión 401k hasta que se retire; y para entonces usted podría estar en un menor margen de impuestos.

Cuando $100 extras van a su 401k cada mes, su salario libre sólo baja a $72. Eso significa que usted ha ahorrado $28, que hubieran ido a impuestos; un ahorro de $336 por el año. Vea el ejemplo en la tabla de abajo.

	Por mes	Por mes
Salario antes de impuestos	$2.000	$2.000
Contribución al 401k	$100	$200
Salario grabable	$1.900	$1.800
Impuestos al 28%	$532	$504
Salario libre	$1.368	$1.296
Ahorros	$0	$28

Gane mayores retornos con poco riesgo

Usted podría pensar que sus ahorros están seguros en su cuenta de ahorros. Pero ésta no es verdaderamente libre de riesgos, aunque tenga una tasa de intereses menor que otras inversiones.

Las cuentas de ahorro enfrentan el riesgo del aumento de precios. Después de todo, una cuenta de $10 no comprará tantos galones de gasolina hoy, así como lo hizo hace 20 años; esto porque los precios han aumentado casi cada año. En años recientes, todos los precios han subido cerca de 3% anualmente.

Si su cuenta de ahorros gana menos que eso cada año, su dinero no comprará tanto en el futuro. Esa es la razón por la cual las inversiones deben crecer más rápido que los precios. En otras palabras, su tasa de retorno debe ganarle a la tasa de inflación. Para eclipsar los rendimientos de las cuentas de ahorros con un mínimo riesgo, hable con su agente o banco acerca de inversiones de este tipo.

- Los bonos del tesoro son títulos respaldados federalmente emitidos por el Tesoro de los Estados Unidos (*U.S. Treasury*) por un año o menos. Las notas del tesoro son similares pero aseguran su dinero por de dos a diez años. Los Bonos del Ahorro de los Estados Unidos (*U.S. Savings Bonds*) son también respaldados por el tesoro.

- Compare precios buscando la mejor oferta en certificados de depósito (*CDs*, por sus siglas en inglés) asegurados por la Corporación de Seguros del Depósito Federal (*Federal Deposit Insurance Corporation*).

- Muchos bonos municipales puede proveer exenciones de impuestos al ingreso, a nivel estatal y federal. Compare el rendimiento del bono con el de *Standard & Poor*, antes de comprar.

- Los fondos mutuos de mercados de dinero se concentran en inversiones de corto plazo, y bajo riesgo, como CDs y títulos del gobierno federal. Pero sea cauteloso con telemercaderes y otros que prometen retornos altísimos por poco o sin riesgo. Esto puede ser una señal de fraude de inversiones. Pida a su consejero financiero, abogado o contador que verifique tales ofertas antes de invertir un centavo.

Diversifique para fortalecer las inversiones

Sea que le llame colocación de acciones o diversificación, tener una mezcla de inversiones puede ayudar a suavizar el riesgo y evitar pérdidas. Después de todo, si usted pone todo su dinero en un tipo de acciones, usted podría perderlo, así como muchos inversionistas de Enron hicieron hace varios años. En lugar de eso, divida su dinero a invertir entre tres tipos de inversiones: acciones, bonos y equivalentes a dinero en efectivo.

Con las acciones, usted tiene la oportunidad de hacer más dinero, pero corre más riesgo de perder ese dinero. Usted puede contrarrestar ese riesgo al poner dinero en sitios más seguros, tales como bonos o cuentas de mercado de dinero.

Los fondos mutuos—grupos de acciones, bonos o una mezcla de inversiones—son otra forma de diversificar. Usted puede incluso diversificar dentro de una categoría de inversión. Por ejemplo, usted puede elegir acciones de varias diferentes industrias. Incluso si una industria tiene un año horrible, las otras industrias pueden ayudarlo a mantenerse a flote.

¿Cómo debería usted dividir sus inversiones? La sabiduría convencional sugiere que entre más joven sea usted, más acciones usted necesita para acumular un buen ahorro. A medida que los años pasan, usted debe acumular inversiones más seguras que produzcan ingresos. Su tolerancia al riesgo, ingresos, margen de impuestos y otros factores pueden también ayudar a determinar la mejor forma de "colocar" sus inversiones. Los expertos recomiendan estas guías generales como punto de inicio.

- Acciones y fondos mutuos: 40% a 80%

- Bonos: 20% a 50%

- Dinero en efectivo y equivalentes (como cuentas de mercado de dinero): 10% a 25%

Para conseguir guías más detalladas, visite *www.myfico.com/CreditEducation/?fire=1* en la Internet. Haga clic en Calculadoras

(*Calculators*), y luego en Colocación de Activos (*Asset Allocator*). Pero no dependa solamente de esas guías. Hable con un consejero financiero para encontrar la mejor estrategia de colocación de activos para usted.

Consiga grandes ventajas con un presupuesto pequeño

Usted podría tener sólo una pequeña cantidad para invertir cada mes, pero puede poseer un portafolio diverso y tenerlo administrado por un administrador de inversiones profesional. ¿La clave? Compre fondos de inversión.

Un fondo de inversión es una compañía que reúne dinero de muchos inversionistas. Eso resulta en una considerable suma de dinero que permite al fondo invertir en un amplio rango de acciones, bonos u otras inversiones.

Eso significa que usted no necesita una tonelada de billetes verdes para comenzar. Además, entre más amplio sea el arreglo de inversiones, menor será el riesgo. Aún mejor, los fondos de inversión tienen administradores y analistas que estudian y rastrean las inversiones individuales del fondo, de forma que usted no tenga que hacerlo.

Para aprender más acerca de invertir en fondos de inversión, visite *www.sec.gov* en la Web. Busque abajo en Fondos de Inversión (*Mutual Funds*), y luego haga clic en la guía *Invest Wisely: An Introduction to Mutual Funds*.

Para mayor ayuda en la selección de buenos fondos de inversión, hable con un consejero financiero calificado.

Mantenga buenos registros para evitar errores

Permanecer organizado le ayudará a evitar errores costosos, como pagar demasiado en impuestos. Lo mejor que puede hacer es crear un sistema práctico que le dé a cada registro financiero su propio lugar.

Separe un área de su computador o de un cajón de archivos, y decida cuáles categorías de archivos necesitará. Éstas probablemente incluirán gastos deducibles de impuestos, registros relacionados con impuestos, bancos, ahorros, dinero de emergencia, inversiones, gastos, ahorros para la universidad y cuentas de retiro.

Adicionalmente, considere abrir un archivo separado para cada inversión o cada agente. Usted necesitará un registro de compras y ventas para propósitos de impuestos.

Baje las comisiones con un plan *DRIP*

Tenga sólo una acción de los valores de una compañía, y usted podrá comprar acciones extras sin pagar comisiones, gracias a un plan de reinversión de dividendos, o *DRIP* (por sus siglas en inglés).

Las compañías que pagan dividendos, y ofrecen un plan *DRIP*, permiten a los accionistas automáticamente comprar más acciones con los dividendos. Usted no paga comisión, y por lo general no necesita mucho dinero para empezar. Algunas compañías incluso le permiten comprar acciones con un 10% de descuento. Además, usted se beneficiará del promedio del costo del dólar.

Aprenda más acerca de los planes *DRIP* en *www.investopedia.com*, y visite *DripAdvisor.com* para averiguar cuáles compañías ofrecen este plan.

Aprenda los secretos expertos de las inversiones inteligentes. Recuerde estos diez consejos para sacar lo máximo de su dinero.

✓ Fije metas, y ajuste su plan financiero adecuadamente.
✓ Sepa su nivel de riesgo aceptable
✓ Evite las cobros por inversión
✓ Reciba buenos consejos de un experto
✓ Maximice su 401k
✓ Gane la tasa de interés de retorno más alta con el riesgo más bajo
✓ Haga que sus inversiones sean automáticas
✓ Diversifique sus activos
✓ Invierta en fondos de inversión
✓ Mantenga buenos registros financieros

Pasto y jardines

Tres formas inteligentes de embellecer su jardín

Una clave para un jardín o patio hermoso es un buen plan de jardinería ornamental. Hay varias formas de conseguir un buen plan de calidad por poco o sin costo.

- Hojee libros y revistas de jardinería, y guarde artículos y fotos de cosas, que podrían funcionar para su diseño particular. Busque ideas e instrucciones en sitios Web de la Internet como *www.hgtv.com* o *www.diynet.com*. Usted podrá encontrar millones de otras posibilidades con las palabras "jardinería ornamental" (*landscaping*) en un motor de búsqueda.

- Revise sus posibilidades con la oficina de extensión del estado o condado. Ellos pueden darle consejo o referirlo a un jardinero maestro entrenado voluntario. O hable con un experto de un vivero local o centro de jardinería, el cual podría ofrecer servicios de planeación formal, junto a los consejos de las tiendas. Los cobros pueden ser descontados si usted compra plantas con ellos.

- Pregunte en un instituto o universidad local por un programa en diseño de jardinería ornamental o programa en horticultura. Usted podría encontrar un estudiante que tome su proyecto gratis o a un reducido costo.

Algunas veces, particularmente en situaciones complejas que involucran estructuras o movimientos de tierra, usted puede ahorrar dinero al contratar un profesional entrenado o certificado. Consiga recomendaciones de centros de jardines, o amigos y vecinos con jardines que usted admire. Busque miembros de la Sociedad Norteamericana de Arquitectos en Jardinería Ornamental (*American Society of Landscape Architects*), en *www.asla.org*, o la Asociación de Diseñadores Profesionales en Jardinería Ornamental (*Association of Professional Landscape Designers*), en *www.apld.org*.

Dónde conseguir mantillo gratis

Los jardineros pareciera que no pueden conseguir suficiente mantillo. Este material maravilloso mantiene la humedad en el suelo, evita que la maleza brote, y ayuda a mejorar el suelo. La mayoría de mantillo orgánico viene de árboles triturados. Cuando la ciudad o los trabajadores de los servicios forestales procesan las ramas en sus grandes trituradoras, están haciendo mucho más que deshacerse de las ramas caídas. Ellos están elaborando mantillo.

Algunas veces, el que pregunta puede conseguir gratis la composta de las trituradoras. Pregunte en su gobierno municipal o a los podadores de árboles comerciales. Ellos podrían incluso dejarle algo de composta cuando pasen por el vecindario.

Lo negativo de este tipo de mantillo es que podría aún traer plagas y enfermedades de los árboles de los que viene. La madera también roba al suelo nitrógeno cuando se descompone, así que es una buena idea añadir nitrógeno extra cuando lo use.

La hierba cortada y las hojas trituradas son otra fuente de mantillo gratis. Es una buena idea mezclarlos ya que la hierba puede entrelazarse con las hojas y evitara que el agua se escurra. No use pasto que ha sido rociado con pesticidas, y esté alerta pues podría contener brotes de maleza.

Consejos para comprar por catálogo

Los jardineros más ávidos compran de proveedores por correo o en la Web. Conveniencia, mercancía única, calidad máxima y precios razonables son las razones más grandes por las que la gente usa estas compañías; pero incentivos, especiales y cupones para pedidos expeditos, pueden proporcionar ahorros de hasta un 50% en flores, bulbos y semillas.

Siempre busque semillas de calidad. Muchas veces las semillas más baratas tienen baja tasa de germinación o pureza. Cuando ese sea el caso, menos semillas se desarrollarán en plantas, o las plantas no serán exactamente iguales a la descripción de la variedad. Usted también puede ahorrar al comprar paquetes con menos semillas. Después de todo, no tiene sentido comprar 100 semillas, cuando usted está sólo plantando dos filas de 25 plantas.

Otra forma con la que puede ahorrar es limitar el número de compañías que le envían sus pedidos. Cada pedido cuesta unos pocos dólares más por envío y manejo; y si usted solo pide pocos paquetes de semillas, podría costar más el envío que las semillas.

Gaste menos por brotes duraderos

Usted va a gastar menos a largo plazo si pone perennes en su jardín de flores en lugar de plantas de trasplante anual más baratas.

Muchos tipos de perennes son fáciles de cultivar. Una vez establecidos, no necesitan mucha agua y fertilizante, porque tienen sistemas de raíces abundantes.

Planeado adecuadamente, un lote de perennes retoñará todo el verano, con una variedad naciendo a medida que otra va secándose. El mejor tiempo para plantar perennes es el otoño, cuando el suelo está tibio y el aire está fresco.

Porqué usted debe plantar en otoño

El otoño es un buen momento para plantar, especialmente si usted quiere llevarse bien con su chequera. En el otoño, los invernaderos y centros botánicos quieren salir del inventario por invierno. Usted puede ahorrar tanto como un 50% de los precios de primavera en árboles y arbustos.

Muchos expertos en prados y jardines recomiendan plantar en otoño por otra razón. Usted no desperdicia las condiciones ideales para el crecimiento de las plantas en la primavera, mientras sus plantas se están recuperando del trasplante. Ellas pueden pasar ese periodo lento durante el invierno, cuando deberían normalmente estar dormitando. Para el momento en que la primavera llega, ellas están listas para despegar con rapidez.

Mantenga su pasto verde con menos agua

Hay probabilidades de que la mitad de su cuenta de agua sea por riego exterior. Pero hay una buena posibilidad de que usted pueda regar menos y aún así tener un césped verde. En lugar de regar pasillos y accesos, o sólo rociar agua que se evapora en el aire, usted necesita una manera sencilla de darle al pasto el agua que necesita, sin el costo alto del agua desperdiciada.

Dependiendo de su clima, suelo y variedad de plantas en su jardín; usted puede optar por un sistema de rociado automático, o encontrar las mangueras adecuadas, temporizadores, y sistemas de goteo que hagan el trabajo bien.

No importa cuál sea su sistema, espere hasta que las seis pulgadas superiores del suelo estén secas antes de regar su jardín. Luego riegue suficiente para remojar el suelo debajo de la zona de las raíces. El regado superficial genera crecimiento superficial de raíces, lo cual lleva a daños por sequía y aún más riego. Este también inicia el crecimiento de maleza. Los vegetales y las flores necesitan agua todo el tiempo, pero los arbustos y árboles de raíces profundas no necesitan ser regados frecuentemente.

Algunas veces usted necesita ayuda extra con el trabajo de jardinería. Aquí hay algunas alternativas para un servicio de podado costoso.

- Contrate a los hijos de los vecinos. Si ellos no pasan preguntando por trabajos, llámelos y pregúnteles.
- Intercambie trabajos con amigos. Ofrezca ayudarles con algo si ellos ofrecen ayudarle con su jardín.
- Busque en su iglesia, escuela, o su *H-4* local y grupos de scouts, y ayude a los jóvenes a reunir dinero para sus proyectos.

Algunas veces, un sistema de rociado subterráneo diseñado profesionalmente es la forma más eficiente de regado, si usted puede justificar el gasto inicial. Pero si su temporada de siembra es corta, su clima es húmedo, o su jardín menos complejo, puede comparar precios de otros equipos que son menos costosos, pero igual de efectivos. Aquí hay algunas cosas para tener en mente.

- Usted puede usar temporizadores para activar el agua temprano en la mañana, para evitar la evaporación al sol del mediodía. Fíjelos para empezar y parar el flujo, de forma que el agua se absorba, y no se encharque y corra.

- Cuando usted compre una manguera, recuerde que un diámetro más grande transporta más agua.

- Busque cabezas de rociadores que le permitan dirigir el flujo hacia donde usted quiere. Es mejor tener un rociado grueso porque el rociado fino se evapora rápido.

- Con mangueras de remojo y sistemas de goteo en sus jardines y cultivos de flores, usted usará menos agua y lo hará mejor. Usted puede también poner temporizadores. Es siempre una buena idea instalar un sistema de prevención de flujo inverso para evitar que el agua sucia contamine el agua corriente.

Seguro de vida

Consejos sobre seguros que usted debe saber

Averigüe exactamente cuánto seguro de vida necesita, y no pague un centavo más. Esa es la mejor forma de asegurar de que no esté gastando su dinero difícilmente ganado.

¿Cuánto es suficiente? Algunos expertos dicen que es igual a cuatro veces su salario anual, mientras que otros ponen 12 veces su salario. Una cantidad intermedia es probablemente lo correcto.

Comience con seis veces su salario, luego añada otras obligaciones financieras que usted tenga, tales como pagos de hipotecas, o el costo de la educación de sus hijos. Considere cuántos dependientes tiene, qué tanto dinero gana su esposa y si su esposa tendrá que criar los niños.

Si usted tiene un computador, visite *www.myfico.com*, y échele un vistazo a la calculadora de seguro de vida (*Life Insurance calculator*) en la sección *Calculators*, bajo *Credit Education*. Ésta le dará una mejor idea de cuánta cobertura usted necesita. Una vez usted tenga una cifra en mente, compre sólo esa cantidad de cobertura. Aléjese de cualquier otra oferta o producto que su agente de seguros trate de venderle.

Revise sus beneficios como empleado para ver si usted ya tiene algún tipo de cobertura de seguro de vida. Si lo tiene, compre cualquier cobertura extra a través de ellos, ya que las primas son mucho más baratas. Usted puede también revisar sitios Web como *www.insweb.com* y *www.insure.com* para comparar cotizaciones de seguros antes de decidir.

Cuándo omitir el seguro de vida

No gaste mucho dinero en primas de seguros de vida si usted no está casado, y no tiene hijos dependientes. Usted sólo necesita dinero suficiente para cubrir los gastos de su funeral.

Aún si está casado, usted no necesita seguros de vida si ambos tienen buenos ingresos y tienen planes de retiro sólidos. Los niños definitivamente no necesitan pólizas de seguro de vida, y tampoco las mascotas. Como regla, usted sólo necesita una póliza si alguien más depende de su apoyo económico.

Si usted necesita y tiene seguro de vida, evite seguros de muerte accidental que solo cubren muerte por accidentes de carros o aviones. Su póliza de seguros de vida regular lo cubrirá sin importar cómo muera.

Actualice su póliza para lograr mejores tasas

Logre más cobertura, por menos dinero, al reemplazar su vieja póliza de seguros de vida, con una nueva y más barata. Las pólizas de hoy tienen menores primas porque la tasa de mortandad es menor que la que había hace varios años. Además, a medida que sus hijos crecen, usted no necesita mucha cobertura; así que su nuevo plan puede tener menos cobertura, lo cual lo hará aún menos costoso.

Quédese con el seguro que usted tiene si su salud es pobre, ya que podría no conseguir una mejor póliza. De la misma forma, si usted está más saludable que cuando se enroló la última vez, enrólese de nuevo para conseguir mejores tasas.

Elija el término para tener pagos menores

Elija un seguro de vida a término indefinido, y usted pagará primas mensuales más bajas. Éste es más barato porque una póliza con término sólo ofrece protección de seguro, mientras una póliza indefinida también actúa como una cuenta de ahorros que acumula interés.

Un seguro con término es bueno si usted está empezando una familia y tiene un presupuesto apretado. Pero si usted es mayor, el seguro con término no es una buena oferta. Las primas son mayores para las personas en sus 60s.

También, ya que las pólizas con término sólo ofrecen coberturas por 10 ó 20 años, ellas no son la mejor opción si usted quiere cobertura por el resto de su vida.

Protección para toda la vida que vale la pena

Una póliza de seguro de vida temporal es la mejor opción si usted sólo quiere ser cubierto por cierto tiempo, pero ¿Qué hay si usted quiere cobertura por el resto de su vida? En ese caso, mejor solicite una póliza con valor equivalente en dinero, como una de vida completa. Las primas son más altas, pero ellas no cambian, y usted tendrá cobertura por el resto de su vida.

La póliza incluso actúa como una cuenta de ahorros, en donde usted gana intereses sobre el dinero que ponga. Pero asegúrese que mantiene su póliza con valor equivalente en dinero por al menos 15 años. Esta es una inversión de largo plazo, y cancelarla muy pronto puede costarle mucho dinero.

Seguro de cuidado prolongado

Piense cuidadosamente acerca de la cobertura

El seguro de cuidado prolongado (*Long-term care insurance*; *LTC*, por sus siglas en inglés) es sólo para algunas personas y no para otras. Las primas pueden ser mayores a $2.000 al año, y se incrementan regularmente; así que es importante determinar si la inversión vale la pena de acuerdo a su uso futuro. Antes de enrolarse en una póliza, asegúrese de que usted realmente la necesita, y decida exactamente cuánta cobertura es necesaria.

Las estadísticas muestran que sólo una de cada tres personas mayores de 65 años necesitará cuidado en casa por más de tres meses. Usted podría ser una de las que no necesita un seguro *LTC* si usted:

- califica para *Medicaid*. Si sus ingresos y activos están bajo una cierta cantidad, *Medicaid* cubrirá los gastos de su cuidado en casa. Ponga dinero extra en su cuenta de ahorros.

- ya tiene suficiente dinero para el retiro. Un portafolio de inversiones impresionante, combinado con su ingreso del Seguro Social, podría ser todo el seguro que usted necesita.

- viene de una familia sin historial de enfermedades. Condiciones como el *Alzheimer* y diabetes en la familia hacen necesario el plan de cuidado prolongado más temprano.

- tiene un familiar que pueda cuidarlo más tarde en su vida.

- es menor de 60 años. Comience temprano y usted podría estar pagando por cobertura que nunca va a usar.

Una vez usted decida abrir una póliza, calcule cuanta ayuda va a necesitar cada año. Por ejemplo, si el costo promedio es $70.000 al año, y usted va a recibir $35.000 por año del dinero de retiro, usted sólo necesita seguro por los $35.000 restantes. No obtenga más que la cantidad mínima.

Elija las opciones de seguro más económicas

Las primas de seguro de cuidado prolongado se están disparando. En años recientes, algunas compañías de seguro han elevado sus primas tanto como un 40%. Usted o cancela su cobertura, hace pequeños ajustes para ahorrar dinero, o paga lo que le piden.

Afortunadamente, usted tiene otras opciones. Aquí hay algunas alternativas más baratas.

- El Programa Federal de Seguro de Cuidado Prolongado (*Federal Long-Term Care Insurance Program*). La mayoría de empleados federales actuales o retirados, y del servicio postal de los Estados Unidos (*U.S. Postal Service*), o miembros de los servicios uniformados y sus familias, son elegibles para este plan. Sepa más acerca de él en *www.ltcfeds.com*, o llame al 800-582-3337.

- La *AARP*. La Compañía Metropolitana de Seguros de Vida (*Metropolitan Life Insurance Company*) y *AARP* se han unido para proveerle dos planes de cuidado prolongado atractivos. Lea acerca de ellos en *www.metlife.com/aarp*. Usted puede incluso hablar con un consultor de cuidado prolongado en el número 800-828-7472, ext. 689.

La Asociación Nacional de Comisionistas de Seguros (*National Association of Insurance Commissioners*; *NAIC*, por sus siglas en inglés) ofrece la guía gratis *Shopper's Guide to Long-Term Care Insurance* que puede ayudarle a encontrar la mejor póliza. Para pedirla, vaya a *www.naic.org/consumer*, y haga clic en *Consumer Applications*. Usted también puede llamar al 816-783-8300, o ponerse en contacto con *NAIC* en la dirección de la página siguiente.

Contacto: NAIC Insurance Products and
              Services Division
              2301 McGee Street, Suite 800
              Kansas City, MO 64108

Compare en línea para lograr mejores ofertas

Un computador puede ayudar a simplificar el complicado proceso de comparar seguros de cuidado prolongado. Al comparar las compañías en línea, usted puede encontrar las tarifas más bajas y ahorrar dinero.

Visite *Long-Term Care Quote*, una agencia que investiga y compara las pólizas de seguro, en *www.ltcq.net*. Llene el cuestionario en el sitio para averiguar si necesita seguro y cuanta ayuda va a requerir.

Luego compare precios y características de las pólizas para decidir cuál es la mejor para usted. El sitio también enlista las calificaciones de estabilidad financiera de cada compañía de forma que usted sepa si su inversión es segura.

Como otro recurso, vea en *www.ltc-info.com*. Haga clic en *Get a Quote*, y llene la encuesta para comparar pólizas, cobertura, precios y calificaciones.

La Red Nacional *LTC* (*The National LTC Network*) coloca una lista de sus miembros en *www.nltc.com*. Haga clic en *Find a Network Member*, y luego seleccione su región y estado. Usted conseguirá una lista de agencias de seguro de cuidado prolongado que proveen cobertura en su área, junto con enlaces a sus sitios Web para mayor facilidad.

Recorte tiempo para aumentar el servicio diario

Usted puede preferir que su compañero sea alto, moreno y atractivo. Pero cuando se trata de seguros de cuidado prolongado, bajitos y gorditos pueden también ser atractivos.

En lugar de comprar una póliza de por vida con un beneficio diario pequeño, considere una póliza bajita y gordita: una con un beneficio diario más grande con un periodo de duración más corto. En otras palabras, en lugar de recibir $100 al día por su cuidado por el resto de su vida; recibirá $160 por día, por cuatro o cinco años.

Usted puede pagar un poquito más en sus primas, pero tendrá un mejor aprovechamiento de su dinero. Con los costos crecientes del cuidado, esos $60 extras pueden hacer una diferencia enorme al momento de necesitarlos, si su póliza incluye protección a la inflación.

Y usted probablemente no necesitará un periodo de beneficio más largo. Casi el 90% de personas mayores de 65 años que entran en una casa de cuidado permanecen menos de cinco años en ella. Actualmente, la permanencia promedio en una casa de cuidado dura entre dos y dos años y medio.

Cómo recortar sus primas altas

Tener un alto deducible ayuda a bajar las primas de sus seguros de salud, automóvil o de propietario de vivienda. Pruebe la misma modalidad para su seguro de cuidado prolongado.

Protéjase de la inflación

Cuando compare seguros de cuidado prolongado, asegúrese de tener en cuenta a la inflación. Por los altos costos de las casas de cuidado, instalaciones de convivencia asistida y cuidado en casa, los beneficios diarios de hoy podrían no valer mucho en años futuros, que es cuando usted realmente necesite cuidado prolongado. Ahí es en donde la protección de la inflación entra en juego. Este servicio mantiene su beneficio diario al paso de los costos crecientes. Un estudio reciente de la *AARP* encontró que una inflación compuesta del 5% debe ser adecuada para la mayoría de la gente.

Aunque añadir protección por la inflación hace su póliza más costosa, también la hace más valiosa.

Elija un periodo de eliminación más largo y va a pagar una prima más baja. El periodo de eliminación es el periodo antes de que sus beneficios comiencen. Por ejemplo, elevar su periodo de eliminación de 30 a 90 días puede ahorrarle de un 10% a un 20%. Con el dinero que ahorre usted puede pagar un beneficio diario más grande o un periodo de cobertura más largo.

Pero recuerde, el costo completo de los primeros 90 días de cuidado saldrán de su propio bolsillo. Asegúrese de que tendrá suficiente dinero para manejar eso.

A causa del alto costo del cuidado, usted probablemente no quiere un periodo deeliminación mayor a 90 días. De hecho, algunos estados lo prohíben.

Tome ventaja del plan de su empleador

Si su empleador ofrece seguro de cuidad prolongado, tómelo. Aunque la mayoría de los empleadores no contribuyen a esos planes, éstos aún así son buenas ofertas. Usted pagará primas más razonables en tanto tenga ingresos. Usted puede tomar las ventajas de un plan en grupo, en lugar de una póliza individual.

A medida que usted siga trabajando, haga que el seguro de cuidado prolongado trabaje para usted.

Cuidado médico

Dome el alto costo del cuidado médico

Levante la mano para ganar cuidado de salud gratis, y tenga la satisfacción de saber que usted podrá algún día salvar vidas. Desde aparatos ortopédicos para piernas hasta los últimos avances en tratamientos para enfermedades del corazón, ofrecerse como voluntario en ensayos clínicos le ayuda a tener el mejor tratamiento a seguir, por nada.

Los investigadores están siempre buscando voluntarios para que les ayuden a estudiar medicinas y tratamientos nuevos, o aprender más acerca de lo que causa una enfermedad. Usted ni siquiera tiene que estar enfermo para participar. Muchas pruebas, de igual forma, necesitan voluntarios sanos.

El tratamiento que está siendo estudiado es generalmente gratis. Algunos estudios incluso le pagan por ayudar, alguna cantidad entre $5 y $100. En general, mientras más tiempo usted dedique, el estudio más le pagará. Asegúrese de preguntar si el tratamiento es gratis, si el estudio le va a pagar por participar, cuánto tiempo necesita y quien cubrirá sus costos de transporte.

Revise con estos grupos para encontrar cuáles estudios en su área necesitan voluntarios y en cuáles usted califica.

- ¿Interesado en terapias alternativas? Entonces el Centro Nacional para la Medicina Complementaria y Alternativa (*National Center for Complementary and Alternative Medicine*; *NCCAM*, por sus siglas en inglés) es el lugar para usted. Llame al centro de referencia del *NCCAM*, a la línea gratuita 888-644-6226 para encontrar cuáles estudios están reclutando en sus áreas de interés, y que estén en el área en donde usted vive. Usted puede también buscar sus estudios, por terapia o enfermedad, en línea en *http://ncaam.nih.gov/clinicaltrials*.

- *CenterWatch* enlista información sobre pruebas clínicas patrocinadas por la industria, muchas de las cuales prueban nuevos medicamentos. Vaya a *www.centerwatch.com* y haga clic en *Trial Listings*. Usted puede incluso registrarse para recibir noticias, por correo electrónico, acerca de nuevos estudios privados, al hacer clic en *Notification Services* de la página inicial de *CenterWatch*.

- La Biblioteca Nacional de Medicina (*The National Library of Medicine*) mantiene una lista actualizada de todos los ensayos clínicos que el gobierno patrocina. Un día usted podrá investigar por teléfono; pero por ahora, usted necesita un computador. Visite *www.clinicaltrials.gov*. Busque pruebas al escribir palabras clave, tales como "ataque al corazón" (*heart attack*), o haga clic en el enlace *Browse by Condition* para ver estudios organizados por problema de salud. ¿No tiene un computador? Pida ayuda en la oficina de su médico o clínica local.

- Los investigadores conducen más de 1.000 estudios en sitio en el Instituto Nacional de Centros Clínicos de la Salud (*National Institutes of Health Clinical Center*) en Bethesda, MD. Para saber en cuáles pruebas usted podría participar, vaya a *www.cc.nih.gov* y haga clic en *Search the Clinical Studies*, o llame a la oficina de reclutamiento de pacientes (*Patient Recruitment Office*) al 800-411-1222.

Échele un vistazo al nuevo beneficio de *Medicare*

Medicare ahora cubre un examen de salud físico por única ocasión, llamado "Bienvenido a *Medicare*" (*Welcome to Medicare*), para gente que se enroló en *Medicare* Parte B después del primero de enero de 2005. Usted debe hacerse el examen físico dentro de los seis primeros meses después de registrarse, o *Medicare* no pagará por él.

Es una gran oportunidad para hacerse un examen de salud completo, y detectar problemas antes de que se vuelvan serios. Su médico revisará su presión sanguínea, probará su visión, le hará un electrocardiograma (*EKG*, por sus siglas en inglés), lo referirá a más pruebas o a otro médico si usted lo necesita, y hará sugerencias para manejar cualquier problema de salud.

Medicare paga por el 80% de este examen, luego de que usted complete la parte B de su deducible. Si ésta es su primera visita a un médico de *Medicare* del año, usted puede tener que pagar la mayor parte del examen de su propio bolsillo hasta llegar a su deducible.

Secretos para conseguir pruebas de salud gratis

Aquí hay una gran forma de asegurarse de que su corazón y vasos sanguíneos estén en buena forma, y el precio sea el correcto. Usted puede conseguir una evaluación cardiovascular si califica y si se unió a *Medicare* Parte B después del primero de enero de 2005.

La nueva ley de *Medicare* paga un examen cardiovascular, una vez cada cinco años, para revisar su colesterol, lípidos y triglicéridos, sin cobro. Pregúntele a su médico si usted califica para este examen gratis y qué tan a menudo lo necesita.

Medicare ahora también ofrece estos servicios gratuitamente para todos sus miembros bajo el nuevo plan Parte B. Hable con su médico para obtener más detalles.

- Prueba de detección de diabetes, hasta dos veces al año si usted la necesita.

- Vacuna contra la gripe una vez al año, en otoño o invierno.

- Vacuna del neumococo, una vez.

Medicare pagará hasta un 80% de los costos de estos servicios para sus afiliados. Usted necesitará llegar al deducible de la Parte B, para algunos de ellos, pero no todos.

- Suministros para diabéticos, incluyendo monitores, bandas de pruebas y lancetas.

- Entrenamiento en cómo manejar su diabetes para diabéticos en riesgo de complicaciones.

- Pruebas de detección para cáncer colorrectal para hombres y mujeres.

- Mamogramas una vez al año para mujeres mayores de 40 años.

- Prueba de palpado y examen pélvico cada dos años, para mujeres.

- Pruebas de cáncer de próstata, una vez al año, para hombres mayores de 50 años.

- Medidas de masa ósea, cada dos años, para personas con riesgo de osteoporosis.

- Pruebas de glaucoma cada año para aquellos con alto riesgo de esa enfermedad.

Cómo protegerse de las deudas

Aquí tiene unos pocos consejos para ayudarle a evitar la bancarrota por deudas debido a problemas de salud.

- Tenga un seguro. Incluso si no puede pagar la mejor póliza, usted debe tener alguna, incluso si el deducible es realmente alto. Al menos usted estará cubierto por una parte de los costos, si el desastre o la enfermedad golpean.

- Hable con su aseguradora. Sepa qué está cubierto y qué no; luego trate de llenar los vacíos de su cobertura.

- Sepa sus opciones. Si usted va al hospital, pida ver el consejero financiero interno. Pregunte acerca de programas especiales que puedan ayudarlo. No se avergüence por preguntar. Los programas son establecidos para ayudar a la gente de medios limitados.

- Si usted ya tiene una deuda médica, busque un abogado, o consejero sin fines de lucro, para que lo represente. Deje que esa persona le ayude a elegir entre sus opciones.

Formas simples de ahorrar en cuidado de la salud

Usted sabe el dicho "una onza de prevención vale una libra de cura." Ahora vea esto en términos de dólares y centavos. De 1.200 personas entrevistadas acerca de sus hábitos de cuidado de la salud, tres de cuatro dijeron que los crecientes costos médicos los han llevado a cuidar mejor la salud que tienen. Comience por patear estos malos hábitos.

- Fumar

- Comer poco o en exceso

- Beber demasiado alcohol

Permanecer saludable no sólo le ayudará a tener una calidad de vida mejor y más duradera. También bajará su prima de seguros y recortará el número de visitas al hospital y a los médicos.

Información gratis de salud en la punta de sus dedos

Con un solo clic, usted tiene acceso a información gratis y confiable de salud en la Internet. Algunos sitios son más fáciles de usar, y son más confiables que otros. Aquí le presentamos lo mejor de todo, los mejores sitios Web y quién los patrocina.

- Institutos Nacionales de la Salud (*National Institutes of Health; NIH*, por sus siglas en inglés), Oficina de Suplementos Dietéticos (*Office of Dietary Supplements*) *http://dietary-supplements.info.nih.gov*

- Base de datos del *NIH* y de la Biblioteca Nacional de Medicina (*The National Library of Medicine*) *www.medlineplus.gov*

- El Centro Harvard para la Prevención del Cáncer (*The Harvard Center for Cancer Prevention*) *www.yourdiseaserisk.harvard.edu*

- La Clínica Mayo (*Mayo Clinic*) *www.mayoclinic.com*

- El Centro Nacional para la Medicina Complementaria y Alternativa (*National Center for Complementary and Alternative Medicine*) del *NIH http://nccam.nih.gov*

- *Med Help International www.medhelp.org*

- *Quackwatch www.quackwatch.org*

- Centros para el Control y Prevención de Enfermedades (*Centers for Disease Control and Prevention*) *www.cdc.gov*

- Centro de Información de la Biblioteca Nacional de Comida y Nutrición (*National Agricultural Library Food and Nutrition Information Center*) *www.nal.usda.gov/fnic*

- Asociación Norteamericana del Corazón (*American Heart Association*) *www.americanheart.org*

- Sociedad Norteamericana del Cáncer (*American Cancer Society*) *www.cancer.org*

- *ConsumerLab.com www.consumerlab.com*

- El servicio *Health Finder* del Centro Nacional de Información en Salud (*National Health Information Center's Health Finder*) *www.healthfinder.gov*

¿Cómo puede identificar los sitios buenos de los sitios malos? Sitios Web del gobierno, cualquiera con terminación ".gov", generalmente tienen la información más conservadora y confiable. Más allá de eso, busque el sello de aprobación de la Fundación de Salud en la Red (*Health on the Net Foundation; HON*, por sus siglas en inglés). Esta organización sin fines de lucro ha creado un código de conducta para ayudar a asegurar consejos seguros y de máxima calidad en salud, en la Internet.

La información de salud en línea nunca puede reemplazar el consejo de su médico. Pida su opinión si usted tiene preguntas acerca de un problema de salud específico, y antes de probar un tratamiento nuevo.

Permanezca alerta de los últimos fraudes en salud

Imagínese llegar a la sala de emergencias sólo para enterarse de que su seguro médico no va a cubrir su visita. Usted necesita el tratamiento, así que tiene que pagar de su bolsillo.

Gracias a tarjetas fraudulentas y engañosas de cuidado de la salud, esto les ocurre a miles de personas cada año. Muchas compañías venden tarjetas de descuento médico que parecen un seguro médico, pero no lo son.

Por una cuota, usted consigue una tarjeta que supuestamente garantiza descuentos en visitas al doctor, prescripciones, cuidado dental, exámenes visuales, permanencias en hospitales u otros tratamientos. Desafortunadamente, algunas farmacias, doctores y hospitales no la van a aceptar.

Sí existen algunas tarjetas legítimas de descuento en salud, pero ellas no son particularmente buenas ofertas. La mayoría cobran cuotas mensuales variables, de hasta $100 al mes, por pequeños descuentos en servicios de cuidado de la salud.

La Coalición en Contra del Fraude en Seguros (*Coalition Against Insurance Fraud*) ofrece estos consejos.

- Pregunte si la tarjeta es un seguro que cubra su tratamiento o una tarjeta de descuento que le da una tarifa reducida, y lo deja responsable de la mayor parte de la cuenta. La diferencia podría costarle mucho.

- Averigüe exactamente cuáles médicos, hospitales, farmacias u otros servicios, aceptan la tarjeta; y asegúrese de que cubra lo que usted usa.

- Revise los precios que enlista por servicios y medicamentos, para ver si usted tendrá un descuento real sobre lo que pagaría ahora. Compare precios con las farmacias y revise el precio de medicamentos genéricos. Éstos podrían ganarle a la oferta de descuento.

- Llame a los proveedores que están en su lista, o llame a su médico o farmaceuta, y pregunte si ellos van a aceptar los descuentos de la tarjeta.

- Lea la letra pequeña en busca de cobros ocultos. Por ejemplo, vea si la compañía cobra una cuota cada vez que usted use la tarjeta. Éstas pueden devorar rápidamente el dinero que usted ahorre.

- Pregunte si ellos reembolsarán su cuota de membresía si usted cancela la tarjeta, y si usted puede cancelar su membresía en cualquier momento sin penalidad.

Música

Orqueste ofertas en la Internet

¿Recuerda los viejos días cuando se podía disfrutar la suave melodía de una canción o su letra bien elaborada? Gracias a los *CDs*, usted puede fácilmente recrear el sonido de su pasado.

Aquí está cómo compilar la música que usted quiere sin quebrar el banco; comprar *CDs* en la Internet. No sólo pagará menos que en una tienda al detalle, sino que usted mejorará grandemente su selección. Y usted puede hacerlo todo desde la comodidad de su hogar. Póngase en marcha con estos buenos sitios Web.

■ *CD Universe* ofrece ciertos *CDs* con un 30% de descuento en su sitio Web *www.cduniverse.com*. Usted puede navegar por categoría como Jazz, Clásicas o Country, o buscar por artista, álbum o título de la canción. Es fácil de encontrar lo que usted quiera a un precio que no le importará pagar.

■ *CDconnection.com* también incluye una opción de búsqueda y ofrece una página de "Mejores *CDs* no Costosos" (*Best Inexpensive CDs*) con discos tan baratos como $5.01. Búsquelo en *www.cdconnection.com*.

- El sitio *www.bestwebbuys.com* le permite comparar precios de varios vendedores. Sólo coloque un título de álbum o artista, y vea quien ofrece el mejor precio. Éste incluso tiene en cuenta los costos de envío y manejo para darle una comparación más precisa.

- No olvide revisar *www.amazon.com* y sitios Web al detalle como *www.barnesandnoble.com*, *www.towerrecords.com*, y *www.fye.com*. A menudo, usted encontrará ahorros grandes, incluyendo envío gratis en pedidos superiores a cierta cantidad.

Cambiar la forma en que usted compra *CDs* le ahorrará un fajo de billetes, y será música para sus oídos.

Únase a los clubes con precaución

¿Necesita aumentar su colección de discos compactos (*CDs*)? Únase a un club. Las ventajas incluyen una gran selección, la conveniencia de comprar desde casa, y varios *CDs* gratis. La trampa: los cargos por envío y manejo, y el compromiso de comprar más *CDs*, a precios mayores, en el futuro. Vea cómo los dos más grandes clubes de música se comparan.

Columbia House es buena por la gratificación instantánea. Pero esto tiene un precio.

- Usted consigue 12 *CDs* inmediatamente cuando se registra y la oportunidad de comprar otros doce por sólo $5.99.

- Desafortunadamente, usted también paga $2.79 por *CD*, por envío y manejo.

- Usted debe comprar cinco *CDs* más a precios regulares del club, empezando en $14.98 por pieza, por los siguientes dos años.

- Una selección del mes llega automáticamente a menos que usted desista de ella por correo, o en línea, en *www.columbia house.com*.

La oferta actual de *BMG Music* podría ser una mejor oferta.

- Usted consigue siete *CDs* gratis de inmediato, más envío y manejo, cuando usted se registra.

- Usted debe, entonces, comprar un *CD* a precio regular, comenzando en $14.98, dentro de un año.

- Después de eso, usted puede elegir cuatro discos más gratis y pagar los cargos de envío o manejo.

- Como en *Columbia House*, usted recibirá una selección mensual a menos que la rechace a través del correo o en *www.bmgmusic.com*.

Ambos clubes le permitirán devolver la selección mensual dentro de los 10 días después de haberla recibido. Mantenga sus ojos abiertos para las ofertas especiales de *CDs*, como pague uno y lleve dos, que maximizan sus compras de precio completo. Usted puede salirse del club una vez cumpla los requisitos de su membresía.

Reduzca el gasto con las descargas

¿Alguna vez ha comprado un álbum completo sólo por una canción? Habla de desperdicio de dinero. Gracias a la última tecnología, aquellos días terminaron. Ahora usted puede descargar canciones individuales de la Internet por 99 centavos o menos. De esa forma, su colección contendrá sólo las tonadas que usted quiere, y no le cuesta una fortuna ensamblarla.

Usted pudo haber oído todo el alboroto acerca de chicos descargando música ilegalmente de la Internet. Bien, usted también puede hacerlo legalmente. Revise estos sitios en busca de música económica.

- *Napster* hizo populares las descargas pero tuvo problemas legales. Está de regreso en el negocio y al descubierto, ofreciendo más de 1 millón de canciones, de más de 60.000 artistas, en *www.napster.com*. Por $9.95 al mes, usted obtiene descargas ilimitadas, aunque debe permanecer como miembro para acceder a la música.

- *Emusic* tiene tres planes de suscripción en *www.emusic.com*. Pague una cuota mensual de $9.99, $14.99 ó $19.99 por 40, 65, ó 90 descargas al mes, respectivamente.

- Otros sitios como la tienda *iTunes Music* en *www.itunes.com*, y la tienda *Musicmatch Music* en *www.musicmatch.com*, cobran desde 99 centavos hasta $1.29 por canción.

Es fácil encontrar la música que usted quiera en cualquiera de estos sitios, sólo busque por artista, álbum o canción. La mayoría le permite escuchar las canciones antes de comprarlas. Usted puede tener que descargar un software especial para acceder a la música, pero es gratis y fácil de usar, si sigue las instrucciones. Muchos servicios también

	Cargo mensual	Cargo por canción o límite de descargas	Tarjeta de descargas o certificado de regalo	Prueba gratis
Napster *www.napster.com*	$9.95	Ilimitado	$14.85 (15 canciones)	14 días
iTunes *www.itunes.com*	Ninguno	99 centavos a $1.29	$15, $25, ó $50	No
MusicNow *www.musicnow.com*	$9.95	99 centavos	$10 ó $20	7 días
Musicmatch *www.musicmatch.com*	Ninguno	99 centavos	$10 a $100	No
Emusic *www.emusic.com*	$9.99 a $19.99	40 a 90 canciones por mes	$29.97 a $119.88 (3 a 12 meses)	14 días

venden certificados de regalo, y tarjetas de descargas de prepago, que son buenos regalos.

Esté alerta de las redes de intercambio de archivos como *Kazaa*, *Morpheus*, *Gnutella* y *Grokster*. Usted puede descargar canciones ilimitadas, pero podría tener los mismos problemas legales que *Napster* experimentó si intercambia material con derechos de autor. Para una buena explicación de las descargas de música y enlaces a sitios legales, revise *www.whatsthedownload.com*.

Busque descuentos al detalle

No desestime las tiendas grandes al detalle mientras busca ofertas en música. Aunque su mercancía puede a menudo tener precios elevados, ellos también contribuyen con buenas ofertas.

- Busque en los contenedores de ofertas, *CDs* de bajo precio y alta calidad.

- Preste también atención a las ofertas. Las tiendas algunas veces ofrecen precios bajos por cierta etiqueta o tipo de música. Por ejemplo, todos los álbumes *Blue Note* o *CDs* de Jazz podrían tener el 25% de descuento.

- Revise las ofertas de reventa. Algunas cadenas grandes tienen una sección de *CDs* usados, en donde usted puede encontrar álbumes a una fracción de su precio al detalle.

Úselos de nuevo por centavos

¿Porqué pagar el precio completo por *CDs* y discos? Comprar usados puede ahorrarle un fajo de billetes. Usted encontrará joyas raras y descontinuadas, favoritos perdidos hace tiempo y grandes ofertas en, de otra forma, álbumes costosos.

Busque ofertas en *CDs* usados en tiendas de discos, ventas de garaje y tiendas de segunda mano. Mantenga un ojo abierto en convenciones de *CDs* y discos, en donde una pequeña cuota de entrada le permite buscar ofertas todo el día.

Antes de comprar, asegúrese de que el *CD* correcto está en la caja. Si usted está buscando *Bing Crosby*, usted no quiere terminar con *Metallica*. Examine el disco buscando rayones y otros defectos. Algunas tiendas le permiten incluso escucharlo antes de la compra, y muchas garantizan su mercancía.

Haga una oferta buscando ahorros en línea

Usted puede comprar casi todo en *eBay* a un buen precio, incluso álbumes olvidados que usted pensó que nunca volvería a oír de nuevo.

La selección de *CDs*, discos y casetes de todo el mundo lo sorprenderán. Y usted nunca pagará más de lo que quiere por cualquier artículo. Y lo mejor de todo, es fácil de usar. Sólo vaya a *www.ebay.com* en la Internet y siga estas simples instrucciones.

- Busque un álbum específico o navegue en las categorías de música.

- ¿Encontró lo que usted está buscando? Revise los comentarios de cada vendedor para ver qué tan satisfechos estuvieron otros compradores.

- O compre el artículo inmediatamente al precio fijado, o haga una oferta sobre él.

- ¿Ofertando? Fije un máximo, el máximo que usted esté dispuesto a pagar por el artículo, y *eBay* hará la mejor oferta por usted.

- Pague al vendedor si usted gana la subasta, y el artículo es suyo. La mayoría de los vendedores aceptan *PayPal*, una forma segura de comprar en línea.

- Asegúrese de tener en cuenta el envío cuando calcule el precio.

Los sitios de subastas también ofrecen una buena oportunidad de hacer dinero. Si usted encuentra un *CD*, casete o disco con un precio muy por debajo de su valor, usted puede comprarlo y luego venderlo para tener una ganancia. De hecho, mucha gente hace eso para vivir.

Cuando Josh Ferko perdió su empleo como administrador de una tienda de discos, él puso su conocimiento musical a funcionar. Ahora él gana para vivir comprando y vendiendo álbumes en subastas de la Internet.

"Muchos sitios como eBay le dan acceso a coleccionistas a través del mundo, a los que no llegaría a través de las tiendas, exhibiciones de discos o subastas privadas". Muchos pagarán muchos dólares por un álbum que ellos quieran, él explica. "Mi más reciente marca fue un rockabilly 45 por Lafayette Yarbrough, el cual obtuve de un mercado de pulgas por 50 centavos y vendí en eBay por $800 ", mucho más de lo que realmente valía.

Haga su tarea, dice Ferko. Esa es la clave para identificar buenas ofertas y venderlas en línea. "Usted necesita saber tanto como pueda de disqueras, productores, escritores, impresiones originales y artículos descontinuados." Por ejemplo, una edición original de un disco descontinuado hará más. La disquera, el productor o el escritor también pueden afectar su valor.

Busque en el sitio de ventas para ver por cuánto se están vendiendo artículos similares, luego fije sus precios adecuadamente. También, vea qué tantas otras personas están vendiendo lo que usted tiene. "No pierda su tiempo en cosas comunes," él aconseja. Éstas simplemente no le traerán suficiente dinero.

Como comprador, usted puede enganchar ofertas en discos o CDs buenos; sólo no espere un precio bajísimo en una piedra preciosa. Demasiados comerciantes y coleccionistas competirán por las ofertas, advierte Ferko. "De nuevo, haga búsquedas y sea paciente, y usted puede conseguir buenas ofertas en casi todo."

Sintonice para conseguir música gratis

Quizá usted no necesita ser el dueño de la música que escuche; usted sólo quiere disfrutarla. Hágalo gratis con la radio en la Internet. Todo lo que usted necesita es un computador con una conexión a Internet de banda ancha.

Usted encontrará estaciones de todo el mundo, tocando cada tipo de música imaginable de cada década. Sea que le guste *big band*, *bluegrass*, *blues*, *jazz*, *R&B*, folklórica, *country*, *reggae* o clásica; hay una estación en línea para usted. Además, usted tendrá un descanso de los absurdos locutores tocadiscos y detestables comerciales que se escuchan en las estaciones de radio locales.

Visite estos sitios Web para buscar estaciones de radio.

- *www.radio-locator.com*

- *www.radiotower.com*

- *www.virtualtuner.com*

- *www.live-radio.net*

- *www.live365.com*

Busque por género musical, ciudad, estado, país o nombre abreviado de la emisora. Luego siéntese, póngase sus audífonos o active sus parlantes, y disfrute de la música gratis. Los *CDs* ofrecen mejor calidad de sonido, pero usted no puede mejorar el precio de la radio de la Internet.

Escuche música sin cargos

Usted probablemente asocia bibliotecas con silencio, en donde el ruido recibe un estricto ¡no, no! Irónicamente, éstas son uno de los mejores sitios para escuchar buena música al precio perfecto: gratis.

Adicionalmente a los libros, muchas bibliotecas prestan discos compactos. El bibliotecario puede incluso dejarle escuchar la música en el sitio; con audífonos, por supuesto. Es una gran forma de escuchar una amplia variedad de música sin lastimar su bolsillo. Sólo asegúrese de no tener cobros por retraso.

Toque nuevas melodías con viejas herramientas

Sólo porque es de segunda mano no significa que es de segunda categoría. Los instrumentos usados de alta calidad a menudo son vendidos a precios muy bajos. Aquí está cómo sacar lo mejor de su dinero.

■ Aprenda todo lo que pueda antes de comprar. Hable con los expertos, haga algunas lecturas sobre el tema, o lleve a un amigo conocedor.

■ Revise los avisos clasificados, ventas de los bienes de una propiedad, sistemas de escuelas, comerciantes de piano, tiendas de empeño y *eBay*, u otros sitios de subastas en línea, para buscar grandes ofertas en instrumentos musicales usados.

■ Examine la pieza detenidamente, usted mismo, y tóquela para asegurarse de que funcione. Usted podría querer contratar a un profesional para revisar instrumentos costosos, como pianos.

Algunas piezas viejas, como pianos de cola de antes de la Segunda Guerra Mundial, realmente son apreciadas por su valor. Piense en su compra como una inversión, así como en una oferta.

Ahorre centavos cuando rente

Antes de comprar un instrumento, pruebe rentarlo. Es una forma de bajo costo y riesgo de explorar el mundo de la música, especialmente para principiantes. Usted necesita menos dinero inicial, y tiene la oportunidad de aprender más acerca de su instrumento elegido. Además, cuando esté listo para comprar, realmente ya sabrá qué buscar. Aquí está una exclusiva de esta opción que suena muy bien.

■ Usted paga mes por mes, como en la mayoría de los planes de renta.

■ Muchas tiendas ofrecen cobertura de reparaciones, en caso de que algo le ocurra al instrumento.

- Hable con músicos, profesores de música y dueños de tiendas, acerca de marcas, modelos y tipo de construcción. Luego pruebe sus recomendaciones usted mismo.

- Usted no tiene que limitar sus opciones a instrumentos fácilmente portátiles, usted puede incluso rentar pianos. Para saber cómo, revise la Internet o sus Páginas Amarillas locales, o pregunte en una tienda de música.

- Usted no tiene obligación de comprar, pero pregunte acerca de programas de "renta para compra". Muchas tiendas le permiten usar sus pagos de renta para la compra del instrumento.

Revise *Music & Arts Centers*, una cadena nacional que renta instrumentos de banda y orquesta, incluyendo trompetas, trombones, flautas y clarinetes. Visite su sitio Web en *www.musicarts.com* y haga clic en *Instrument Rentals*. Usted incluso puede poner su código postal para encontrar una tienda cercana.

Teléfonos

Cuélguele al fraude telefónico

Las compañías de teléfono llegan a usted por todos lados con esquemas "ahorradores de dinero"; pero ellas podrían hacerle gastar innecesariamente. Los cargos ocultos en su cuenta de teléfono, pueden aumentar el precio por mucho de lo que usted pensó que pagaría.

No las deje llevarse sus centavos a morir. Elimine aquellos cobros ocultos con unos simples consejos que le harán ahorrar dinero. Busque esas formas comunes que las compañías usan para meter cobros ocultos en su cuenta, y aprenda cómo evitarlos.

■ Lea su cuenta telefónica detenidamente para asegurarse de que tenga registrados servicios que no necesita o quiere.

■ Observe detenidamente cobros que no entiende y los vendedores no reconozcan, y llame a la compañía que los está cobrando. He aquí dos fraudes comunes: *slamming*, que es cuando una compañía de teléfono cambia su servicio sin permiso; y *cramming*, que es cuando ellos cobran por servicios que usted no pidió.

Estas prácticas de negocios sospechosas son malas, pero ladrones reales por teléfono pueden robarlo sin siquiera entrar en su casa. Por ejemplo, vendedores solapados podrían llamarlo por cobrar, y sinvergüenzas que roban su número de tarjeta de crédito pueden cargarle cobros de larga distancia. Pare a esos estafadores en su camino al tomar unas pocas precauciones.

- No acepte llamadas por cobrar de gente que usted no conoce.

- Busque códigos de área desconocidos antes de marcarlos. Algunos códigos internacionales parecen como códigos de área de los Estados Unidos. Llame y podrá enfrentar serios cobros. Primero pregunte al operador a dónde va a llamar ese código.

- Niéguese a dar su tarjeta de llamadas, cuenta bancaria, número de seguro social y otros número sensitivos por teléfono. Es su derecho.

Usted podría no reconocer un fraude hasta que le llega su cuenta de teléfono, así que revísela cuidadosamente cada mes. La Comisión Federal de Comunicaciones (*Federal Communications Commission*) ofrece más consejos y advertencias en su sitio Web *www.fcc.gov/cgb/information_directory.html*.

Derrote los fraudes de telemercadeo

Mande a volar a los estafadores por teléfono. El fraude telefónico es una industria de 40 mil millones de dólares al año. Aquí está cómo identificar a los legítimos telemercaderistas de los artistas del fraude.

- Sospeche cuando oiga "usted debe actuar ahora", "esta oferta está a punto de expirar", o "sólo quedan unos pocos." Revise con la oficina para negocios mejores (*Better Business Bureau*) primero. Las ofertas de hoy podrían ser igual de buenas que las de mañana.

- Cualquier organización legítima le enviará literatura acerca de su programa, pero los estafadores evitan el tema. No crea excusas como "es una oferta de una marca nueva y el material impreso no está disponible aún", o "no hay tiempo para enviarle información por correo."

- Sea escéptico si el telemercaderista le dice "¡usted ha ganado un fabuloso premio!" cuando usted no ha entrado a ningún concurso. También cuestione frases como "usted sólo tiene que pagar cuotas por impuestos, envío y manejo." Los premios reales no deben costar un centavo.

■ Nunca de sus números de tarjeta de crédito, tarjeta de llamadas, cuenta de banco o seguro social, a alguien que lo llama sin solicitud. Ellos no necesitan estos números para verificar su identidad o asegurar su premio.

■ Esté receloso de reclamos como "¡usted no puede perderse esta oferta de altos ingresos y sin riesgo!" Ningún negocio está libre de riesgos. Primero discuta inversiones grandes con un consejero financiero o un amigo de confianza.

■ Antes de marcar un número, revise su código de área. Algunos pueden elevar sus cargos por llamadas internacionales. Por ejemplo, evite llamadas al 809 (República Dominicana), 758 (Santa Lucía), o 664 (Monserrat). Pregunte al operador de dónde es el código, o búsquelo en línea en *www.consumer.att.com* y haga clic en Ayuda para el Directorio (*Directory Assistance*).

Recorte lo grueso de las cuentas telefónicas

El servicio telefónico básico no debe costar una fortuna; pero el suyo podría serlo gracias a algunos servicios que usted no usa. Observe de cerca sus tres últimos meses de cobro telefónico, y pregúntese si realmente necesita todos los servicios que está pagando.

■ Servicios extra como llamada en espera, redireccionamiento de llamada, llamada de conferencia e identificador de llamadas, son maravillosas; pero cada una puede costar de $40 a $85 al año. Decida cuales "bombos y platillos" usted no necesita.

■ Los teléfonos modernos a menudo tienen marcado rápido y contestador telefónico incluidos. Si es así, usted no debe comprar el mismo servicio de la compañía telefónica.

■ El servicio de directorio, marcado de regreso automático y repetición de marcado para número ocupados, casi nunca significan cargos extras. Use estas conveniencias con moderación.

- Pregunte a su proveedor telefónico cuáles ofertas de paquetes ofrecen. Usted podría estar pagando por varios servicios individuales que se vuelven más baratos en grupo.

- Por otra parte, si tiene un plan y no usa todos los extras; usted debería comprarlos por separado. Compare el precio de servicios individuales con los precios de paquetes.

Las compañías de teléfono ofrecen especiales todo el tiempo, así que revise con ellos para ver cómo podría ahorrar.

Busque una mejor oferta en llamadas de larga distancia

Las compañías de larga distancia continúan aumentando, dándole muchas oportunidades para ofrecer buenas tarifas. Reúna sus viejas cuentas telefónicas y elabore su perfil de llamadas. Anote:

- El número y longitud de llamadas que usted hace: dentro del estado, fuera del estado e internacional.

- En qué momento del día usted hace las llamadas de larga distancia y si son en fin de semana.

Pruebe estas doce formas inteligentes de recortar su cuenta telefónica.

✓ Revise su cuenta buscando cargos cuestionables.
✓ Cancele cualquier servicio innecesario.
✓ Elija un operador de larga distancia que se ajuste a sus necesidades.
✓ Haga llamadas de larga distancia con una tarjeta de teléfono de prepago.
✓ Use un plan de marcado de larga distancia económico (planes tipo *10-10 dial-around*).
✓ Escriba correos electrónicos en lugar de llamar a larga distancia.
✓ Consiga servicio telefónico a través de su conexión a la Internet.
✓ Llame con un teléfono celular con cobertura de larga distancia nacional.
✓ Compare las tarifas de teléfonos fijos y celulares en la Internet.
✓ No compre más minutos de celular que los que necesita.
✓ Permanezca dentro de su límite en minutos de celular.
✓ Regístrese en un plan de prepago de telefonía celular.

- La tarifa que usted paga, sea por minuto, por llamada o una tarifa mensual plena.

Ahora, vaya a la Internet y compare sus necesidades presentes con lo que hay disponible. Considere las compañías de larga distancia separadas del proveedor de llamadas local, así como los paquetes que combinan local y larga distancia. Algunas ofertas agrupan el teléfono de casa, teléfonos celulares, Internet de alta velocidad y cable de televisión. Comience con estos sitios Web.

- *www.smartprice.com*

- *www.consumersearch.com*

- *www.attitude-long-distance.com*

- *http://trac.org*

Marque indirectamente para ahorrar unos dólares extras

Los servicios de marcado indirecto, o servicios 10-10, le permiten "marcar indirectamente" sin usar su proveedor regular de larga distancia, y lo enganchan a una compañía de descuentos. Ellos podrían ahorrarle un dólar, o no.

Usted probablemente ha oído acerca de sus muy bajas tarifas, típicamente de 3 a 5 centavos por minuto. Eso es mucho mejor que los 7 centavos, y más, que muchas compañías grandes cobran por llamadas básicas entre estados.

Usted podría salvar aún más si usted marca al extranjero a menudo. Por ejemplo, si la compañía de teléfonos cobra 15 centavos por minuto para llamar a México; pero un servicio de llamada indirecta (*dial-around service*) cobra sólo 5 centavos; usted ahorra $10 por cada 100 minutos que hable.

Sin embargo, lo malo está en los detalles. La cuota de conexión en un servicio 10-10 puede ir, desde 29 centavos, hasta un dólar por llamada. Una llamada de 10 minutos, en un servicio de larga distancia regular, a 7 centavos por minuto y sin costo de conexión, cuesta

70 centavos. La misma llamada, usando un servicio de llamada indirecta, a 3 centavos por minuto, con 50 centavos de cargo por conexión, costará 80 centavos. No hay ahorro en absoluto. El sitio Web de la Internet *10-10-phonerates.com* puede ayudarle a decidir si es adecuado para usted.

Las tarjetas de prepago recortan todos los costos

Sea durante un viaje o en casa, las tarjetas telefónicas de prepago son una forma barata de pagar por servicios de larga distancia, cobrando sólo centavos por minuto, por llamadas nacionales y de larga distancia.

Viajeros, estudiantes y gente que llama al extranjero las prefieren, porque cuestan menos y son más convenientes que las llamadas por cobrar, llamadas con tarjeta de crédito o cobros a su teléfono de casa. De hecho, algunas personas usan tarjetas de prepago para todas sus necesidades de larga distancia.

Usted paga por la tarjeta y un número de minutos por adelantado. Un sistema de computador mantiene la cuenta de cuántos minutos usted usa, y le da la opción de "recargar", o comprar más, cuando se terminan.

Usted puede comprarlas en todas partes, desde puestos de periódicos, hasta tiendas de descuento, e incluso en la Internet. Pero las tarifas y cobros varían significativamente. Las tarjetas también enfrentan quejas comunes como que los números de acceso y los números de identificación no funcionan, tarjetas que expiran inadvertidamente, y cargos no predecibles.

- Consiga recomendaciones de amigos y familiares que hayan tenido suerte con cierto emisor de tarjetas.

- Lea la letra pequeña. Asegúrese de que usted entiende las tarifas e instrucciones en la tarjeta que usted compre.

- Comience comprando la mínima cantidad de minutos, para mantener sus pérdidas pequeñas, en caso de que la tarjeta no funcione.

Gratis significa mantenerse en contacto

Antes de los teléfonos y la larga distancia, la gente se mantenía en contacto escribiendo cartas. Es aún una buena forma de mantener a raya a las cuentas de teléfono altas; y es aún más fácil y económico hoy, gracias a los computadores.

El correo electrónico no cuesta nada. Usted puede rápidamente escribir y enviar una carta sin estampillas, sobres o un viaje a la oficina postal.

Usted no tiene que preocuparse acerca de localizar a alguien, e incluso podría recibir una respuesta inmediata.

Cuélguese del vagón de la banda ancha

El servicio de teléfono por la Internet podría ser perfectamente la forma del futuro. *VoIP*, o Voz sobre un Protocolo de Internet (*Voice over Internet Protocol*), le da servicio telefónico total; local, larga distancia y todos los extras; por tan poco como $20 al mes. Eso es una tercera parte de lo que el norteamericano promedio paga por el servicio telefónico tradicional.

Usted necesita una conexión a la Internet de banda ancha, o de alta velocidad, para usarlo. El *VoIP* convierte su señal de voz en el teléfono en una señal digital, y la envía por la Internet.

Los negocios y las compañías de teléfono han tenido esta tecnología sofisticada por años, y ahora la gente como usted la puede tener también. De hecho, los investigadores dicen que un millón de personas usaron *VoIP* en 2004, arriba de tan sólo 131.000 en 2003. Para el 2008, ellos estiman que más de 17.5 millones de personas se suscribirán al servicio de teléfono *VoIP*.

Muchos proveedores de *VoIP* le permiten llamar a otros clientes *VoIP* gratuitamente; pero usted tendrá que pagar por hablar con personas que tienen el servicio telefónico regular. Los planes de precios varían constantemente, pero la mayoría van de $10 a $40 al mes. Ellos van desde un número fijo de minutos para llamadas locales y de larga distancia, hasta llamadas ilimitadas, e incluso al extranjero.

¿Interesado en el concepto, pero escéptico acerca de qué tan bien funciona? Regístrese en uno de esos servicios *VoIP* y mantenga su servicio telefónico regular por un tiempo.

Quite la larga distancia para bien

Aleje los cargos de larga distancia al preferir los teléfonos celulares. Más y más planes de teléfono celular ofrecen larga distancia gratis, y más y más gente está haciendo el cambio.

Por supuesto, algunos límites aplican. Pruebe estos consejos para lograr lo máximo de sus llamadas de celular.

- Encuentre un plan que no cobre cargos extras por larga distancia.

- Elija uno con suficientes minutos para suplir sus necesidades al llamar.

- La mayoría de operadores le dan tiempo ilimitado de llamadas en las noches y en fines de semana, pero revise el contrato.

- Algunos operadores le permiten hacer llamadas gratis hacia cualquiera de sus clientes. Considere registrar con la misma compañía a sus hijos, familiares y amigos.

Navegue para buscar especiales en teléfonos celulares

Cuando esté listo para tener un nuevo teléfono celular o equipamiento extra, como audífonos y baterías, vale la pena comparar. Las tiendas de electrónicos y proveedores de servicios usualmente venden a precio de lista, pero muchos sitios Web ofrecen descuentos y ofertas especiales, tanto en teléfonos como en accesorios.

Operadores diferentes y planes de servicios usan teléfonos diferentes y únicos. Antes de comprar un teléfono nuevo, primero elija su compañía telefónica y plan de precios. Luego compare, comenzando con estos sitios Web.

- www.letstalk.com

- www.phonedog.com

- www.myphonefinder.com

- www.intelenetwireless.com

- www.easycellphones.com

Usted también puede visitar el sitio Web de cada operador inalámbrico. Ellos a menudo ofrecen ofertas en línea para sus teléfonos, accesorios y planes no disponibles en tiendas.

Estudie la cuenta para ahorrar en teléfonos celulares

Usted probablemente paga por muchos más minutos de celular que los que realmente usa. En promedio, la gente sólo usa un 60% de los minutos de celular que ellos compran, de acuerdo a *J.D. Power and Associates*. Eso deja mucho espacio para recortar su cuenta.

Calcule cuando, en donde y cuanto usted usa su teléfono. Luego observe los diferentes planes y elija uno que le dé sólo lo que necesita.

- Desde dónde llama puede costarle. Algunos planes cobran exageradas cuotas de conexión (*roaming*), cuando usted hace o recibe llamadas fuera de un área designada. Compre cobertura amplia. Ésta cuesta más, con la mayoría de compañías, pero la necesitará si usted usa su teléfono para cualquier llamada excepto las locales.

- A quién llama importa también. Algunos planes cobran cargos extras por larga distancia, otros no. Servicios como llamadas gratis a clientes que usan la misma compañía de celular puede ahorrarle dinero si éstos se ajustan a sus hábitos de uso.

- Cuando usted llama hace la diferencia. Minutos para "cualquier momento" (durante el día) cuestan mucho más que los minutos de "hora no pico" (noche y fines de semana).

Algunas veces los minutos de hora no pico incluso vienen gratis con su plan de servicio. Si usted hace la mayoría de llamadas en la noche, usted necesitará menos de los minutos costosos. Considere un plan con menos minutos para cualquier momento, pero con llamadas ilimitadas por las noches y fines de semana.

- Tampoco se quede corto en minutos. Use más minutos de celular que los que el plan le asigne, y usted los pagará caros, a alrededor de 40 centavos por minuto adicional. Si habla durante 350 minutos en un plan de $30 por 300 minutos; usted realmente pagará $50. Mejor pida un plan de 600 minutos por $40 al mes.

- Si usted tiene varios teléfonos celulares en su casa, y habla mucho, busque un plan familiar que le dé múltiples líneas y un buen paquete de minutos compartidos.

> Varios sitios Web le darán toda la información que necesita para encontrar un plan de telefonía celular que sea justo para usted. Ellos proveen comparaciones lado a lado de forma que usted revise los pros y contras de cada plan. Algunos sitios por probar:
>
> - *www.myrateplan.com*
> - *www.wirelessadvisor.com*
> - *www.letstalk.com*

Evite minutos excedentes costosos

Use más minutos que los que su plan de celular le asigna, y lo pagará caro, tanto como 40 centavos por minuto. Un poco de cuidado en el registro, de qué tanto usted habla, puede servir a largo plazo.

Algunos operadores telefónicos le permiten llamar para revisar cuántos minutos le quedan; otros le permiten ver esa información en el sitio Web de la Internet.

Actualmente, unas pocas compañías independientes revisan su saldo de minutos, y le alertan cuando vaya a pasar su límite.

- Su banco, compañía de tarjetas de crédito o servicio de Internet podrían ofrecer este servicio gratuitamente a sus miembros. Llame y pregunte.

- Vaya en línea a *www.minutecheck.com* para registrarse en una prueba de 60 días de servicio, o para comprarlo por $24 al año. Unos pocos minutos ahora podrían ahorrarle más que tiempo después.

Los compradores tajantes usan prepago para ahorrar

¿Quiere un teléfono celular para emergencias pero no planea usarlo frecuentemente? Un teléfono de prepago podría servirle mejor.

Los planes regulares de telefonía celular le hacen firmar un contrato anual que cuesta $30 o más al mes; y pueden dejarlo con minutos sobrantes.

Los teléfonos de prepago, sin embargo, funcionan similarmente a las tarjetas telefónicas de prepago, y cuestan alrededor de $20 cada tres meses. Usted paga por un cierto número de minutos, los cuales tiene que usar o perderlos en cierta cantidad de tiempo. Una vez los use, usted simplemente compra más.

Los puntos negativos: La tasa por minuto es mayor que en los planes regulares de telefonía celular, y los teléfonos de prepago vienen con menos "bombos y platillos". Balancee los pros y los contras, y luego decida usted mismo.

Recetas médicas

Corte en dos sus costos de recetas médicas

Dividir pastillas, un truco inteligente y legal, se ha vuelto un método popular de reducción de costos con pacientes, médicos y compañías de seguros. Por ejemplo, una pastilla de 10 miligramos podría costar sólo unos pocos centavos más que una de 5 miligramos. Cuando usted la divide, está consiguiendo dos dosis por el precio de una.

Muchas tabletas vienen con surcos o líneas para facilitar su partición. Y muchas farmacias venden cortadores de pastillas baratos. Hable con su médico acerca de prescribir tabletas de dosis mayores que usted pueda cortar en dos.

Sólo asegúrese de aclararlo con el farmaceuta. Dividir pastillas no es una buena idea en todos los medicamentos. Usted no debería tratar de cortar tabletas de disolución prolongada o píldoras brilla ntes cubiertas de entérica. Y piénselo dos veces antes de dividir una pastilla sin surcos. Podría no dividirse en dos partes iguales, dándole mucho o poco del medicamento, lo cual empeoraría los efectos secundarios o reduciría su efectividad.

Si la pastilla tiende a desmenuzarse cuando es dividida, o si es críticamente importante que usted tome sólo la dosis correcta, vaya a lo seguro y no divida la pastilla. Finalmente, si tiene problemas dividiendo la pastilla, pídale al farmacéutico o a alguien más que le ayude.

Algunos estudios sugieren que las siguientes pastillas pueden ser divididas, en forma generalmente segura y ahorradora de dinero.

- *Atorvastatin (Lipitor)*

- *Citalopram (Celexa)*

- *Clonazepam (Klonopin)*

- *Doxazosin (Cardura)*

- *Lisinopril (Zestril)*

- *Nefazodone (Serzone)*

- *Olanzapine (Zyprexa)*

- *Paroxetine (Paxil)*

- *Pravastatin (Pravachol)*

- *Sertraline (Zoloft)*

- *Sildenafil (Viagra)*

Compre más y pague menos

Manejar una condición crónica es difícil. Pagar por ella puede enviarlo a la pobreza. Pero las farmacias por correo podrían ofrecer la solución perfecta, al abastecer una receta médica con hasta un 50% por debajo del precio al detalle y entregarla en su puerta.

Comprar por correo no tiene sentido para todos los medicamentos porque usted tiene que comprar en cantidad, pero es justo lo que el médico ordenó en la receta médica que usted toma diariamente. Desafortunadamente, no todas las compañías de pedido por correo son iguales. Algunas realmente cobran más que lo que pagaría en su farmacia favorita. Otras ofrecen genuinamente buenas ofertas.

Llame a varias farmacias por correo y pídales que le den una cotización de su medicamento; luego compare con lo que pagaría en su farmacia local. La mayoría no cobran cuotas de membresía, pero tenga cuidado con los cargos por envío y manejo. Pídales incluir aquellos cargos en la cotización.

Eche un vistazo a estas farmacias por correo y pregúntele a su médico
si él puede recomendar algunas otras.

Advantage Health Services *www.advantagerx.com*	800-682-8283
DrugPlace *www.drugplace.com*	800-881-6325

Algunos medicamentos se pueden dañar por exceso de calor, al cual
algunas veces son expuestos los medicamentos enviados por correo
durante su transporte. Primero hable con su médico sobre si es
seguro pedir su medicamento a través del correo.

Cómo agarrar centavos en la farmacia

Algunas veces usted ahorra más, en el mismo medicamento, sólo por
comprar al por mayor. Cuando usted va a la tienda de comestibles, la
caja grande de detergente cuesta menos por onza que la caja
pequeña. El mismo descuento en precios a menudo se aplica en
medicamentos de receta médica.

Pregunte a su farmaceuta si es más barato comprar su medicamento
a granel, y si su seguro cubrirá esa cantidad. Si es así, hable con su
médico acerca de escribir una receta médica por una cantidad mayor.

Algunas veces es mejor quedarse con las cantidades menores. No
trate de comprar antibióticos o sustancias controladas, como medicamentos narcóticos para el dolor, a granel. Y si usted está abasteciendo
una receta médica por primera vez, compre sólo la menor cantidad,
en caso de que ésta no funcione o cause efectos secundarios serios.

Cuatro formas no dolorosas de cambiarse a los genéricos

No tiene sentido pagar precios exagerados por medicamentos de receta médica. Los medicamentos genéricos podrían ahorrarle un 50% o más en los medicamentos que compre. Estos medicamentos son igualmente efectivos que los de mayor precio, sólo que usted paga menos.

Los medicamentos genéricos deben ser aprobados por la Administración de Alimentos y Medicamentos (*Food and Drug Administration*; *FDA*, por sus siglas en inglés), y están sometidos a las mismas estrictas medidas de seguridad, calidad y efectividad. Ellos deben contener los mismos ingredientes activos, con la misma dosis, y tener el mismo efecto en su cuerpo, que los medicamentos de marca. Las únicas diferencias son el aspecto, los ingredientes inactivos que contienen, y el precio.

Los medicamentos genéricos en los Estados Unidos pueden incluso ser más baratos que los medicamentos canadienses. La *FDA* comparó

No espere para ir por los genéricos

Ocho de cada diez personas están peleando el alto costo de los medicamentos de marca, al sustituirlos con genéricos; pero no adultos mayores. Mientras que más de la mitad de las recetas médicas compradas en los Estados Unidos son de medicamentos genéricos, los adultos mayores las usan con menos frecuencia.

¿Por qué la resistencia? En promedio, los genéricos cuestan un 70% menos que sus equivalentes de marca. Usted podría pagar incluso menos al usar la tarjeta de descuento del *Medicare*; 39% al 65% menos que lo que otras personas pagan por recetas genéricas; y hasta un 92% menos que lo que usted pagaría por la versión de marca.

Cámbiese a los genéricos y considere enrolarse en un programa de tarjeta de descuento de medicamentos de *Medicare* mientras usted está en ese plan.

los costos de siete medicamentos genéricos para condiciones crónicas, muy vendidos en los Estados Unidos, con el precio de sus similares de marca en Canadá. Seis de los siete genéricos eran más baratos que los de marca canadiense, y cinco de los siete eran más baratos que las versiones genéricas canadienses.

Aquí está cómo usted puede hacer el cambio hacia los genéricos:

- Dígale a su médico que tiene un presupuesto limitado, y pídale que le prescriba una versión genérica del medicamento de marca que él usualmente prescribe.

- Pregunte al farmacéutico si un sustituto genérico de su prescripción está disponible. El farmacéutico podría saber de medicamentos genéricos que su médico desconoce, y puede consultar con él para cambiar la prescripción.

- Visite el sitio Web de *Blue Cross Blue Shield of Michigan* en *www.theunadvertisedbrand.com* para buscar equivalentes genéricos de sus medicamentos de marca y aumentar sus ahorros potenciales.

- Revise con *Medicare*. La gente que está enrolada en el programa de la tarjeta de descuento de medicamentos de *Medicare*, puede averiguar si hay genéricos disponibles para sus recetas médicas de medicamentos de marca; de igual forma, pregunte qué tanto ellos le pueden ahorrar al llamar a la línea gratuita de *Medicare* 800-MEDICARE, o visitar su sitio web *www.medicare.gov*.

Ahorre una fortuna con las muestras de regalo

Siempre pídale a su médico que le dé muestras de medicamentos gratis, cada vez que él haga una prescripción para usted. Eso podría ahorrarle cientos de dólares, especialmente en prescripciones nuevas, al permitir que usted haga una prueba del medicamento primero. Usted descubrirá cuáles no funcionan, o causan efectos secundarios terribles, antes de invertir una fortuna en la farmacia.

Las muestras también le dan tiempo para comparar precios. Y no se sienta culpable por preguntar; las compañías de medicamentos quieren que usted use esas muestras de regalo. Estas compañías les dan muchas muestras de medicinas, de prescripción y de no prescripción, a los médicos, de forma que ellos se las pasen a usted.

Buenos sitios para comparar precios

Los precios de medicamentos pueden variar dramáticamente, incluso en línea. Afortunadamente, unos pocos sitios Web, con reputación, se encargan de las conjeturas de la comparación de precios.

Compare los precios de medicamentos de prescripción en una variedad de farmacias de la Internet, con un simple clic de su ratón, en *www.pharmacychecker.com*. Este sitio también investiga las farmacias por correo y de la Internet, luego las ordena por garantía y seguridad en línea, entre otros criterios.

Los sitios Web como *www.pillbot.com* y *www.destinationrx.com* le ayudan a comparar costos entre las farmacias de la Internet.

En donde sea que usted compre, esté alerta de los cobros ocultos, como envío costoso y cargos por manejo. Éstos rápidamente se suman, convirtiendo una fantástica oferta en una pesadilla costosa.

Consejo de seguridad para comprar recetas médicas en línea

Cuarenta y cinco por ciento de adultos mayores norteamericanos tomas medicamentos de prescripción con regularidad. Veintiséis por ciento de los norteamericanos han buscado información acerca de medicamentos de prescripción en línea. Incluso, la mayoría de las personas tienen temor de comprar medicamentos, o cualquier otra cosa, en la Internet. Sesenta y dos por ciento de los norteamericanos piensan que comprar medicamentos en línea no es tan seguro como comprar medicamentos en la farmacia, y quizá con buena razón.

Temores por el robo de identidad, la calidad de los medicamentos y la honradez de los comerciantes de la Internet, le darían a cualquier persona en qué pensar. Al mismo tiempo, los ahorros y la conveniencia de las tiendas en línea son difíciles de superar. Las farmacias de la Internet tienen menores costos indirectos que las farmacias convencionales, así que ellas a menudo ofrecen mejores ofertas en prescripciones. Usted también puede comparar precios más fácilmente en su computador, que ir de tienda en tienda o llamando.

Abastecer sus recetas médicas en línea puede ser seguro, si usted sabe qué buscar. Comience buscando el sello *VIPPS* (*Verified Internet Pharmacy Practice Sites*) en el sitio Web de la farmacia en línea. Este muestra que la farmacia está licenciada por los estados en los cuales opera y que cumple con los requisitos de calidad y seguridad, de la Asociación Nacional de Consejos de Farmacias (*National Association of Boards of Pharmacy*; *NABP*, por sus siglas en inglés). Para ver una lista actualizada de farmacias de la Internet, certificadas con el sello *VIPPS*, vaya a la página Web de la *NABP* en *www.nabp.net*, o llame al 847-391-4406.

Las siguientes farmacias en línea han recibido la certificación *VIPPS*:

- *Accurate Pharmacy* (*www.accuratepharmacy.com*)

- *Advance Rx* (*www.advancerx.com*)

- *Anthem Prescription* (*www.anthemprescription.com*)

- *Caremark, Inc.* (*www.caremark.com*)

- *Click Pharmacy* (*www.clickpharmacy.com*)

- *CVS Pharmacy* (*www.cvs.com*)

- *Drugstore.com* (*www.drugstore.com*)

- *Familymeds* (*www.familymeds.com*)

- *Medco Health Solutions, Inc.* (*www.medcohealth.com*)

- *Care for Life* (*www.careforlife.com*)

- *RxWEST* (*www.rxwest.com*)

- *CIGNA Tel-Drug* (*www.teldrug.com*)

- *Walgreens.com* (*www.walgreens.com*)

Muchos de estos sitios Web ofrecen información sobre efectos secundarios y posible interacción entre medicamentos. Ellos deben también darle un número telefónico al cual llamar si usted necesita hablar con un farmaceuta. No compre en sitios que no ofrezcan estos servicios.

Formas inteligentes de gastar menos en medicamentos

La membresía en un club o programa puede ahorrarle mucho dinero en medicamentos de prescripción, especialmente si usted no está asegurado. Usted podría tener que pagar una pequeña cuota de membresía para recibir un descuento en medicamentos y dispositivos, pero los costos por adelantado podrían bien valer la pena.

Por ejemplo, unirse a *AARP* por $12.50 al año, le da acceso a su programa de descuentos en medicamentos, *MembeRx Choice*. Como miembro de *AARP* usted puede registrarse en *MembeRx Choice* por un pago anual adicional de $19.95, y luego usar su tarjeta de membresía para descubrir precios de descuentos en medicamentos de marca en farmacias participantes, o a través del Servicio de Farmacia (*Pharmacy Service*) de *AARP*.

Usted ahorrará hasta un 53% en prescripciones de alta demanda y logrará ahorros de 30% al 50% al comprar genéricos, en lugar de medicamentos de marca. No es un mal retorno en una pequeña inversión. Aprenda más de este programa al llamar a la línea gratuita 877-231-6015.

El programa de *AARP* es sólo uno de muchos, y algunos podrían ahorrarle más dinero. Usted no va creer los ahorros a través de *MatureRx*, un programa *Caremark* para adultos

No deje que el cuidado de la salud devore sus ingresos. Estos consejos pueden dar la "mordida" al comprar medicamentos de prescripción.

- ✓ Dividir las pastillas
- ✓ Comprar medicamentos en cantidad
- ✓ Solicitar genéricos sustitutos
- ✓ Pedirle a su doctor muestras gratis
- ✓ Comprar en farmacias en línea de reputación
- ✓ Usar su membresía de una organización para conseguir descuentos en medicamentos

mayores no asegurados o sub-asegurados. Usted puede conseguir tanto medicamentos de prescripción, como de marca o genéricos, con hasta el 65% de descuento en farmacias participantes.

Usted incluso ahorrará más cuando compre medicamentos preferidos. Enrolarse en el programa es gratis. Sólo llame al 800-511-1314. Una vez usted reciba su tarjeta de membresía, preséntela en las farmacias participantes para ganar su descuento instantáneo.

Las membresías de otros grupos, tales como *AAA*, *Costco*, y *Sam's Club*, pueden pagarse con descuentos especiales en prescripciones. Piense en todas las membresías que usted ya tiene y averigüe si ellas ofrecen descuentos en medicamentos.

Error por evitar cuando se recortan costos

Economizar en medicamentos que usted necesita no recortará los costos. Un estudio reciente patrocinado por los Institutos Nacionales de la Salud (*National Institutes of Health*) observó los hábitos de salud de más de 7.000 adultos mayores de 51 años.

Las personas con enfermedades del corazón, que evitaron sus dosis de medicamentos por los costos, tuvieron un 50% más de probabilidad de sufrir un ataque al corazón, derrame cerebral o angina, que aquellos que tomaron sus medicamentos como estaban prescritos. Mientras que puede ahorrar dinero de esa forma usted gastará mucho más en viajes al hospital, sin mencionar los tremendos costos a su salud, años de vida y calidad de vida.

Ahorre en medicamentos al norte de la frontera

Los medicamentos canadienses pueden ser un 50% a 80% más baratos que los medicamentos de su farmacia local. El reto está en saber cómo comprarlos y a quién comprárselos. No todos los medicamentos importados son seguros o efectivos, y no todos los vendedores que dicen pertenecer a farmacias canadienses realmente lo son.

Viajar a Canadá es la mejor forma de abastecer sus prescripciones. Vaya por su cuenta o con un grupo, como la Federación de Adultos Mayores de Minnesota (*Minnesota Senior Federation*). Usted puede ver por sí mismo de dónde viene su medicina; visite una farmacia

Importe medicamentos a su propio riesgo

Comprar medicamentos de Canadá o cualquier país extranjero es ilegal, y la Administración de Alimentos y Medicamentos (*Food and Drug Administration*; *FDA*, por sus siglas en inglés) alerta que esos medicamentos podrían no ser seguros. A pesar de eso, más y más gente abastece sus prescripciones de farmacias canadienses porque no tienen los medios para conseguirlas de otra forma. Algunos estados lo hacen, también, y algunos miembros del Congreso esperan pasar leyes que permita a la gente la importación legal de medicinas.

Por ahora, la práctica permanece ilegal, pero el gobierno está profundamente dividido; los legisladores no quieren procesar a la gente porque ellos entienden las decisiones difíciles que los adultos mayores enfrentan. Hasta ahora, la *FDA* no ha perseguido a individuos o grupos por comprar ilegalmente medicamentos extranjeros. En lugar de eso, ha perseguido a los negocios que las venden, como las farmacias canadienses.

Pero esto puede ser sólo una cuestión de tiempo. Usted deberá entender que si usted compra sus medicinas de una farmacia extranjera, sea en línea, por correo, o cruzando la frontera, usted se arriesga a tener asuntos con la ley hasta que el Congreso cambie las reglas.

canadiense de ladrillo y cemento, y hable en persona con un farmaceuta acerca de sus medicamentos, efectos secundarios e interacción entre medicamentos.

Podría ser necesario que un médico canadiense escriba de nuevo su receta médica antes de que la farmacia la abastezca. Llame a la tienda por adelantado y pregunte. Si es así, pídales que le recomienden a un médico canadiense, o visite un médico en la frontera antes de ir. Algunos médicos que ejercen cerca de la frontera están licenciados tanto en Canadá, cómo en Estados Unidos; y ellos pueden escribir prescripciones para cualquiera de los dos países.

Usted puede comprar en línea o por teléfono. Las farmacias de la Internet y por correo abastecen prescripciones escritas por su doctor y le envían los medicamentos.

Desafortunadamente, no cada tienda que clama ser una farmacia canadiense lo es. Comerciantes de China, India y otros países, se anuncian como canadienses, pero los medicamentos que ellos venden no están sujetos a las estrictas leyes Canadienses de seguridad y calidad. Usted podría pagar con su salud.

Busque farmacias en la Internet y por correo que:

- tengan números telefónicos gratuitos que sean atendidos por operadores en vivo, no un servicio de contestador telefónico.

- tengan una dirección física en Canadá, en lugar de un Correo Postal (*P.O. Box*).

- requieran una prescripción. Los comerciantes no legítimos venden medicamentos sin receta médica.

- estén aprobados por la Comisión de Acreditación de Farmacias por Correo (*Internet and Mail-order Pharmacy Accreditation Commission*; *IMPAC*, por sus siglas en inglés), o la Asociación de Farmacias Internacionales de Canadá (*Canadian International Pharmacy Association*; *CIPA*, por sus siglas en inglés).

Las farmacias de reputación generalmente hacen que un doctor canadiense revise su receta médica, e historia médica, antes de despachar la venta. Algunas tiendas cobran una cuota por esto, otras no; así que inclúyalo en los costos. También compare para conseguir la mejor oferta en envío y manejo.

Aquí hay algunas farmacias recomendadas, de la Internet y por correo.

CrossBorderPharmacy.com *www.crossborderpharmacy.com*	888-626-0696
LePharmacy.com *www.lepharmacy.com*	888-453-6275
UniversalDrugstore.com *www.universaldrugstore.com*	866-456-2456
AffordableRx *www.affordablerx.com*	800-351-3035

Usted puede encontrar muchas otras farmacias dignas de confianza en *www.pharmacychecker.com*. Esta compañía revisa cada tienda y la califica en una escala de uno a cinco. No compre de una fuente que califique con menos de cinco.

Saque lo máximo de su declaración de impuestos

Sus medicamentos pueden darle grandes ahorros en impuestos; pero no si usted los consigue en Canadá. Usted puede deducir los costos de sus medicamentos como gastos médicos cuando declara sus impuestos cada año, de acuerdo al *IRS*. Pero los medicamentos pedidos o enviados de otros países no cuentan. Eso es porque usted sólo puede deducir medicamentos aquellos obtenidos legalmente; y justo ahora comprar medicamentos de Canadá es ilegal. El Congreso puede cambiar esto en el futuro, pero mientras tanto tenga en mente que el dinero que ahorre comprando en la frontera podría perderse en el momento de preparar sus impuestos.

Cómo elegir los mejores programas

Encontrar su camino entre el laberinto de descuentos en medica-mentos y programas de gobierno ya no tiene que ser una tarea de héroes. Ahora usted puede hacerlo con un solo clic. El Consejo Nacional de la Edad (*National Council on the Aging*) y la Coalición de Acceso a Beneficios (*Coalition for Benefit Access)* han unido fuerzas para ayudarle a elegir la mejor combinación de descuentos en planes de descuento y tarjetas.

Sólo visite *www.benefitcheckup.org* en la Internet. A partir de ahí, usted puede conseguir información, tanto para programas de medicamentos de prescripción usando *BenefitsCheckUpRx*, como para tarjetas de descuento de medicamentos *Medicare* con el buscador de tarjetas *Medicare Card Finder*. Luego haga clic en el botón de inicio (*Start*) bajo el tema que quiera investigar. En ambos casos usted encontrará un pequeño cuestionario acerca de dónde vive, sus ingresos, qué medicamentos toma, y su fecha de nacimiento. Usted puede quedar tranquilo, ya que toda la información permanecerá confidencial.

Este servicio electrónico es gratis. En menos de 10 minutos, usted averiguará qué tipo de combinación de programas, o cuales tarjetas de descuento, le harán ahorrar más dinero con base a sus necesidades específicas. El computador incluso puede imprimir los formularios de solicitud para cada uno de los programas que elija. Llénelos, envíelos y usted estará inscrito. Es así de simple.

Tomándole sentido a las tarjetas de medicamentos de *Medicare*

Las tarjetas de descuentos de medicamentos, aprobadas por *Medicare*, pueden ayudar a pagar sus medicinas hasta que el plan completo de medicamentos de prescripción de *Medicare* comience en el año 2006.

Justo ahora usted puede elegir entre docenas de tarjetas y planes, cada uno ofreciendo descuentos en varios medicamentos y en diferentes farmacias. Esta guía hace fácil elegir la tarjeta que sea adecuada para usted. Aquí están las reglas generales.

- Usted puede sólo registrarse para obtener una tarjeta, así que elija cuidadosamente.

- Cada tarjeta de descuento de medicamentos aprobada por *Medicare* cobra una cuota anual de hasta $30 al año.

- *Medicare* puede pagar la cuota de registro y otorgar $600 de crédito para adultos de bajos ingresos, personas solteras que ganen menos de $12.569, y parejas que ganen menos de $16.862 al año.

- Las tarjetas le ahorran cerca de un 20% en el precio al detalle de prescripciones, aunque usted conseguirá mayores descuentos en ciertos medicamentos.

El mejor consejo: busque una tarjeta que le dé las mejores ofertas en prescripciones que usted necesita, y le permita comprar en la farmacia de su elección. Hable con su farmaceuta, y compare estos recursos para decidir los que mejor se ajustan a su caso.

- *Benefits CheckUp*, un servicio del Consejo Nacional de la Edad (*National Council on the Aging*), en *www.benefitscheckup.org*.

Qué esperar de *Medicare*

Los beneficios en medicamentos, para adultos mayores cambiarán tan pronto como el nuevo programa de *Medicare* entre en efecto. Aquí está lo que usted puede esperar.

- Usted tendrá que elegir entre registrarse para cobertura de medicamentos de prescripción con una compañía privada, o usar un seguro de salud privado para pagar los medicamentos y otros cuidados de la salud.
- Usted pagará una prima mensual de $35 por la póliza de medicamentos de prescripción, con un deducible anual de $250 .
- *Medicare* cubrirá el 75% de los costos de sus medicamentos, siempre que usted gaste menos de $2.250 en total.
- *Medicare* no va a pagar si usted gasta más de $2.250, pero menos de $3.600 al año en medicamentos.
- Gaste más de $3.600 en medicinas, y *Medicare* le reembolsará el 95% del costo.

Los adultos mayores de bajos recursos que ganen un poco más de lo permitido como para calificar para *Medicaid* son un caso especial bajo el nuevo plan. Ellos pueden enrolarse en la póliza de medicamentos de prescripción de *Medicare* pero no tienen que pagar primas mensuales o deducibles. Estos adultos mayores también pueden obtener increíbles descuentos en sus medicamentos.

Estas guías podrían cambiar de nuevo antes de que el plan se inicie. Su mejor opción para tener información actualizada es discutir el plan de *Medicare* con su médico, o ponerse en contacto con la más cercana de las Agencias del Área en Edad (*Area Agencies on Aging*; *AAA*, por sus siglas en inglés). Usted puede encontrar su agencia *AAA* más cercana en las páginas azules de su directorio telefónico, o al llamar al Localizador Nacional de *Eldercare* en la línea gratuita 800-677-1116.

- Los representantes de servicio al cliente de *Medicare* (*Medicare Customer Service*) en 800-MEDICARE, o 800-633-4227.

A pesar de la ayuda de la tarjeta, usted puede ahorrar más comprando por correo o en la Internet. Un plan de seguro de empleados, cobertura de veteranos, seguro complementario, o póliza *Medigap*, podrían superar las ofertas de las tarjetas de *Medicare*. Y no olvide los medicamentos genéricos. Elija la tarjeta que mejor se ajuste a sus necesidades y luego compare los ahorros.

Usted no tiene que conseguir una tarjeta de descuento en medicamentos. El programa es voluntario. Pero si usted quiere una, usted debe registrarse antes del 31 de diciembre de 2005.

El gobierno extenderá la siguiente fase de su cobertura *Medicare*, planes de medicamentos con prescripción, a finales del 2005. Usted puede enrolarse temprano el 15 de noviembre de 2005. Su tarjeta de descuentos en medicamentos expirará el 15 de mayo de 2006, o cuando usted se una a un plan de prescripciones, lo que ocurra primero. Usted no podrá usar ambos planes.

Averigüe si usted califica para recibir ayuda

La gente que no tiene cobertura de medicamentos con prescripción a través de un programa de seguros o del gobierno, como *Medicaid*, podría calificar para medicación gratuita de programas privados de ayuda para medicamentos.

Los voluntarios del Programa de Medicinas (*The Medicine Program*) ayudan a personas de todas las edades con programas de ayuda privada, basados en sus necesidades específicas. Los límites de ingresos varían, pero generalmente usted califica si el costo de sus medicamentos es difícil de pagar, incluso si gana $60.000 al año.

Comience a pedir sus medicamentos gratis. Registrarse es simple. Visite *www.themedicineprogram.com* e imprima una aplicación, o escriba una carta e incluya la siguiente información:

- Nombre del medicamento

- Nombre, dirección y número telefónico de la persona que toma la medicina

- Nombre del doctor que la prescribió

■ Una cuota de procesamiento de $5 pagable al Programa de Medicinas (*The Medicine Program*)

Envíe por correo su carta de solicitud, junto con la cuota de $5, a:

Contacto: *The Medicine Program*
P.O. Box 515
Doniphan, MO 63935-0515

Usted también puede llamar al número 573-996-7300 y pedirles que le envíen un folleto gratis y un formulario de registro. Una vez haga la solicitud, *The Medicine Program* le enviará un paquete incluyendo una carta dirigida a su médico. Léala, fírmela y envíesela a su médico inmediatamente para avanzar en el proceso.

Envíe una solicitud o carta por separado, y una cuota por $5 por cada medicamento que usted necesite. Esta cuota de procesamiento es completamente reembolsable si usted no califica para la ayuda, pero usted debe solicitar el reembolso por escrito 90 días después de haber aplicado a *The Medicine Program*. Usted debe también incluir una copia de la carta del fabricante de la medicina indicando que usted no es elegible para recibir ayuda.

Cómo las compañías de medicamentos le ayudan a ahorrar

Las personas sin seguro de salud, menores de 65 años, ahora tienen ayuda para pagar medicamentos. Diez compañías de grandes nombres se han unido para ofrecer la tarjeta *Together Rx Access*; una tarjeta de descuentos en medicamentos al por mayor que es independiente del programa de tarjeta de descuento de *Medicare*.

Los ahorros pueden ser grandes, tanto como del 25% al 40% de descuento del precio al detalle, en medicamentos de marca y genéricos. La mayoría de las farmacias alrededor de la nación le aceptarán la tarjeta, pero es una buena idea preguntar primero en su farmacia.

Como en muchos programas de ayuda para medicamentos, usted tiene que cumplir ciertos requisitos para calificar para la tarjeta *Together Rx Access*. Usted debe:

- ser menor de 65 años y tener residencia legal en los Estados Unidos

- no ser elegible para *Medicare*

- ganar menos de $30.000 al año si es soltero, o $40.000 al año para una familia de dos personas

- no tener otras coberturas de medicamentos de prescripción públicas o privadas

Para enrolarse en el programa gratuitamente, llame al 800-444-4106 o regístrese en su sitio Web en *www.togetherrxaccess.com*. Su médico y farmaceuta puede también tener formularios de registro y más información acerca del programa.

Algunas compañías farmacéuticas ofrecen sus propias tarjetas de descuento sólo para sus medicamentos. Contacte estas compañías para tener más detalles.

Merck *www.merckhelps.com*	800-506-3725
Pfizer *www.pfizerhelpfulanswers.com*	866-776-3700

Salvavidas para personas de bajos recursos

Los Programas de Asistencia a Pacientes (*Patient Assistance Programs, PAPs* por sus siglas en inglés) pueden ayudarle a conseguir los medicamentos que necesita completamente gratis, si usted enfrenta verdaderas dificultades financieras, independientemente de la edad.

Las compañías farmacéuticas ofrecen estos programas para personas de muy bajos recursos. Generalmente, usted podría calificar si gana menos de $18.000 al año como persona soltera; o $24.000 como pareja, y si no son elegibles en otros programas de asistencia. Si califica, usted recibirá los medicamentos que necesita libres de cargos.

Su médico, u otra persona asistente de medicina, tendrá que llenar las formas por usted, y enviarlas a la compañía farmacéutica. Usted tendrá que aplicar por separado por cada medicamento que tome. Y no sabrá por varias semanas si califica o no; así que no espere para abastecer sus recetas médicas que necesite inmediatamente.

Su médico, farmaceuta, centro de adultos mayores o programa de ayuda del gobierno local, pueden ayudarle a saber cual *PAPs* podría funcionarle, y también le pueden ayudar con la solicitud.

Usted puede averiguar más, por su cuenta, al visitar estos sitios Web:

- *Volunteers in Health Care*, en *www.rxassist.org*

- *HelpingPatients.org*, en *www.helpingpatients.org*

- *Needymeds.com*, en *www.needymeds.com*

Impuestos

■ Personales

Use servicios de impuestos en línea gratis

Prepare sus impuestos federales gratuitamente con una versión para la Web del popular software para impuestos y declaración de formularios electrónico disponible a través del *IRS*. Aquí está cómo.

- Visite *www.irs.gov*

- Haga clic en *Free File*, luego en el botón *Start Now*.

- Cuando la página de *Free File* se despliegue, determine cuáles compañías de software puede usar. Revise la lista completa para buscar sus mejores opciones. Para mayor información, haga clic en los enlaces *More Details*.

- Si el resumen de elegibilidad no ayuda, haga clic en los botones desde *Guide Me* hasta *Service*. Usted llenará un cuestionario para identificar cuáles compañías podrían proveer servicios gratis para usted.

- Cuando usted encuentre un servicio gratis en el cual es elegible, haga clic en el nombre de la compañía para ir a su sitio Web.

- Use el software en línea de la compañía para preparar su declaración de impuestos. Cuando termine, usted puede enviarlo electrónicamente. Usted recibirá un correo electrónico notificándole si la declaración fue aceptada o rechazada.

Algunas de las desventajas de este programa que usted debe tener en cuenta:

- Si usted no accede al servicio gratuito a través de la página Web del *IRS*, las compañías podrían cobrarle.

- El software en línea y el llenado electrónico gratuitos por lo general no son disponibles para la declaración de impuestos estatal.

- Este programa podría no ser apropiado para contribuyentes de altos ingresos que tienen declaraciones complicadas.

- Las compañías que proveen los servicios gratuitos pueden cambiar los requisitos de elegibilidad durante la temporada de declaraciones.

Prepare sus impuestos sin pagar un centavo

Usted podría estar omitiendo la ayuda gratis de los preparadores de impuestos entrenados en el *IRS*. Averigüe cuando puede usar uno, cómo aprender más acerca de los preparadores gratis y cómo no dejar pasar esta oferta ahorradora de dinero.

Si usted está preocupado acerca de sus calificaciones, asegúrese de preguntar cuánto tiempo ellos han estado preparando impuestos, y cuáles son sus experiencias. Los preparadores de impuestos que proveen referencias, o que son miembros de una asociación profesional son probablemente las mejores opciones.

Con aquellas preocupaciones fuera del camino, usted tiene al menos dos formas de tener sus impuestos preparados sin pagar un centavo.

- Si usted tiene 60 años o es mayor, el programa de Ayuda en Impuestos para Adultos Mayores (*Tax Counseling for the Elderly*; *TCE*, por sus siglas en inglés) le ofrece ayuda preparando declaraciones básicas.

- Bajo el programa de Ayuda Voluntaria para la Declaración de Impuestos (*Volunteer Income Tax Assistance*; *VITA*, por sus siglas en inglés), un grupo de voluntarios, entrenados por el *IRS*, están disponibles para ayudar a llenar los formularios de declaraciones de impuestos básicas, si su ingreso es inferior a $35.000 dólares.

Para averiguar dónde ir localmente para solicitar los programas *TCE* y *VITA*, llame a la línea gratuita del *IRS* al 800-829-1040.

Recuerde que firmar su declaración de impuestos significa que usted está de acuerdo con todo lo que presenta en ella. Antes de firmar, revise la declaración, y haga preguntas hasta que usted entienda su contenido.

Pruebe la ayuda para impuestos que ahorra millones

Los contribuyentes, que usan el programa gratuito de ayuda para impuestos *AARP Tax-Aide*, ahorran más de 40 millones de dólares en honorarios por declaración de impuestos cada año; y usted puede ahorrar también. Es más, usted puede descubrir deducciones de impuestos extra y créditos en impuestos que nunca supo que podía tomar.

La ayuda *AARP Tax-Aide* está enfocada en ayudar a contribuyentes de medianos y bajos recursos; especialmente aquéllos que tienen 60 años o más. Usted puede ponerse en contacto con los voluntarios entrenados del *AARP Tax-Aide*, o conseguir consejería en impuestos en línea. Visite *www.aarp.org/money/taxaide/* o llame a la línea gratuita 888-227-7669 para saber más y encontrar una sucursal de *AARP Tax-Aide* cerca de usted.

Saque una tajada de los impuestos por ingresos

Aprenda más acerca de ingresos a los que no se les puede cobrar impuestos, y usted podría tener miles de dólares libre de impuestos. Este es dinero que puede usar de la forma que usted quiera. Considere estos ejemplos.

- Algunas contribuciones para cuentas de ahorros para la salud

- Algunas becas y ayudas escolares

- Intereses en bonos municipales y estatales

- Parte de las ganancias por vender su casa

- La mayoría de pagos de seguro social

- La mayoría de recaudos por seguros de vida

- Compensaciones laborales

- Daños compensatorios otorgados por una corte por daño personal o enfermedad.

Recuerde, las reglas del *IRS* cambian regularmente y muchas tienen excepciones, así que revise con un profesional en declaraciones de impuestos para conseguir más detalles de lo que es libre de impuestos.

Recorte sus impuestos con deducciones inteligentes

Las deducciones son los gastos que el *IRS* le permite sustraer de sus ingresos declarables. Si usted no está listando todo lo que puede en su declaración de impuestos, está probablemente perdiendo dinero. El *IRS* sugiere que haga una declaración detallada si alguno de estos puntos es su caso.

- El total de deducciones detalladas excede la deducción estándar que le es permitida. La deducción estándar actual para parejas declarando juntos es $9.700; pero es $10.650 si uno de ustedes tiene 65 o más años, o $11.600 si ambos lo son. Compare eso con el total de deducciones detalladas permisibles en la Sección A (*Schedule A*).

- Usted sólo califica para una deducción estándar limitada.

- Usted paga intereses e impuestos en su casa.

- Usted tiene gastos por negocios no reembolsables cuantificables, como empleado.

- Usted tuvo un accidente sumamente costoso sin seguro o tuvo pérdidas por robo.

- Usted hizo contribuciones grandes a sitios de caridad calificados.

- Usted ha tenido gastos médicos y dentales grandes, sin seguro, durante el año. Detallar éstos puede ser especialmente adecuado para adultos mayores, porque los gastos médicos usualmente aumentan con su edad. Los gastos médicos deben ser más del 7.5% del ingreso grueso ajustado para ser elegible para la deducción, así que revise cuidadosamente sus costos médicos.

Tenga en mente que el *IRS* limita la cantidad de deducciones detalladas, para parejas declarando juntos, si el ingreso grueso ajustado está sobre cierto límite—$142.700 para el 2004.

Beneficios del mejoramiento de su casa

Usted puede conservar la mayor parte de lo recaudado por vender su casa si proporciona los registros adecuados al *IRS*. Los recibos de aquellos mejoramientos de casa que aumentan el valor de su casa, como agregar una cerca alrededor del patio, son su boleto para la deducción de impuestos. Guarde esos recibos hasta después de que venda la casa. Luego usted puede deducir el costo del mejoramiento de la casa de sus ingresos, de forma que pague menos impuestos por ganancias de capital en la venta.

Agarre las reducciones de impuestos inesperadas

No deje pasar estos reductores de impuestos.

- Comprar un carro o camioneta híbrido puede merecer una deducción. Gastos por inversión y costos de preparación de impuestos podrían también merecerla.

Descubra fuentes médicas de deducciones de impuestos que usted pudiera no conocer. Si los gastos médicos se elevan a más del 7.5% de su ingreso grueso ajustado, en su declaración de impuestos, estas deducciones podrían ayudar a recortar sus impuestos.

- Acupuntura
- Rellenos dentales, rayos X y dentaduras
- *LASIK* u otra cirugía de corrección ocular
- Gasolina, cuando usted usa un carro por razones médicas
- Cirugía reconstructiva de pecho, luego de un tratamiento de cáncer
- Servicios quiroprácticos
- Programas de pérdida de peso, para el tratamiento de una condición médica como enfermedad del corazón u obesidad.

- Si su condado o pueblo fue declarado un área de desastre federal, su pérdida podría calificar para una deducción.

- Si usted pagó puntos para refinanciar su casa, averigüe cuánto puede deducir este año.

- Revise si usted es elegible para un crédito de impuestos en dinero contribuido a una cuenta de retiro.

- Consiga un recibo por el valor de artículos donados a la caridad para recibir una deducción.

- Si usted es auto-empleado, revise si los costos de primas de seguros de salud son deducibles.

- Los profesores que califican pueden deducir algunos costos de suministros escolares.

Para más información, hable con un profesional de impuestos, visite *www.irs.gov*, o llame a la línea gratuita de ayuda del *IRS*, al 800-829-1040.

Los abuelos pueden conseguir crédito de impuestos por los niños

Usted puede calificar para un crédito de impuestos por los niños que cuida, aún si usted no es el padre de ellos. Usted podría ser elegible por un crédito en impuestos de hasta $1.000 por cada niño que cumpla los siguientes requisitos:

- Menor de 17 años al final del año fiscal

- Ciudadano de los Estados Unidos o residente

- Puede ser reclamado como su dependiente

- Si es su hijo, hija, hijo adoptado, hijastro o un descendiente de alguno de ellos; o su hermano, hermana, hermanastro, hermanastra, o descendiente; siempre que usted los cuide como si fueran sus hijos.

Visite *www.irs.gov* para saber más acerca de reclamar este crédito de impuestos.

Baje sus impuestos mientras cría a sus nietos

Los abuelos que críen a un nieto pueden reclamar el Crédito al Impuesto por Ingresos Ganados (*Earned Income Tax Credit*; *EITC*, por sus siglas en inglés) con un niño que califique. A menos que ellos estén discapacitados, para calificar los niños deben estar ya sea, por debajo de 19 años, o estudiando tiempo completo en una universidad siendo menores de 24 años. Ellos también deben ser ciudadanos de los Estados Unidos o residentes con un número de seguro social válido.

No solamente hijos y nietos pueden calificar, también hijastros, niños adoptados, hermanos, medios hermanos, e incluso niños adoptivos (o *foster children*); siempre cuando usted los cuide como suyos.

Para mayores detalles sobre niños que califiquen y sean elegibles para el *EITC*, llame al 800-829-3676 y solicite la Publicación 596, o visite la página *www.irs.gov*, y busque la ayuda *EITC* (*EITC Assistant*).

Ponga el dinero en sus bolsillos

Una devolución grande de impuestos cada año puede significar que usted está dejando pasar unos dólares extras. Después de todo,

---

No le dé al gobierno un préstamo libre de intereses

"Veo excesivos reintegros que están en el rango de los $3.000", dice Jim Churchill, un practicante de impuestos en Jackson Hewitt Tax Service en Newnan, Georgia. "Eso incluye el reembolso de parte de sus retenciones, crédito al ingreso ganado y el crédito de impuesto adicional por niños".

Pero incluso contribuyentes regulares que no califican para créditos de impuestos logran reembolsos grandes. "Nosotros sólo tratamos de aconsejar a nuestro clientes de no retener más de lo necesario para tener $1.000 de devolución", dice Churchill. "La razón es que eso es un crédito libre de intereses para el gobierno. Eso es su dinero. Usted debería poder hacer con él lo que le plazca."

---

piense cuánto pudo haber ganado esa devolución de impuestos en su cuenta de banco, o mercado de dinero, en los últimos seis meses.

Si usted ha obtenido sustanciales devoluciones de impuestos por varios años, su retención puede estar muy alta. Considere aumentar sus exenciones para tener menos dinero tomado de su cheque de pago. Luego asegúrese de poner el dinero extra en donde pueda ganar algo para usted.

Sólo asegúrese de no recortar demasiado. Usted no querrá ser tomado por sorpresa al año siguiente y tener que pagar.

Rescate su cuenta *IRA* de penalizaciones severas

No deje que el Servicio Tributario Interno (*Internal Revenue Service*; *IRS* por sus siglas en inglés) tome parte de su difícilmente ganado dinero de su cuenta *IRA*. Asegúrese de que usted tome su distribución a tiempo, y que ésta es suficiente, de forma que el *IRS* no le cobre un 50% de penalidad por la distribución de ese año.

De acuerdo al *IRS*, usted debe tomar la primera distribución el primero de abril del año siguiente, después de haber cumplido 70 años y medio. Pero usted también debe tomar retiros mínimos cada año después de eso, antes del 31 de diciembre. Esto aplica para cuentas *IRA* tradicional, no *Roth IRAs*, a menos que usted haya heredado una cuenta *Roth*.

Contacte al custodio de su *IRA* para averiguar cuánto debe retirar para cumplir las reglas de distribución mínimas.

Evite cobros por declaraciones de impuestos tardías

Envíe su declaración de impuestos sólo un mes tarde, y pagará una penalidad que será de al menos 5,5% de los impuestos que debe. Y con cada mes que pasa otra penalidad de 5,5%, o más, serán añadidas. Eso es como botar el dinero.

Si usted se ha pasado de la fecha límite por sólo unos días, envíe los formularios inmediatamente por correo, no electrónicamente. Ya que el *IRS* está inundado con las declaraciones cerca del 15 de abril, ellos podrían no notar que una declaración en papel llegó tarde, sugiere la Asociación Nacional de Profesionales en Impuestos (*National Association of Tax Professionals*). Y al final, las penalidades no continuarán acumulándose.

■ Propiedades

Forma legal de retrasar el pago de impuestos

Consiga su siguiente recorte de impuestos en su casa, literalmente. Todos los 50 estados tienen programas de reducción de impuestos por propiedades, pero el Distrito de Columbia y 24 estados ofrecen una forma legal de postergar el pago de impuestos por propiedades para adultos mayores.

Bajo esos programas, los ciudadanos adultos mayores pueden aplazar sus pagos de impuestos por propiedades hasta que la casa sea vendida. Luego, los impuestos acumulados salen del dinero de la venta. Intereses sobre la cantidad de dinero de impuestos aplazada podría también ser tomados del dinero de la venta.

Asegúrese de llamar a la oficina del asesor de impuestos del condado, o el Departamento de Recaudación Estatal (*State Department of Revenue*) para averiguar si el aplazamiento del pago de impuestos por propiedades es disponible para adultos mayores, cuáles son los requisitos, y cómo solicitarlo.

Encuentre exenciones que usted merece

Usted podría sorprenderse de los tipos de exenciones que podrían bajar sus impuestos por propiedades. Exenciones y reducciones de impuestos para granjas pueden estar esperando a los adultos mayores, aquellos con discapacidades, personas de bajos recursos, y veteranos. Las casas con sistemas ahorradores de energía y edificios históricos también podrían calificar para reducciones de impuestos por propiedades.

Las exenciones y reducciones varían por estado y de igual forma sus requisitos de elegibilidad. Para saber más acerca de exenciones disponibles para usted, póngase en contacto con su asesor de impuestos local y estatal, cobrador de impuestos, o departamento de recaudación.

Los adultos mayores también pueden visitar *www.benefitscheckup.org* para llenar el cuestionario de *BenefitsCheckup*. Sus resultados mostrarán servicios del gobierno y algunos, sino todos, los descuentos de impuestos por propiedades, que usted puede obtener.

Apele para recortar sus impuestos de propiedades

Lograr que sus impuestos por propiedades sean reducidos puede ser más fácil que lo que usted cree. Siga estos pasos para ayudar a apelar una estimación que es muy alta, de forma que usted no se arriesgue a pagar de más en sus impuestos por propiedades.

- Averigüe las fechas límites en su oficina de asesoría local. ¿Cuántos días tiene usted para apelar?, o ¿cuándo es la fecha límite de la apelación?

- Determine si usted tiene bases para la apelación. Usted debe, ya sea encontrar un error en la estimación, o mostrar que su estimación es inconsistente con respecto a las estimaciones de casas similares.

- Busque errores en la estimación. Hasta un 60% de las propiedades son sobrevaloradas, de acuerdo a un estudio. Si usted encuentra un error, reúna evidencia, como fotos, planos y estadísticas, para probar que la información es errónea.

- Compare el valor estimado de su casa con el valor estimado de las casas de su vecindario. Visite la oficina del asesor, y pida ver las tarjetas de estimación para cada una de ellas. Compare las cifras para ver si su estimación es consistente con las demás.

- Si su estimación tiene errores, o está fuera de línea con casas similares, solicite una reunión informal con el asesor de forma que revise su caso. Para mejores resultados, asuma que cualquier problema con su estimación no fue intencional. El asesor puede firmar un acuerdo escrito con su aplicación que asegura una reducción de impuestos por propiedades.

Si usted falla completamente con el asesor, esté listo para apelar. Averigüe qué formularios llenar, qué procedimientos seguir y cuándo enviar copias de su evidencia.

Calcule la reducción de impuestos que usted cree que debería tener. Póngala por escrito, junto con sus razones de apoyo. Luego, siéntese en la audiencia de apelación de alguien más, de forma que usted se entere de cómo funcionan las audiencias. En el día de la audiencia, usted estará listo para presentar su caso y hacer recomendaciones para la reducción de impuestos por propiedades.

Recorte los impuestos con las exenciones de veteranos

Recorte sus impuestos hasta el fondo con las exenciones especiales para veteranos y sus parejas. ¡Aprobado por el *IRS*! Por ejemplo, los veteranos que viven en el condado de Laramie, Wyoming, pueden calificar para exenciones de impuestos en sus impuestos por propiedades de su condado y cobros por la licencia de las placas de automóviles.

Como ayuda para averiguar cuáles exenciones están disponibles para usted, póngase en contacto con la oficina local de Asuntos para Veteranos (*Veterans Affairs*). Si usted no puede encontrar una oficina cerca de usted, póngase en contacto con las oficinas nacionales.

Contacto: *Department of Veterans Affairs*
              Headquarters
              810 Vermont Ave NW
              Washington, D.C. 20420
              www.va.gov

Llantas

Cómo encontrar una buena oferta

Cuando llega el momento de reemplazar sus llantas, el camino para encontrar una buena oferta puede ser difícil. Ya que el mercado es muy competitivo, la diferencia entre los precios más bajos y más altos en una llanta particular puede ser de sólo $10.

Pero las rebajas existen. Algunas de las mejores ofertas están disponibles para estilos descontinuados. Hay a menudo llantas ofrecidas con precios "de cierre". Otras ventas son por temporadas. Las promociones de los fabricantes a menudo corresponden con carreras automovilísticas como el *Indy and Daytona 500s*, o en días festivos como la Navidad y el día de los caídos (*Memorial Day*). Aquéllas son buenas épocas para buscar rebajas y ahorros.

Cuando se trata de la Internet y catálogos especiales, asegúrese de calcular el costo total. Usted puede encontrar esas llantas con grandes descuentos, pero en el momento de ser enviadas por correo y montadas podría terminar pagando lo que hubiera pagado en una concesionaria local. Algunos sitios que podría usted probar son *www.tirerack.com* y *www.tires.com*.

Cuando elija un negocio de llantas, tenga en mente que usted podría tener instaladores más experimentados y mejor servicio en un negocio independiente en lugar de un gigante del descuento. Pero a donde quiera que vaya, pregunte si ellos ofrecen balanceo y rotación indefinidamente en sus llantas. Este servicio estándar le ayudará a reducir los costos totales de sus llantas.

Sea un comprador de llantas inteligente y ahorrador

Las llantas de su carro son como sus zapatos. Sólo cierto tamaño se ajusta. Sin el tamaño adecuado, su funcionamiento se afecta. Siga estos consejos para asegurarse de que tenga un manejo suave y seguro.

- Quédese con el tamaño sugerido en el manual del usuario.

- Equipare su tipo de llanta con sus hábitos de manejo; funcionamiento, fuera de carretera, turismo, en la ciudad, lluvia o nieve. Las llantas para todas las temporadas (o *all-season*) son usualmente la mejor opción.

- Asegúrese de comparar manzanas con manzanas. Compare llantas con casi igual calificación en las tres *T* (en inglés); desgaste (*Tread wear*), temperatura (*Temperature*), y tracción (*Traction*). El "grado" de cada una de ellas está en relieve en un lado de la llanta.

- Llame y compare precios. Una vez usted haya hablado con varios centros de llantas, elija uno que esté convenientemente ubicado y consiga llantas a precios razonables.

> Usted no tendrá que comprar frecuentemente llantas nuevas, si cuida las que tiene. Haga estas cosas regularmente y encontrará que un pequeño mantenimiento preventivo las hará durar mucho.
>
> ✓ Revisión de presión
> ✓ Alineación
> ✓ Balanceo
> ✓ Rotación

Compre usadas para una mayor oferta

Llantas usadas. ¿De segunda categoría? ¿Desgastadas? ¿Inseguras? No necesariamente. Las llantas usadas pueden ser de alta calidad, seguras y económicas.

Si usted está en el mercado, revise con los comerciantes de llantas para ver si ellos tienen llantas "prácticamente nuevas" a la mano. Algunas veces la gente le coloca a sus carros nuevos llantas personalizadas, más elegantes que las llantas *all-season* que vienen originalmente. Si usted llega en el momento correcto podría comprar esas llantas "viejas" con un gran descuento.

Usted también puede buscar comerciantes de llantas que se especializan en ventas de llantas usadas. Ellos califican las llantas basados en su calidad y condición, y las venden a precios rebajados.

Las llantas reencauchadas son también una opción. Usted pudo haber oído leyendas urbanas que le hacen temer probarlas. Pero tome su tiempo para ver los hechos.

- La nueva cubierta se coloca en las llantas a través de un proceso similar a la construcción de llantas nuevas. Sólo las llantas que cumplen los estándares de calidad de la industria pueden ser vendidas. Hasta un 85% de las llantas de pasajeros ni siquiera pasan la inspección inicial para convertirse en reencauchadas.

- Las reencauchadas cuestan entre un 30% y 50% menos que las nuevas.

- Las reencauchadas son amigables con el medioambiente, requiriendo 15 galones menos de aceite por llanta que lo requerido para fabricar una llanta nueva.

- Los vehículos de emergencia, flotas de taxis y carros de carreras, todos ponen su fe en las llantas reencauchadas.

Usted puede conseguir más información de la Agencia de Información de Llantas Reencauchas (*Tire Retread Information Bureau*; *TRIB*, por sus siglas en inglés), una organización sin ánimo de lucro dedicada al reciclado de llantas. Revise su sitio Web en *www.retread.org*, o llame a la línea gratuita 888-473-8732. Usted puede también escribir a la siguiente dirección.

Contacto: *Tire Retread Information Bureau*
900 Weldon Grove
Pacific Grove, CA 93950

Juguetes

Busque grandes descuentos

La búsqueda de tesoros en ventas de garaje, tiendas de consignación, mercados de pulgas y reuniones de intercambio, es la mejor forma de conseguir buenas ofertas en juguetes. Usted puede encontrar juguetes ligeramente usados, y algunas veces nuevos, por una fracción del costo al detalle.

Si usted encuentra una oferta, proteja a sus seres queridos y su compra al tener unas cuantas precauciones.

- Trate de comprar juguetes en su caja original. Esos tienen números de modelo que puede necesitarse para posibles recolecciones de productos peligrosos.

- Busque información sobre juguetes peligrosos en la página Web de la Comisión de Productos del Consumidor (*Consumer Product Safety Commission*; *CPSC*, por sus siglas en inglés), en *www.cpsc.gov*.

- Abra la caja y asegúrese de que tiene todas las piezas. Usted probablemente pueda pedir repuestos de piezas faltantes al fabricante.

- Busque los manuales de instrucciones o garantías que deben venir con el juguete.

- Conéctelo o pruébelo si usa baterías antes de llevárselo a casa.

- Lave y desinfecte los juguetes para niños pequeños.

- Nunca compre artículos usados como paquetes de "juguemos al doctor", o cosméticos para niños. En nombre de la seguridad, sólo consígalos nuevos.

Prueba de uso antes de comprar

No gaste billetes grandes en un juguete nuevo popular sólo para ver a su pequeño aburrido después de cinco minutos. Averigüe si un juguete tiene aguante antes de soltar su dinero. Deje a su niño jugar con él en la casa de un amigo, o en una tienda con juguetes abiertos en exhibición. Algunas bibliotecas incluso prestan juguetes como si fueran libros. Llame a la suya y pregunte. Usted ahorrará dinero y pondrá una sonrisa en la cara de un niño.

Encuentre partes faltantes de sus juguetes favoritos

Usted no tiene que comprar un juguete o juego nuevo de marca sólo para reemplazar una parte faltante. La mayoría de los fabricantes reemplazarán partes por un cobro pequeño.

Haga una lista completa de partes que usted necesite, incluyendo el color de piezas faltantes y la edición del juego, ya que algunos juegos, como *Monopoly* y *Trivial Pursuit* vienen en diferentes ediciones a lo largo de los años. Luego revise la caja para averiguar quién lo fabricó, y busque un número de servicio al cliente para llamar. Si usted no puede encontrar alguno, comience con estos.

- *Hasbro Games*, *Milton Bradley*, and *Parker Bros*, 888-836-7025

- Todos los demás productos *Hasbro*, 800-327-8264.

- *Playskool*, 800-752-9755

- *Tiger Electronics*, 800-844-3733

- *Mattel, Inc.*, 310-252-2000

- *Fisher-Price*, 716-687-3000

- *American Girl*, 608-836-4848

- *Disney*, 800-328-0368

Asegúrese de preguntar cuánto costará la parte, incluyendo los costos de envío y manejo.

Si la parte cuesta más de lo que usted está dispuesto a pagar, busque en ventas de garaje el mismo juguete usado. Comprar un juego de *Scrabble* por 50 centavos por unas pocas letras, probablemente mejorará el precio del pedido de piezas de reemplazo.

O, si usted es un conocedor de la Internet, ponga un mensaje en un foro en línea, tal como el Foro de Juegos de Tablero de About.com (*About.com's Board Games Forum*) en *www.BoardGames.About.com*. Usted puede ofrecer comprar o negociar esa pieza difícil de encontrar.

Conserve el estilo sin gastar un centavo

Intercambio de casas; esa es una oportunidad ignorada para conseguir hospedaje gratis en sus próximas vacaciones. Ésta es una ingeniosa solución de viajar a casi cualquier parte que su corazón quiera, sin tener que pagar los costos de hospedaje.

El intercambio de casas nació en Europa, cuando profesores de los Países Bajos y de Suiza comenzaron a negociar casas durante las vacaciones de verano. Básicamente, usted intercambia casas con alguien que vive en un sitio que quiere visitar. Con un verdadero intercambio, ellos están en su casa al mismo tiempo que ellos le prestan la suya.

Sin embargo, ellos también tienen que querer visitar el sitio en donde usted vive. Vivir en un destino turístico, como Nueva York u Orlando, ayuda a atraer el interés de su casa, pero no se preocupe. Usted encontrará muchos tratos de renta así como intercambios en casas secundarias.

Con los intercambios de casas, usted consigue más que sólo hospedaje gratis casi en cualquier sitio a donde viaje. Usted también tiene:

- La oportunidad de estar en un vecindario y conocer gente local.

- Tener acceso a una cocina, lavadora y otras comodidades del hogar.

- Posibilidad de incluso usar un carro.

No tiene servicio de limpieza, así que usted es responsable de dejar la casa limpia y ordenada.

Algunos intercambios y agencias ponen las personas interesadas en contacto. La mayoría trabajan exclusivamente en la Internet. A cambio de una cuota de membresía usted poner su casa en las listas y puede ver las listas de otras personas.

Muchas listas están en Europa, pero usted también verá oportunidades de intercambio dentro de su propio país. Encontrará una posibilidad de intercambio más rápidamente si usted es más flexible en cuanto a cuándo y dónde quiere su visita.

Estos sitios Web pueden ayudarle a tomar ventaja de intercambios de hospedaje disponibles inmediatamente. Los números telefónicos son proporcionados en donde estén disponibles.

- *www.homelink.org*, 800-638-3841

- *www.exchangehomes.com*, 800-848-7927

- *www.homeexchange.com*, 800-877-8723

- *www.intervac-online.com*, 800-756-4663

- *www.seniorshomeexchange.com*

Asegúrese de que tenga cobertura de seguros en ambos sitios, y retire sus objetos valiosos, para evitar malos entendidos o acusaciones. Finalmente, tenga un plan de respaldo en caso de que al llegar a su casa en préstamo descubra que la villa a la orilla del mar es realmente una casucha de pescador.

Aquí hay un vistazo de cuánto dinero una pareja en unas vacaciones de dos semanas podría ahorrar con un intercambio de casas, en lugar de un cuarto de hotel.

Gasto	Hotel	Intercambio de casa
Tarifa aérea (2 x $350 cada uno)	$700	$700
Hotel (14 noches x $90 cada una)	$1.260	$0
Renta de carro (2 semanas x $175 por semana)	$350	$0
Salidas a comer (14 días x $35 por día por persona)	$980	$0
Compra de víveres	$0	$250
Turismo	$160	$160
Total	$3.450	$1.110
Ahorros	$0	$2.340

Nunca pague la tarifa completa de nuevo

Usted nunca tendrá que pagar de nuevo la tarifa completa en boletos de avión, cruceros y paquetes de vacaciones, una vez que cumpla 50 años. Usted puede unirse a la *AARP* y conseguir descuentos y ahorros para "mayores de 50", mejores que los normales.

Entre los beneficios de la *AARP* está el Pasaporte *AARP*, el cual es como una agencia de viaje y motor de búsqueda combinados para ayudarle a encontrar las mejores ofertas. Usted puede usarla en línea, o por teléfono, para:

- simplificar su búsqueda de las tarifas más económicas disponibles.

- conseguir ofertas especiales en cruceros.

- tomar ventaja de los descuentos en paquetes de vacaciones de *AARP*.

También hay beneficios regulares de la *AARP* en estancias de hotel y rentas de carros. Los descuentos van desde un 10% a un 50%, dependiendo de la cadena de hoteles. Usted puede hacer reservaciones ya sea directamente, o a través de la *AARP*. Asegúrese de tener su número de membresía a la mano para conseguir el descuento. Las rentas de carros funcionan de la misma forma.

La *AARP* no es la única organización que puede ahorrarle dinero. Un número creciente de asociaciones con membresía, como *AAA*, ofrecen agencia de viajes y servicios con descuento. Si usted se registra con uno de esos grupos, funciona mejor usarlos cuando haga sus reservaciones. Si por alguna razón usted decide reservar un boleto o cuarto directamente con una compañía proveedora, pregunte si ellos dan un descuento por la membresía que usted tiene.

Si usted es un militar activo o retirado, aquí están algunas de las formas con las que puede ahorrar en viajes. Recuerde siempre preguntar por los descuentos a militares en cualquier compra, incluyendo boletos de admisión.

- Vuelos con espacios disponibles (*Space Available Flight*)
- Centros de recreación de las fuerzas armadas
- Hospedaje en base
- Tarifas de avión con descuento
- Rentas de carro con descuento
- Hoteles y tiempos compartidos con descuento

Consiga devoluciones en boletos de avión cuando los precios bajan

Usted pensó que había conseguido un buen precio cuando compró sus boletos de avión, pero usted ve un aviso de una oferta incluso mejor en el periódico en la mañana. Hay probabilidades de que usted aún pueda reducir su precio si:

- La aerolínea que ofrece la tarifa más barata es la misma que le vendió originalmente el boleto de avión.

- Usted cumple con la compra anticipada de la nueva tarifa y otros requisitos.

- Usted planea mantener el mismo destino, fecha de viaje y hora.

Esto depende de la aerolínea que emitió el boleto, así que pregúnteles a ellos o a su agente de viajes acerca de recibir un reembolso por la diferencia.

Los viajes "a ciegas" ofrecen grandes descuentos

¿Está dispuesto a que un extraño decida sus detalles de viaje, como en cuál aerolínea volar y a qué hora partir? Si es así, usted tiene un 50% de probabilidades de reservar una gran oferta en su próximo vuelo o cuarto de hotel al usar un sitio Web de viajes "a ciegas".

Los sitios "a ciegas" no le dicen el nombre de la aerolínea, hotel o compañía de renta de carros, o incluso cuándo su vuelo saldrá y llegará, hasta que usted pague por la reservación. Además, las reservas no son reembolsables y usualmente no le permiten ganar millas de viajero frecuente.

Pero ellos tienden a ofrecer las mejores ofertas en viajes. *Consumer WebWatch* comparó *Priceline* y *Hotwire*, los dos sitios líderes "a ciegas", con los tres sitios más importantes de viajes, *Orbitz*, *Expedia* y *Travelocity*. *Priceline* ofreció las tarifas más bajas en el 47% de las veces.

Aún así, mucha gente no quiere comprar "a ciegas". Algunas veces la incertidumbre e inconveniencia no valen la pena con respecto a los ahorros.

En *www.priceline.com*, usted oferta por las gangas. Usted dice a dónde quiere ir, en qué días, y cuanto está dispuesto a pagar. El sitio Web o acepta su oferta, o le pide que la cambie. El sitio *www.hotwire.com* le da un precio anticipado en boletos con descuento; pero ambos sitios hacen que usted pague antes de que ellos le digan los detalles completos de su viaje.

Aquí hay algunos consejos para usar un sitio Web "a ciegas".

- Revise sitios Web regulares de viajes como *www.expedia.com*, *www.orbitz.com*, *www.travelocity.com*, y *www.hotels.com* para ver qué ofertas ellos ofrecen, antes de reservar en un sitio "a ciegas".

- Encuentre la tarifa más baja para su viaje en un sitio regular antes de visitar *www.priceline.com*, luego use esa cantidad como precio base para hacer justo la oferta correcta.

- Asegúrese de que entiende todos los términos, condiciones y cobros de cada sitio Web.

- Verifique dos veces la información de su viaje antes de comprar, de forma que no esté en aprietos con un boleto no reembolsable para un viaje equivocado.

Las subastas en línea producen buenas vacaciones

Paula Rubel no podía creerlo. "Un amigo encontró un crucero de cinco días, saliendo de Miami, en eBay y nos preguntó si queríamos ir", ella recuerda. "Dijimos ¡sí!, y al final de la subasta conseguimos cuatro cruceros por cerca de $100 cada uno. ¡Las tarifas del puerto costaban más que el crucero!".

Comprar vacaciones en subastas en línea es otra forma de conseguir buenas ofertas, si usted está dispuesto a hacer algo de trabajo. "Hay siempre un factor miedo porque usted no está seguro de en qué se está metiendo", dice Rubel. "Yo he conseguido algunas buenas ofertas y algunos malos tratos. Usted tiene que hacer mucha más investigación."

Cuando oferte para una gran oportunidad, usted está obligado a encontrar un lado negativo. No esté temeroso de hacer preguntas y revisar los detalles, y los puntos buenos deberán compensar los puntos malos. Pruebe estos consejos para hacer que su oferta ganadora valga la pena.

- *Averigüe los detalles acerca del sitio a donde quiere ir. ¿Es un hotel en el Bronx lo mismo que un hotel en Manhattan?*

- *Hable con otros que han estado ahí. ¿Se divirtieron?*

- *Lea la letra pequeña en ofertas de viajes. ¿Cuáles son los impuestos y los cobros extras? ¿Exactamente qué está incluido y qué no lo está? ¿Cuándo puede ir?*

Junto a www.eBay.com, usted también puede ofertar en paquetes de viajes en www.SkyAuction.com, www.bid4vacations.com, y www.Priceline.com.

- Siempre pague con tarjeta de crédito. Ésta ofrece más protección al consumidor que una tarjeta de débito.

Guía rápida para consolidación de tarifas

Una de las reglas básicas del comercio es "compre al por mayor y venda al detalle". Los consolidadores de viajes deben haber faltado ese día a su escuela de negocios porque su filosofía parece ser "compre al por mayor y venda al por mayor". Eso es por lo que ellos pueden ofrecer boletos de avión baratos, cuartos de hotel con descuentos hasta del 65% y los más finos hoteles con más del 50% de descuento. Ellos contratan para grupos de asientos de avión y cuartos de hotel a precios grandemente rebajados, y luego los revenden al público a precios aumentados que aún son menores que la tarifa normal.

Esta práctica es particularmente común en el negocio de las aerolíneas, pero usted también puede reservar en hoteles, cruceros, renta de carros e incluso vacaciones completas. Esto funciona porque una vez que la cabina es cerrada, las ganancias de un asiento de avión se pierden por siempre. Lo mismo va para las camas de hotel, cabinas en un barco crucero o carro de renta. Al final del día, cualquier ganancia es mejor que un asiento o cama vacía, así que las aerolíneas y hoteles venden con descuento su exceso de capacidad por cualquier precio que ellos puedan tomar.

Las aerolíneas han podido cobrar lo que ellas quieren por un boleto desde que fueron desreguladas en 1983. La mayoría publican una lista de tarifas múltiples, que cobran diferentes precios por volar en el mismo avión. Ellas también tienen otro grupo de tarifas para clientes que compran sus boletos en línea. Corporaciones, operadores de tours y consolidadores negocian las sobrantes. Los precios y la disponibilidad de esos boletos depende de cuántos asientos vacíos la aerolínea espera tener en un vuelo particular.

Ya que hay muchos diferentes precios para boletos y cuartos, dependiendo de cuando usted reserve y qué descuentos pueda encontrar, es a veces difícil saber cuál porcentaje de descuento realmente está obteniendo. Si usted quiere asegurarse que tiene un buen precio, consiga cotizaciones de varios diferentes sitios, de forma que tenga una idea si su oferta realmente vale la pena. También consiga tantos detalles como pueda. Los consolidadores consiguen buenos precios porque ellos compran boletos que son difíciles de vender de cualquier otra forma. Tiempos de partida, detalles de conexión, e incluso la aerolínea en que viaja, podrían no ser los mejores. Decida antes de pagar qué tanta conveniencia usted está dispuesto a dejar a cambio del precio más bajo.

Regístrese para conseguir ofertas excepcionales

Muchos sitios Web le enviarán por correo electrónico boletines gratuitos con las últimas noticias, consejos y ofertas especiales. Usted incluso puede registrarse para recibir un correo electrónico siempre que una nueva tarifa baja o costo especial aparezca para un destino especial.

La mayoría de las aerolíneas envían regularmente boletines con consejos de viaje y ofertas especiales. Usted puede tener que pertenecer a su programa de viajero frecuente, o podría tener que registrarse en su sitio Web. Ellos le enviarán alertas por correo electrónico de tarifas especiales y ofertas de último minuto, las cuales podrían no estar disponibles en ningún otro sitio.

Los agentes de viaje en línea ofrecen una variedad de servicios. El *FareWatcher* de *Travelocity* rastrea las mejores tarifas para hasta cinco pares de ciudades de su elección. Visite su sitio Web *www.travelocity.com* para mayor información. Las ofertas de viaje de los correos electrónicos de *Expedia* son también personalizados de acuerdo a sus preferencias. Vaya a *www.expedia.com* para registrarse. La mayoría de ofertas de último minuto de la Web tienen algún tipo de notificación por correo electrónico o sistemas de boletines.

La editorial de guías de viaje *Frommer*, en *www.frommers.com*, tiene una variedad de boletines por correo electrónico, así como lo hacen muchas otras editoriales y agentes de viaje. Todo lo que tiene que hacer es registrarse. Pero sea selectivo de forma que no reciba más información en su bandeja de entrada que la que pueda manejar.

Guías gratuitas para planear viajes

Los folletos de viajes quitan el aguijón de la planeación de viajes y vacaciones de primera categoría. Usted puede encontrar uno para casi cualquier sitio — cada estado, muchas ciudades y regiones, atracciones individuales, hoteles e incluso restaurantes—y éstos son casi siempre gratuitos.

■ Vaya a la biblioteca y pregunte por el Directorio de las Cámaras de Comercio de las Américas (*The Americas Chambers of Commerce Directory*) y el Directorio Telefónico de los Números Gratuitos para Viajes y Vacaciones (*Toll-free Travel/Vacation Phone Directory*). Use estos para buscar sitios turísticos específicos y pedir folletos.

■ La Internet ofrece una riqueza de información para virtualmente cada destino. Usted incluso puede saber cómo pedir folletos impresos. Comience con los sitios *www.seeamerica.org*, *www.24-7Vacations.com* y *www.travelbrochurecenter.com*.

■ Busque folletos en hoteles, restaurantes y centros de información turística local, para reunir ideas para su próxima visita.

■ Pare en los grandes centros de información en las fronteras estatales. Junto a una riqueza de folletos, usted puede tomar un mapa oficial del estado y visitar un baño limpio.

Los folletos también le ayudan a rastrear su viaje una vez que usted regrese a casa. Sus fotos son usualmente mucho mejores que cualquier foto instantánea, cuestan menos que las postales, y tienen descripciones escritas que le ayudan a recordar por qué le gustó estar ahí. Péguelas en un diario de viaje o envíelas por correo a amigos en lugar de postales.

Mantenga los costos de un crucero bajo control

La reputación de un crucero como una gran oferta viene porque todo está incluido — comida, cuarto, entretenimiento y viajes a puertos excitantes. Pero unas vacaciones en crucero asequibles pueden rápidamente tornarse en un monstruo devorador de billeteras gracias a las atracciones extras. Siga estos paso para controlar los costos de un crucero.

■ Compare precios. Revise con varias agencias de viajes, líneas de crucero individuales y sitios Web de la Internet, para buscar especiales en viajes yendo cuándo, a dónde y por cuánto usted quiere.

- Si tiene un agente de viajes de confianza, pídale que esté pendiente hasta que el encuentre justamente lo que usted quiere.

- Después de reservar, mantenga un ojo en el precio de su viaje. Si éste baja, usted podría conseguir el precio menor.

- La mayoría de los precios anunciados son para cabina de vista interior, no oceánica o balcón. Piénselo dos veces antes de ascenderla. ¿Realmente va a gastar tanta cantidad de tiempo en su cuarto?

- Las excursiones costeras que ofrecen las líneas de crucero son usualmente costosas. Compárelas de cerca con los tours que usted puede reservar con una compañía independiente.

- Hágalo usted mismo. Usted podrá ver muchos sitios turísticos con sólo caminar alrededor de la ciudad o rentando un carro. Recuerde, sin embargo, que el barco va a esperar si una excursión del crucero está retrasada, pero no lo va a hacer si usted está retrasado por su cuenta.

- Las bebidas alcohólicas tienen costo extra. Usted tiene que pagar por esa bebida en la cena, así que también considere esos costos.

- Muchos barcos también tiene casinos. Si a usted le gusta apostar, prepare su presupuesto debidamente.

- Algunas actividades a bordo son complementarias mientras que otras no. Asegúrese de saber si una sesión de spa, clases de *Pilates* o lección de golf le costará, antes de registrarse.

- Los cargos de puerto, y de transporte desde y hacia el barco, son gastos inevitables. Algunos cruceros incluyen boletos aéreos, pero como regla usted puede conseguir mejores precios por su cuenta.

Abastezca su estancia con comidas económicas

Evite las comidas de alto precio al llevar paquetes de bocadillos (o tentempiés) y latas abre-fácil de frutas en su cartera o bolsa de mano. Empaque también servilletas y utensilios plásticos en bolsas herméticas; y busque en la tienda de comestibles otras comidas envueltas individualmente.

Cómalas mientras usted espera en el aeropuerto o para deducir las comidas costosas durante las vacaciones. Use el horno de microondas de su cuarto de hotel para tener una comida económica, fácil y hecha por usted mismo.

Evite las sorpresas en cuentas de hotel

Las cuentas de hotel son a menudo más grandes que lo que usted esperaba sólo por causa de los impuestos de ocupación de cuarto. Usted a éstos no los puede reducir, pero usted puede reducir gastos de tentadoras opciones como mini-bares, películas de "pague por ver", lavandería del hotel y servicio a la habitación. Otros lujos suman también. Pruebe estos consejos para limitar los gastos adicionales.

- Mantenga una tarjeta telefónica de prepago con usted para evitar cargos de larga distancia en el hotel.

- Busque lugares de estacionamiento gratuito, cerca del centro de grandes ciudades, en lugar de pagar las tarifas infladas de estacionamiento en el hotel.

- Este alerta de los cobros de propina automáticos, en los cuales el hotel agrega automáticamente una cantidad de propina a su cuenta. No de propina dos veces.

A la intemperie para unas verdaderas vacaciones

Acampar significa una tienda de campaña, una bolsa de dormir y una estufa de campamento, no llegar en un vehículo recreacional de $100.000. El equipo básico cuesta muy poco, y usted puede estar gratis o por unos dólares diarios en la mayoría de los sitios. Además, los paisajes no pueden ser mejorados por su belleza pura.

Tome al Gran Cañón, por ejemplo. Usted puede rentar un sitio de campamento en el borde sur por $15 la noche. Los hoteles del Parque Nacional, por otra parte, van desde $66 por una cabaña, hasta $123 por un hotel con servicios completos. Los moteles comerciales van incluso más arriba, desde $60 hasta $120 por noche.

Ir de campamento se está poniendo de moda de nuevo. La Asociación Norteamericana de la Industria de Viajes (*Travel Industry*

Association of America) dice que un tercio de los norteamericanos adultos han acampado en sus vacaciones en los últimos cinco años, y sólo al seis por ciento no le gusta. Descubra en cual grupo está usted.

Gran forma de ver los parques nacionales

El Decreto para los Norteamericanos con Discapacidades de 1990 (*The Americans with Disabilities Act*) le facilitó a las personas con discapacidades viajar. Descuentos especiales y admisión gratuita para viajeros con discapacidades, son otra gran ayuda. Sólo recuerde que usualmente tiene que preguntar por ellos.

Una de esas grandes oportunidades es el Pasaporte de Acceso de Oro (*Golden Access Passport*), un pase de por vida a todos los Parques Nacionales de los Estados Unidos. Funciona de forma similar que el Pasaporte de la Edad Dorada (*Golden Age Passport*), la cual usted puede comprar por $10 a partir de los 62 años, con excepción de las personas con discapacidad, quienes la reciben gratis. Para mayor información, llame a la línea gratuita 888-GO-PARKS.

Más consejos para estirar sus fondos de viaje

Haga que su dinero vaya más lejos la próxima vez que usted viaje con más pistas útiles.

- Use cupones locales. Búsquelos en periódicos, en las recepciones o con el conserje de hoteles, en centros de información turística, y en las páginas amarillas. El directorio es también una buena fuente de mapas.

- Compre regalos en supermercados y tiendas departamentales. Usted encontrará comida y ropa local, más económica y más auténtica en esos sitios que en tiendas de recuerdos.

- Compre su propia silla de playa si usted planea estar junto al mar más de dos días. Usted gastará menos que si usted renta una y simplemente la regala, o la descarta cuando se vaya.

- Lleve sus propios audífonos en el avión. Usualmente la música y la película son gratis, pero usted tiene que comprar o rentar los audífonos de la aerolínea a precios exagerados, para escuchar.

Servicios públicos

■ Electricidad y gas

Aíslese usted mismo del alto costo de la calefacción

Usted puede quejarse de las cuentas de electricidad, aceite y gas pero aceptarlas como un precio necesario para tener una casa cómoda. Aunque esto no tiene que ser de esa forma. Usted puede reducir sus cuentas de calentamiento y enfriamiento y al mismo tiempo hacer que su casa esté aún más cómoda que lo que está ahora. El secreto es el aislamiento.

El Departamento de Energía de los Estados Unidos (*U.S. Department of Energy*) dice que una gran parte de las casas en el país no tienen aislamiento como debería ser. Las casas más viejas son más probables en quedarse cortas, pero incluso las casas nuevas pueden beneficiarse. Dependiendo de cada situación en particular, añadir aislamiento ahorrará suficiente dinero con cuentas reducidas, para pagarse a sí mismo en unos pocos años.

Su desván debe ser su máxima prioridad en aislamiento. El nivel recomendado para la mayoría de los desvanes es aislar a *R-38* o cerca de 10 a 14 pulgadas de profundidad, dependiendo del tipo de aislamiento. Una forma rápida de decir si tiene suficiente es ver si las vigas del piso son visibles. Si usted puede verlas, probablemente necesita más aislamiento.

Usted también querrá llenar los vacíos encontrados alrededor de las partes integrantes de los sistemas de plomería, luces y eléctricos, en chimeneas y bajo los aleros. Sellar estas fugas ayuda a que el trabajo de aislamiento funcione mejor y también contribuya a su comodidad.

Después de encargarse del desván, trabaje en conseguir suficiente aislamiento bajo pisos que estén sobre espacios no calentados, y alrededor de paredes en los sótanos calentados; o espacios reducidos no ventilados. Asegúrese de que las paredes exteriores fueron aisladas al nivel recomendado cuando su casa fue construida. Si no es así, usted debe mejorar el nivel de aislamiento de la pared la próxima vez que remodele o retoque el exterior de su casa.

Use una vela para descubrir fugas de aire

Usted puede ahorrar hasta un 10% de su cuenta de calentamiento con sólo tapar las fugas de aire, alrededor de aberturas de ventanas, puertas, ductos, plomería y eléctricas. Averigüe por dónde se está yendo su aire caliente al sostener una vela encendida cerca de una fuga de aire sospechosa. El humo horizontal significa que hay una corriente de aire y es necesario aplicar masilla o molduras anti-intemperie. Un cambio del humo hacia el techo significa que nada está soplando hacia adentro, y que usted estará caliente y acogedor.

Programe su termostato para ahorrar

Un termostato programable es un pequeño dispositivo sorprendente que puede recortar sus cuentas de servicio de gas y electricidad, hasta por un 30%. Bajar la temperatura cuando usted está durmiendo o no está en casa usa menos energía y baja los costos de calentamiento y enfriamiento. Toma mucho menos energía calentar una casa que mantenerla caliente durante un periodo de tiempo.

Usted puede configurarlo para reducir la temperatura cerca de la hora de dormir en el invierno, y luego hacer que funcione el calentamiento justo antes de que la alarma se apague en la mañana. En el verano, deje que su casa se caliente durante el día, cuando nadie está en casa, y enfríela de nuevo cerca de media hora antes de que alguien regrese.

Los ahorros exactos dependerán de cuan calientes o frías sean las temperaturas en el exterior, la temperatura normal que usted fije dentro de la casa, y cuan largos sean los periodos de recuperación de temperatura.

Los termostatos programables promedian los $100, sin incluir su instalación. Cómprelos en ferreterías, tiendas de mejoramiento del hogar, o en tiendas de sistemas de calentamiento y aires acondicionados. Asegúrese de conseguir uno que funcione con su sistema particular de calentamiento y enfriamiento. Si usted no está seguro, pregunte al servicio de reparaciones.

Use estos nueve consejos ahorradores de dinero para que ayuden a recortar su cuenta de energía costosa, y ahorrar cerca de $500 cada año.

- ✓ Use menos luces eléctricas
- ✓ Compre bombillos compactos de luz fluorescente
- ✓ Reemplace electrodomésticos viejos chupadores de energía
- ✓ Busque la etiqueta *ENERGY STAR*
- ✓ Elija las lavadoras de carga frontal
- ✓ Instale un termostato programable
- ✓ Añada aislamiento
- ✓ Selle sus ventanas
- ✓ Cubra los aires acondicionados de ventanas

Las cubiertas de aires acondicionados detienen las corrientes de aire de invierno

No deje que su aire acondicionado de ventana siga enfriando su casa durante el invierno. Consiga una cobertura interior para evitar que las corrientes de aire frío, que salen de la unidad apagada, lo incomoden y hagan trabajar de más a su sistema de calentamiento. Una cubierta simple de tela, con una funda aislante bloqueadora de viento, y un rollo de cinta removible, cuestan menos de $15. Pídalos a un comerciante de sistemas de calentamiento y enfriamiento, o pida uno en *www.energyguide.com*.

Recorte sus cuentas de energía con la revisión de filtros

Usted podría estar sorprendido de qué tanto puede ahorrar al revisar los filtros en sus sistemas de calentamiento y aire acondicionado una vez al mes. Un calentador o aire acondicionado con un filtro obstruido debe trabajar más para impulsar el aire a través del filtro. Eso es dinero perdido. Así que revise sus filtros cada mes, incluso los de aires acondicionados de habitaciones, y reemplácelos tan seguido como sea necesario.

Busque descuentos en servicios

Algunos estados dan a los adultos mayores un respiro en sus cuentas de gas y electricidad. Los requisitos específicos dependen del estado y compañía de servicios. La mayoría de descuentos para adultos mayores también tienen un nivel de ingresos mínimo. En Georgia, por ejemplo, los consumidores mayores de 65 años, con un ingreso anual inferior a $12.000 (dólares), no tienen que pagar el cargo básico del servicio; $10.50 por gas, y $7 por electricidad. Algunos programas de ayuda para personas de bajos recursos tienen un descuento adicional para adultos mayores. Llame a su proveedor de servicios de gas y electricidad, o la comisión de servicios públicos estatal para averiguar.

Consiga ayuda con los costos de calefacción

Los programas federales están disponibles para ayudar a familias de bajos recursos con los costos de calentamiento y enfriamiento. El gobierno suministra dinero para esos programas, pero éstos son operados por estados individualmente y agencias locales.

Pague sus cuentas con un plan *PIPP*

Un Plan de Pagos con Porcentaje de Ingresos (*Percentage of Income Payment Plan*; *PIPP*, por sus siglas en inglés) es una forma de mantener sus cuentas de servicios. Con este plan, un porcentaje fijo de sus ingresos cubre su cuenta total de servicios de energía. Los planes *PIPP* están diseñados para ayudar a los propietarios de viviendas de bajos recursos; y, como *LIHEAP*, cada plan separado tiene sus propias reglas y requisitos.

Un plan típico requiere que usted pague el 15% de sus ingresos para cubrir sus cuentas de gas y electricidad. Si gana suficiente dinero y le es más barato pagar la cuenta de forma normal, entonces un plan *PIPP* no es para usted.

Como regla general, su ingreso debe caer por debajo del 150% de nivel de pobreza nacional, el cual es cerca de $19.000 para una familia de dos. Pero cada estado o agencia local fija sus propias reglas, así que revise sus requisitos.

- El Programa de Ayuda para la Energía del Hogar de Bajos Recursos (*Low-Income Home Energy Assistance Program; LIHEAP,* por sus siglas en inglés) provee dinero para pagar cuentas regulares de calentamiento y enfriamiento, y también ayuda con cortes y otras situaciones críticas de energía. Los requisitos y niveles de ayuda varían, pero ellos por lo general dan prioridad a hogares en donde la salud o seguridad de los adultos mayores, discapacitados o niños menores de seis años está en riesgo.

- El Programa de Ayuda del Departamento para la Optimización de la Energía de los Estados Unidos (*U.S. Department of Energy's Weatherization Assistance Program*) reduce las cuentas de servicios al hacer las casas más eficientes. Ellos hacen un análisis de su casa y el trabajo necesario para cortar sus cuentas de gas y electricidad. En promedio, la optimización ha reducido las cuentas de calentamiento en un 31%, y las cuentas de energía total en $274 por año.

Para solicitar alguno de estos programas, póngase en contacto con la agencia responsable de esos programas en su área. O revise con la oficina social o de recursos humanos del estado. Usted también puede llamar al proyecto de Referencias Nacionales para Ayuda en Energía (*National Energy Assistance Referral; NEAR,* por sus siglas en inglés) al 866-674-6327, o visite su sitio Web en *www.energynear.org*.

Menos luz ahorra energía

Los bombillos pueden usar mucha electricidad. Aquí hay algunas formas de evitar que quemen mucha energía.

- Apague las luces que no están siendo usadas. Con la tecnología de hoy, los bombillos no usan energía extra cuando son encendidos de nuevo.

- Reemplace los bombillos con más de 100 vatios con unos de 60 ó 75 vatios para reducir su cuenta de electricidad.

- Instale temporizadores, fotoeléctricas, o detectores de movimiento en lugar de dejar las luces encendidas todo el día, de forma que no llegue a casa en la oscuridad.

- Use luces dirigidas, como bajo los gabinetes de la cocina para iluminar el mostrador, para enfocar la luz en donde usted la necesita, en lugar de iluminar el cuarto entero. Use bombillos de tres vías, e interruptores atenuantes, para mantener la luz baja cuando la brillantez no sea necesaria.

- Abra sus persianas para dejar entrar la luz del día, y decore con colores brillantes que reflejen mejor la luz solar.

Los bombillos de larga duración son los ganadores

Un nuevo tipo de bombillo llamado Luz Fluorescente Compacta (*Compact Fluorescent Light; CFL*, por sus siglas en inglés) usa sólo una cuarta parte de la energía, dura diez veces más, y proporciona la misma cantidad de luz que los bombillos incandescentes.

El lado negativo es que esté bombillo cuesta más. Pero usted ahorra porque dura más y quema menos energía. Usted puede ver en esta tabla que ahorrará más de $20 en tres años; y el bombillo permanecerá otros tres años. Si las tarifas eléctricas se elevan, usted

	Incandescente	CFL
Vatios	100	23
Vida	750 horas	10.000 horas
Precio	$0.75	$11
Bombillos necesitados	6 para 3 años	1 para 6.8 años
Costo de bombillos	$4.50	$11
Costo de electricidad	$35.04	$8.06
Costo total en 3 años	$39.54	$19.06
Ahorro	$0	$20.48

ahorrará aún más. Usted también puede ayudar a cuidar los recursos naturales. Toma cerca de 500 libras de carbón para generar la electricidad ahorrada al usar un *CFL* de 20 vatios en lugar de usar un bombillo de 75 vatios.

Quizá lo más agradable de los *CFLs* es que esa nueva tecnología ha eliminado el zumbido y parpadeo detestables de los tubos fluorescentes viejos. Ellos vienen con una base de rosca, y los tubos están enrollados de forma que se ajusten a los espacios diseñados para bombillos incandescentes. Usted incluso puede comprar *CFLs* que pueden ser usados con interruptores atenuantes.

Ya que cuesta más hacer funcionar los bombillos que comprarlos usted no ahorrará al reemplazar bombillos en áreas donde se usan poco. Pero usted puede recortar su cuenta de energía en iluminación a la mitad si usted reemplaza un 25% de las luces en áreas de alto consumo con fluorescentes.

Incluso si usted tiene alguna lámpara de piso con bombillo halógeno, considere reemplazarla sin importar cuánto la use. Los bombillos halógenos no cuestan mucho, pero ellos usan de 300 a 500 vatios de electricidad, y puede liberar hasta 1.200 grados de calor. Éstas son realmente un riesgo de fuego, y pueden costarle el doble al hacer funcionar a su aire acondicionado más cuando están encendidas. Las lámparas de piso que usan bombillos *CFL* ahora están disponibles.

Cuando usted compre luces fluorescentes compactas, asegúrese de que tengan la etiqueta *ENERGY STAR* del gobierno. En el pasado, *CFLs* de cuestionable calidad han sido importados y vendidos en los Estados Unidos, y la gente ha estado insatisfecha con su desempeño.

Ahorre con electrodomésticos ahorradores de energía

Podría ser mejor comprar un electrodoméstico de cocina nuevo, incluso si no hay nada malo con el viejo. Todo tiene que ver con la eficiencia energética; qué tanto cuesta operar ese electrodoméstico. Usted puede pagar mucho más por la electricidad que un refrigerador o lavadora de platos usa durante su vida útil, que lo que usted pagaría al comprarlo nuevo en primer lugar.

Las leyes nacionales para la conservación de energía fijan estándares para la eficiencia de electrodomésticos, y el Departamento de Energía de los Estados Unidos (*U.S. Department of Energy*) los mantiene actualizados. Cada pocos años la tecnología mejora, el nivel se eleva y los fabricantes comienzan a producir equipo que funciona mejor, incluso con menos energía.

Por ejemplo, un refrigerador típico vendido en 1973 usaba más de 1.800 kilovatios de electricidad al año. El modelo típico de hoy usa menos de 500 kilovatios. Más aislamiento, sellos de puertas más apretados, bobinas de enfriamiento más grandes y mejores compresores y motores, hacen la diferencia.

Así que cuando compre un refrigerador, es probablemente mejor reciclar el viejo, en lugar de moverlo al garaje o sótano. Un refrigerador grande es generalmente más barato, al comprarlo y operarlo, que operar dos pequeños. Si usted quiere un refrigerador extra sólo para bebidas y bocadillos, pruebe un modelo compacto con eficiencia energética, en lugar de su refrigerador viejo chupador de energía.

Las lavadoras de platos eficientes, al igual que las lavadoras de ropa, usan menos agua caliente y ahorran la energía necesaria para calentarla. Virtualmente todas las lavadoras de platos, disponibles hoy, tienen elevadores de temperatura para llevar el agua a temperaturas más altas. Fije su calentador de agua a 120 grados, y usted ahorrará aún más dólares en calentamiento de agua.

Para conseguir información sobre cuáles modelos son los más eficientes energéticamente, vaya a los recursos del consumidor (*Consumer Resources*) del sitio Web del Consejo Norteamericano para una Economía Ahorradora de Energía (*American Council for an Energy-Efficient Economy*) en *www.aceee.org*, o llame al 202-429-0063 para pedir una de sus publicaciones.

Sea pagado por mejorar su hogar

Una caldera nueva ahorradora de energía le ahorrará suficiente en cuentas de energía como para pagarse así misma en unos pocos años. El problema es, la compañía de calderas quiere los $5.000 de la nueva unidad ahora, no en unos años.

Eso es por lo que el gobierno creó el préstamo de Hipoteca para el Ahorro de Energía (*Energy Efficient Mortgage*; *EEM*, por sus siglas en inglés) para cubrir los costos de los mejoramientos ahorradores de energía. Las Hipotecas para el Mejoramiento de la Energía (*Energy Improvement Mortgages*; *EIM*, por sus siglas en inglés) son para proyectos de remodelación y son un tipo de *EEM*.

El dinero de un *EEM* es agregado a su hipoteca regular. Sus mejoramientos deben recortar su cuenta de energía más que lo que el crédito suma a su pago mensual. Los tres beneficios principales de un *EEM* son:

- A usted se le permite ir por encima de los límites de crédito tradicionales.

- Usted no tiene que calificar para conseguir los recursos adicionales.

- Usted puede financiar el 100% de los mejoramientos.

Usted no tiene gastos por cuenta propia, e incluso aunque su hipoteca suba algo, su cuenta de energía baja. Así que es casi como ser pagado por mejorar su casa.

La oficina para la Administración de Vivienda Federal (*Federal Housing Administration*; *FHA*, por sus siglas en inglés) y el Departamento para Asuntos de Veteranos (*Department of Veterans Affairs*; *VA*, por sus siglas en inglés) aseguran los créditos. Usted puede conseguirlos con muchos prestamistas de hipotecas secundarios privados y algunas compañías de hipotecas privadas.

De igual forma, otros programas estatales ayudan a financiar mejoramientos energéticos. La Alianza para Ahorrar Energía (*Alliance to Save Energy*) tiene una base de datos de más de 60 fondos y programas en su sitio Web. Regístrese en *www.ase.org/section/topic/financingee* para conseguir más información.

Ahorre hasta $400 al año

ENERGY STAR es un programa del gobierno que puede ayudarle a ahorrar hasta $400 al año en costos de energía. Para conseguir esa etiqueta, un producto tiene que cumplir estrictas normas fijadas por la Agencia de Protección Medioambiental (*Environmental Protection Agency*; *EPA*, por sus siglas en inglés) y el Departamento de Energía de los Estados Unidos (*U.S. Department of Energy*).

La familia norteamericana promedio gasta alrededor de $1.300 por año en costos de energía; y la *EPA* estima que usted puede ahorrar cerca del 30% de eso al usar equipos ahorradores de energía. Si vive en algún sitio en donde el costo de energía es mayor, o hay clima más severo, usted podría ahorrar incluso mucho más. *ENERGY STAR* actualmente le ahorra a los negocios y consumidores más de ocho mil millones de dólares.

No es inusual que los productos *ENERGY STAR* funcionen un 20% mejor, y en algunos casos, hasta 75% mejor. El precio de compra probablemente será mayor, así que usted debe hacer unos cálculos de lo que será el costo total durante la vida útil del equipo. En algunos casos, se espera que el producto más eficiente dure más.

Busque una etiqueta amarilla grande llamada *EnergyGuide*, en electrodomésticos nuevos, para que le indiquen qué tanta energía va a usar ese producto, con respecto a otros modelos, junto con su costo de operación anual estimado.

El programa *ENERGY STAR* tiene estándares específicos para más de 40 categorías de productos, incluyendo ventanas, refrigeradores y equipos electrónicos. Un nuevo programa también existe para casas recientemente construidas, para que ganen la etiqueta *ENERGY STAR*. Consiga más información sobre *ENERGY STAR*, y cómo le puede ayudar a ahorrar dinero, al registrarse en *www.energystar.gov* o llamando al 888-STAR-YES (782-7937).

Disfrute ahorros dobles con *ENERGY STAR*

Compre un electrodoméstico *ENERGY STAR*, y podría disfrutar ahorros dobles. Junto con los costos de operación más bajos, algunas veces usted puede también conseguir reembolsos (o *rebates*) en ciertos electrodomésticos.

Las compañías de financiamiento privado también podrían ofrecer términos más largos, y mejores tasas de interés, para equipos *ENERGY STAR*, de calentamiento y enfriamiento, comparados con las condiciones para electrodomésticos estándar. Esté seguro y pida mejores términos si usted saca un préstamo.

Algunas veces las compañías de servicios públicos locales hacen devoluciones de dinero, cuando usted compra electrodomésticos *ENERGY STAR*. Estas devoluciones pueden ir desde $50 en una lavadora de platos o lavadora de ropa, pasando $100 en un refrigerador, hasta $300 o más en aires acondicionados o bombas de calor. Usted podría incluso conseguir crédito en sus cuentas cuando compra bombillos con calidad *ENERGY STAR*.

Un chequeo rápido de reembolsos (o *rebates*) está en el sitio Web *www.energystar.gov*. Haga clic en Ofertas Especiales (*Special Offers*) en la categoría *Products*. Los recursos para estos programas podrían estar limitados, así que pregunte a su compañía de servicios acerca de futuros reembolsos, si usted no puede encontrar actuales.

Elija una lavadora de primera categoría

¿No le gustaría tener una lavadora de ropa que use 40% menos agua, 50% menos energía y sea suave con su ropa? Pruebe una lavadora de ropa con eje horizontal, mejor conocidas como lavadoras de carga horizontal.

Estas lavadoras, comunes en lavanderías comerciales y en Europa, sólo han comenzado a aparecer recientemente en las casas norteamericanas. Si usted está listo para una nueva máquina, es lo mejor por conseguir.

Las de carga frontal le dan vueltas a la ropa en una pequeña cantidad de agua. Éstas usan menos agua; esto es especialmente importante a causa de la energía que toma para calentar el agua, y además no tienen que trabajar tan duro mientras están lavando. El ciclo de giro saca más agua de la ropa, de forma que su secadora también usa menos energía. Los ahorros sólo comienzan a acumularse, porque usted también usa menos jabón y su ropa dura más.

Una lavadora típica de carga superior usa cerca de 40 galones de agua por carga. Una lavadora de eje horizontal, de tamaño completo, usa entre 20 y 25 galones. Si usted lava en promedio una carga por día, eso es un ahorro de algo así como 7.000 galones de agua caliente al año. Ya que las de carga frontal son usualmente los modelos más nuevos, usted puede esperar que también tengan la última tecnología.

Si usted no necesita una lavadora de ropa nueva, o no quiere pagar el precio más alto por una de carga horizontal, aquí hay algunas otras formas con las que usted puede tener un lavado de ropa ahorrador de energía.

- Use agua tibia o fría

- Espere hasta tener una carga completa, en lugar de lavar cargas pequeñas.

- Use ciclos de lavado más cortos para ropa ligeramente sucia.

Conecte sus aparatos tarde para reducir su cuenta eléctrica

Revise con su compañía eléctrica para ver si usted puede recibir crédito por conectar sus aparatos tarde en el día. Muchas compañías de servicios tienen ahora programas de precios especiales por uso fuera de pico o por tiempo de uso.

Algunos de esos programas ofrecen descuentos importantes en electricidad usada cuando la demanda es baja; de tres a cinco centavos por kilovatio-hora, en lugar de 12 a 15 centavos por kilovatio-hora

La energía fuera del pico resuelve problemas

Una planta de energía sólo puede generar cierta cantidad de electricidad. Cuando los consumidores tratan de usar más que esa, experimentan apagones. Entonces, la compañía eléctrica tiene que comprar energía en algún otro sitio, o construir una nueva planta para mantenerse funcionando. Cuando esas demandas de carga pico pueden ser trasladadas a momentos fuera de pico, se resuelven varios problemas: la energía permanece funcionando; la electricidad que de otra forma se desperdiciaría, es usada; y la necesidad de una nueva construcción costosa es aplazada un poco más.

por uso en hora pico. Otros pagan extra si usted acepta apagar ciertos electrodomésticos durante las horas pico.

Si su compañía eléctrica tiene un programa, usted podría tener que registrarse en él y obtener equipos especiales para participar. Las horas y temporadas pico, cuando las tarifas especiales están en efecto, varían dependiendo del clima de su estado.

Algunos ejemplos de estos programas incluyen:

- Una compañía en Minnesota le permite conectar calentadores de agua, ciertos aparatos eléctricos de calentar, bombas de piscinas, *spas* y aire acondicionados, a una línea de energía interrumpible, a cambio de tarifas bajas de horarios fuera de pico.

- Los planes de "Tiempo de Uso" en Arizona y Alabama cobran tarifas más altas durante la tarde, y tarifas menores en la noche. Un medidor especial registra qué tanta energía usted usa durante las horas pico y no pico.

- *Georgia Power* le pagará por instalar un interruptor controlado por radio, en su aire acondicionado. Cuando los días calientes de verano aumentan la carga demandada, ellos activan el interruptor, el cual limita el tiempo que su aire acondicionado funciona por vez. También le pagan cada vez que ellos activan el interruptor.

Entienda por lo que usted paga

Si ha sido un cliente por un tiempo, usted probablemente ha visto el término "CCF" en su cuenta de gas natural. Pero muchas compañías, en lugar de eso, ahora cobran por "*therms*".

Su medidor de gas registra el volumen de gas que usa, medido en pies cúbicos. Un *CFF* son 100 pies cúbicos. Un *therm*, sin embargo, es una cantidad de energía aproximadamente igual a un *CFF*. El contenido de energía del gas natural varía ligeramente, así que su compañía de gas convierte los *CFFs* a *therms*. Usted paga por la energía que recibe, en lugar de pagar por la cantidad de gas.

Controle el precio del gas natural

Usted puede controlar el precio que paga por el gas natural si vive en un estado que haya dejado de regularizar los precios.

Bajo la no regularización de precios, usted puede elegir entre varias compañías de comercialización en lugar de elegir un proveedor regulado. La mayoría de estas compañías entonces ofrecen diferentes planes de precios. Por ejemplo, los recientes precios de gas en Ohio van desde una tarifa variable, de 91.5 centavos por cada cien pies cúbicos, hasta una tasa fija anual de $1.08.

Una vez que investigue sobre los diferentes planes, usted puede decidir a cuál compañía y cuál plan de precios elegir a largo plazo.

Plan de acción inteligente para lograr ahorros

Una auditoría de energía en el hogar es como un plan de acción para ayudarle a ahorrar dinero. Éste le muestra mejoramientos para su hogar que recortarán cientos de dólares de los costos, de calentamiento y aire acondicionado, cada año. El costo de una sesión varía de $300 a $500, pero usted recibe ese dinero de regreso después de tan sólo un año o dos.

Su compañía eléctrica y de gas puede realizar auditorías de energía en el hogar por una tarifa baja. Si su precio no es aceptable, pídale nombres de compañías locales que realicen el servicio. O busque auditores en el directorio telefónico, en la sección Energía (*Energy*) de las páginas amarillas. La oficina de energía local puede también recomendar auditores en su área.

Cuando el auditor llegue, tenga una lista de cualquier problema y copias de cuentas de energía anuales pasadas. El auditor caminará a través de la casa buscando fugas de aire y problemas de aislamiento. Él puede usar una cámara infrarroja, un termómetro superficial y una puerta sopladora, la cual es como un ventilador gigante. El proceso generalmente toma de cuatro a ocho horas.

El auditor también podría examinar sus equipos de calentamiento y enfriamiento. Si ha tenido la unidad por más de 15 años, usted podría necesitar reemplazarlo. Él podría también darle sugerencias en iluminación ahorradora de energía.

Manténgase fresco con el tamaño de aire acondicionado adecuado para su cuarto

Evite cuentas altísimas de energía y cuartos que se sienten como el Valle de la Muerte (*Death Valley*). Antes de comprar su siguiente unidad de aire acondicionado para cuartos, calcule cuanta intensidad de enfriamiento su próximo aire acondicionado necesita; de forma que tanto usted como su billetera, se sientan mejor este verano.

La cantidad correcta de intensidad de enfriamiento para su unidad será medida en Unidades Térmicas Británicas (*British Thermal Units*; *BTU*, por sus siglas en inglés) por hora. Para calcular qué tanta intensidad necesita su cuarto, mida la longitud y el ancho de su cuarto. Luego multiplíquelas para calcular el área en pies cuadrados. Por ejemplo, un cuarto de 10 x 9 pies, medirá 90 pies cuadrados.

Área en pies cuadrados	BTUs por hora
100-150	5.000
150-250	6.000
250-350	7.000
350-400	9.000
400-450	10.000
450-550	12.000

Usted podría necesitar ajustar esta cifra un poco dependiendo de cuánto usted usa el cuarto y cuanto le llega el sol.

■ Si el cuarto está muy asoleado, usted necesitará cerca de 10% más de enfriamiento.

- Si el cuarto es una cocina, agregue al menos otros 4.000 *BTUs* a su total.

Para una estimación aún más precisa, visite *Energy Guide* en *www.energyguide.com*, y haga clic en el enlace *Room AC Calculator*.

■ Plomería

Once consejos fáciles para recortar las cuentas de agua

Ahorrar agua significa ahorrar dinero, y estas ideas pueden ayudarle a hacer ambas cosas.

- Tome duchas cortas en lugar de baños de tina, de forma que no tenga que llenar completamente la tina con agua.

- Guarde el agua fría con un balde mientras usted espera el agua caliente, luego úsela con mascotas, plantas o para cocinar.

- Compre una regadera con un interruptor encendido/apagado de forma que pueda detener el agua mientras usted usa el shampoo y el jabón. Este pequeño dispositivo controlará la cantidad de agua que usted use.

- Raspe los platos en lugar de enjuagarlos antes de ponerlos en la lavadora de platos.

- Haga funcionar su lavadora de platos sólo cuando tenga una carga completa. Lo mismo se aplica con la lavadora de ropa.

- Ponga una boquilla de rociado en su manguera cuando riegue sus plantas o lave su carro.

- Riegue su prado durante la parte más fría del día, temprano en la mañana.

- Apunte sus rociadores de forma que rieguen el pasto, no los andenes, calles o pasillos.

- Use mangueras de remojo o un sistema de irrigación por goteo para enviar el agua de las bajantes y drenajes a las plantas y árboles, o recoja el agua en un barril y riegue las plantas luego.

- Barra el garaje, accesos o pasillos con una escoba, en lugar de remover las hojas y ramas con una manguera de agua a presión.

- Arregle cualquier fuga que encuentre en excusados, lavamanos, tuberías y mangueras. Un excusado con fugas puede desperdiciar más de 40 galones de agua al día.

Reduzca el flujo

¿Quiere bajar su cuenta de agua caliente $150 al año? Ponga reductores de flujo en todos sus grifos y regaderas.

Las regaderas de bajo flujo reducen la cantidad de agua que sale a través de las tuberías. Usted ni siquiera notará la diferencia hasta que llega su cuenta de agua. Una familia de cuatro ahorra casi 15.000 galones de agua al año al usar reductores de flujo, y recorta en un 25% a 35% su cuenta de calentamiento de agua cada mes. Usted puede comprar estos dispositivos en cualquier ferretería, y éstos son fáciles de instalar.

Configure su calentador para ahorrar dinero

Ahorre 30% de su cuenta de calentamiento al configurar su calentador de agua con un temporizador. La mayoría de calentadores funcionan continuamente para mantener el agua caliente todo el día. Un temporizador lo enciende y apaga a las horas que usted elija, así éste funciona sólo parte del día. Usted usará mucha menos energía y recogerá pequeñas cuentas en retorno.

Considere configurar el calentador para funcionar en la noche, de forma que usted tenga toda el agua caliente que necesita a la mañana siguiente. O configúrelo para apagarse en la noche y encenderse en la mañana, cerca de una hora antes de que se vaya a duchar.

Mantenga el calor para recortas los costos

Su agua caliente hace más que darle agua caliente. Ésta también libera calor al aire que la rodea. Usted paga por ese calor junto con toda el agua caliente que consigue.

Envuelva el calentador con una manta de aislamiento para atrapar el calor, y usted ahorrará más de $20 al año en su cuenta de calentamiento. Las ferreterías y tiendas de mejoramiento del hogar, como *Home Depot* y *Lowe's* venden esas mantas por menos de $20, así que se pagan solas en menos de un año.

Las calificaciones de energía significan ahorros mayores

La próxima vez que compre un calentador de agua, consiga uno que cueste menos para su operación.

- Primero, decida si usted quiere un calentador de gas o uno eléctrico. Las unidades de gas son más baratas para operar en la mayoría de los sitios, así que tenga en cuenta esto en su decisión.

- Luego, busque el modelo con la más alta calificación del Factor de Energía (*Energy Factor; EF*, por sus siglas en inglés). Éste mide cuan eficientemente el calentador de agua funciona. Mientras más alto sea el número, es mejor. Una unidad perfecta que no pierde energía tendría un *EF* de 1.0. La mayoría de los calentadores logran entre 0.60 y 0.70.

Mientras más eficiente, más ahorrará durante la vida útil de la unidad; incluso si ésta cuesta más en la instalación inicial.

Aquí hay un ejemplo. Un calentador de agua con un *EF* igual a 0.90 cuesta un poco más que uno con *EF* de 0.80. Sin embargo, usted gastará alrededor de $390 al año para hacer funcionar el calentador con el *EF* de 0.80, comparado con los $351 para el de *EF* de 0.90. Después de 30 años, el calentador que le costó más le habrá ahorrado $1.170.

Visión

Cómo conseguir cuidado visual gratis

Usted no va a creerle a sus ojos. Usted puede conseguir un examen visual gratis al año así como cuidado de los ojos, incluso para condiciones serias como cataratas o glaucoma. Desde 1986, el Proyecto Nacional para el Cuidado de los Ojos (*National Eye Care Project*; *NECP*, por sus siglas en inglés) ha conectado a más de medio millón de adultos mayores con el cuidado de ojos gratuito de oftalmólogos voluntarios en el programa. Usted califica si usted:

- es un ciudadano de los Estados Unidos o residente legal.

- tiene al menos 65 años de edad.

- no ha visitado un oftalmólogo en los últimos tres años.

- no pertenece a un plan *HMO* o a un plan de cuidado de la visión de veteranos.

Una llamada telefónica pone a funcionar el asunto. Llame a la línea gratuita de ayuda al 800-222-3937 para conseguir el nombre y número telefónico de un oftalmólogo cerca de usted. Luego llame a la oficina del doctor para hacer una cita. Usted va a recibir un examen de ojos gratuito, y el oftalmólogo tratará cualquier condición que él diagnostique, sin costo para usted.

Si usted necesita múltiples tratamientos, *NECP* los cubrirá hasta por un año. El doctor aceptará *Medicare*, o cualquier otro seguro que usted tenga, como pago completo sin requerir nada más de más de usted. ¿No tiene seguro? Entonces, el cuidado de sus ojos es gratis.

Pesque descuentos grandes en gafas

Usted nunca pagará un precio completo de nuevo. Sólo compre su próximo par de gafas a través de los Servicios de Salud Visual de *AARP* (*AARP Eye Health Services*), un beneficio de la membresía *AARP*. Los miembros consiguen hasta un 55% en marcos y lentes, incluyendo opciones especiales como recubrimientos a prueba de rayones. Todo lo que usted tiene que hacer es mostrar su tarjeta *AARP* en una tienda óptica participante en *Sears, Target, JC Penney, Pearle Vision*; o con uno de los miles de optometristas independientes. Vaya al sitio Web de las Opciones en Cuidado de la Salud de *AARP* (*AARP's Health Care Options*) en *www.aarphealthcare.com* para encontrar un proveedor participante, o llame a la línea gratuita 888-352-3924.

La gente que compra el seguro suplementario de *AARP* obtiene un descuento ligeramente mayor en gafas estándar, más un certificado de descuento para un miembro de su familia o amigo para un par de gafas. Aprenda más al llamar al mismo número gratuito.

Usted podría tener ofertas de otras membresías para el cuidado visual sin saberlo. Póngase en contacto con las organizaciones a las que pertenece para preguntar acerca de los beneficios de la membresía.

Las nuevas leyes le ahorran dinero

El gobierno federal recientemente pasó una ley que obliga a los optometristas a dar una copia de la prescripción, para lentes de contacto y gafas, a los pacientes, incluso si el paciente no la pide. Antes, sólo unos estados requerían esto. Si el suyo no lo requería, entonces usted pudo haber tenido que comprar sus gafas en la oficina de su optometrista, algunas veces a precios considerables.

Gracias a la nueva ley, usted tiene el derecho a comparar precios, así como el momento para hacerlo. La ley hace su prescripción válida hasta por un año. Usted puede abastecerla en cualquier lugar de su elección, sea en un club de descuentos, proveedor por correo, la Internet, o la oficina de su optometrista. La elección es suya, y puede ahorrarle un fajo de billetes.

Ayuda para personas trabajadoras de bajos ingresos

Cerca de 40 millones de personas trabajadoras no pueden pagar su cuidado visual o seguro de salud; pero ya que ellos trabajan a menudo no son elegibles para ayuda del gobierno o privada.

Vision USA se dedica a ayudar a estas familias y sus niños. Este programa anual, a nivel nacional, patrocinado por la Asociación Norteamericana de Optometristas (*American Optometric Association*) provee cuidado básico de visión para trabajadores sin seguro y de bajos recursos, y sus familias. Hasta ahora, 340 mil personas han conseguido exámenes de ojos gratuitos. Los requisitos varían en cada estado, pero generalmente usted debe:

- tiene un trabajo o vive con alguien que trabaja.

- no tener seguro de visión.

- no haber tenido un examen de ojos en los últimos dos años

- ganar menos que cierta cantidad, con base en el número de miembros de su familia.

Usted puede aplicar al llamar al 800-766-4466, de lunes a viernes, de 7 a.m. a 9 p.m. Tiempo del Centro (*Central Standard Time*), o enviar una aplicación por escrito a la siguiente dirección.

Contacto: Vision USA
243 North Lindbergh Blvd.
St. Louis, MO 63141

Si califica, usted será referido a un optometrista local para un examen de ojos gratuito. En algunos estados, usted podría incluso irse con gafas gratis o de bajo costo.

Reciba el regalo de la vista de sus amigos

El programa Regalo de la Vista (*Gift of Sight*) regaló cerca de cien mil pares de gafas nuevas, en el año 2004, a gente que las necesitó pero no pudo pagarlas.

Para averiguar si usted califica, póngase en contacto con su centro para adultos mayores local, Club de Leones, agencia de *United Way*, iglesia u otra organización comunitaria; y dígales que usted quiere ayuda a través del programa *Gift of Sight*. Ellos pueden darle un vale o una referencia, y enviarlo a un optometrista participante, tal como una tienda *LensCrafters* local.

Cada grupo tiene sus propios requisitos de elegibilidad financiera, que usted debe cumplir para conseguir sus gafas gratis. ¿Perplejo por no saber a cual organización preguntar? Cada sucursal de *LensCrafters* tiene un capitán de una tienda *Gift of Sight* que trabaja con esos grupos comunitarios. Llame a una tienda *LensCrafters* cercana, pregunte al capitán, y hable con él acerca de las organizaciones para las cuales él trabaja. Luego póngase en contacto con esos grupos para conseguir gafas a través del programa.

Gift of Sight también tiene un programa *OutReach*, en donde los optometristas visitan casas de cuidado y hospitales, ajustando o arreglando las gafas de la gente gratuitamente. Los oftalmólogos también pueden ayudar a los residentes a conseguir gafas nuevas a través de *Gift of Sight*. Hable con la casa de cuidado, u administradores del hospital, acerca de tomar parte.

Cirugía de cataratas sin costo para usted

La cirugía de cataratas es costosa, y la mayoría de las personas sin seguro no pueden pagarla. Entre al *Mission Cataract USA*, un programa único que conecta a la gente necesitada con cirujanos que donan su tiempo para realizar cirugías de cataratas.

Este programa comenzó hace 14 años cuando un médico de California decidió dar algo a cambio a su comunidad. Desde entonces, éste ha crecido a un programa nacional proveyendo más de 10 mil cirugías de cataratas gratuitas.

Para ser elegible, usted no debe estar asegurado ni tener *Medicare* o *Medicaid*, y tener cataratas operables. Llame a la línea gratuita de *Mission Cataract USA* al 800-343-7265 y deje un mensaje con su nombre, dirección y número telefónico. Un voluntario le regresará la llamada tan pronto como sea posible y ayudará a programar un examen ocular gratuito. Si usted tiene cataratas, el voluntario le dirá a cuál cirujano llamar para programar su cirugía. La mayoría de las cirugías toman lugar en mayo, pero las fechas varían por estado.

Desafortunadamente, no todos los estados cuentan con un cirujano participante. *Mission Cataract USA* encontrará uno lo más cerca posible de su casa, aunque usted podría tener que viajar fuera del estado para la operación. Si es así, usted tendrá que pagar sus gastos de viaje; pero es un trato insuperable por tener remoción de cataratas gratis.

Escape a la amenaza del glaucoma

Más de tres millones de personas tienen glaucoma. Incluso, la mitad de ellos no lo saben porque la enfermedad a menudo no muestra señales de advertencia. Quizá esa es la razón por la cual es una de las causas líderes de ceguera en los Estados Unidos.

Ahora usted tiene más de una forma de protegerse a sí mismo. A través del programa *Glaucoma EyeCare*, usted puede lograr un examen de detección de glaucoma gratuito y tratamiento inicial. La gente que califica:

- es ciudadana de los Estados Unidos o residentes legales.

- no ha tenido un examen de ojos en al menos 12 meses.

- tiene riesgo potencial de glaucoma a causa de la edad, raza o historia familiar.

- no tiene un plan *HMO* o cobertura de visión para veteranos.

Llame a la línea gratuita 800-391-3937 para averiguar si usted es elegible, y para conseguir una referencia para el tratamiento. Si tiene seguro, usted es responsable de su copago. Si no tiene, su examen y tratamiento son gratis.

Protéjase usted mismo de la ceguera

La gente que tiene diabetes es 25 veces más propensa a quedar ciega que otras personas. De hecho, la diabetes es la causa líder de ceguera en adultos. Pero hay buenas noticias. La ceguera por diabetes es prevenible cuando la enfermedad del ojo es detectada a tiempo. Desafortunadamente, mucha gente evita los exámenes de ojos porque no pueden pagarlos. Ahora hay ayuda.

EyeCare America patrocina un Programa de Cuidado Visual para la Diabetes (*Diabetes EyeCare Program*) para ayudar a la gente con diabetes a conseguir exámenes oculares y tratamientos asequibles. Si califica, usted conseguirá un examen de ojos y tratamiento durante un año sin costo. Podría ser elegible si usted:

- tiene diabetes.

- tiene al menos 65 años de edad.

- no tiene un plan *HMO* o cobertura de visión de veteranos.

- no ha visto un oftalmólogo en tres o más años.

- es un ciudadano de los Estados Unidos o residente legal.

Llame al 800-272-3937 para averiguar si usted califica. Si es así, usted conseguirá una referencia para un oftalmólogo participante. Cada médico aceptará su *Medicare* u otro seguro como pago total por su visita, sin gastos adicionales para usted.

Cinco formas de ahorrar en lentes de contacto

Sus opciones crecen cada día, cuando usted busca buenas ofertas en lentes de contacto. Usted puede comprarlos directamente de su médico de ojos, comprarlos en línea, pedirlos por teléfono o incluso recogerlos en su tienda de descuento favorita. Para encontrar el mejor precio, compare sus opciones de compra. Aquí hay algunos consejos para comenzar.

- Pregunte en la oficina de su doctor de ojos acerca de sus precios cuando usted necesite lentes de contacto. Ellos pueden ofrecer tarifas competitivas, particularmente si usted compra en cantidad o agrupa sus servicios; por ejemplo, exámenes de ojos, lentes de contacto y productos para el cuidado de los ojos.

- Visite o llame a *Target, BJ's* y *Wal-mart*. Sus gafas podrían costar menos que en la mayoría de sus competidores. Además, usted tiene servicio persona a persona en lugar de tratar con un operador telefónico o sitio Web sin rostro.

- Decida qué tan rápido los necesita. Algunos vendedores en línea o por correo pueden ofrecer mejores descuentos; pero ellos también podrían demorar en enviarle sus lentes porque tienen menos en inventario. ¿Los necesita rápido, o está dispuesto a esperar y conseguir una mejor oferta?

- Averigüe sobre los comerciantes a los que nunca les ha comprado, en la Agencia para Negocios Mejores (*Better Business Bureau; BBB*, por sus siglas en inglés) antes de comprarles. Llame a su oficina *BBB* local, o visítelos en línea en *www.bbbonline.org*.

- Pregunte acerca de las políticas de devolución. Usted querría poder regresar cajas no abiertas de lentes de contacto si usted pidió en cantidad. Esto es importante si su prescripción cambia, o usted tiene un problema con los lentes.

Guía rápida para la cirugía *LASIK*

La cirugía de ojos *LASIK* es el tipo más común de cirugía reconstructiva, la cual reduce o elimina la necesidad de lentes de contacto o gafas. Aquí hay unos pocos consejos por considerar para ayudarle a decidir si ésta es adecuada para usted.

Primero, entienda el procedimiento. Después de adormecer sus ojos con unas gotas especiales, el cirujano corta una pequeña cubierta en la capa exterior de su ojo. Luego, usando un láser, él remueve algunos tejidos de debajo de la capa, y coloca la capa de nuevo en su sitio. Después de varias horas, su visión debería mejorar drásticamente, pero no hay garantía. Usted podría aún que tener que usar gafas.

El procedimiento cuesta alrededor de cuatro a seis mil dólares por ambos ojos; y los seguros usualmente no cubren el costo. Si usted decide que vale la pena, compare buscando un médico que ofrezca un buen precio, pero no sacrifique la pericia para ahorrar dinero. Sólo deje que un experto realice esta cirugía en sus ojos.

Algunas personas son buenas candidatas a la cirugía *LASIK*, mientras otras no lo son. Si usted tiene más de 65 años, por ejemplo, *LASIK* podría no ser la mejor opción. Averigüe si usted es un buen candidato al visitar *www.allaboutvision.com* y recibir su prueba de detección *LASIK* gratuita. Luego programe una cita con su médico de ojos para tener más información.

Hágalo más fácil que sus hijos vean la luz

Sight for Students, un plan de caridad *VSP*, provee a más de 50 mil niños con necesidad, exámenes de ojos y gafas, cada año. Si usted está criando un niño y no puede pagar el cuidado de los ojos, este plan podría también ayudarle.

El ingreso es el mejor calificador. El ingreso anual de la familia no puede ser mayor al 200% del nivel federal de pobreza. En general, eso significa no más de $24.980 (dólares) para una familia de dos, $31.340 para una familia de tres, $37.700 para una familia de cuatro, y así sucesivamente. Adicionalmente, el niño:

- no puede tener más de 18 años.

- debe estar aún estudiando.

- debe tener número de Seguro Social, o tener un pariente que tiene uno.

- debe ser un ciudadano de los Estados Unidos o ser inmigrante legal, o tener un pariente que lo sea.

- no puede tener *Medicare* u otro seguro de visión.

Socios de comunidades locales, tales como el *YMCA* y los clubes de chicos y chicas (*Boys and Girls clubs*), ayudan a hacer funcionar *Sight for Students*. El pariente o guardián aplica a través de ellos, y recibe un certificado de regalo para el niño, ya sea para un examen gratuito de ojos o gafas.

Para encontrar un socio comunitario, en donde usted vive, llame a la línea gratuita al 888-290-4964. Asegúrese de pedir una lista de médicos participantes cuando usted consiga el certificado de regalo para su hijo. Usted tendrá que programar la cita usted mismo.

Índice

J

Jardinería
  pedido por correo y, 257–258
  perennes, 258
  riego, 259–160
  siembra de otoño, 258–259
Jardinería ornamental, 256–257
  composta, 257
  riego, 259–260
Juguetes, 329–330
  bibliotecas y, 330
  reemplazo de partes, 330–331

L

LASIK, cirugía, 368–369
Lavadoras, 354–355
Lavado en seco, 111–112
Lentes de contacto, 367–368
Libros
  clubes, 97–98, 99
  coleccionistas, 99–100
  en línea, 98–99
Limones, ley de los carros, 34–35
Línea de Crédito con Garantía
  Hipotecaria de Vivienda (H*ome
  Equity Line of Credit*; *HELOC*, por su
  acrónimo en inglés), 86, 90
Llantas, 326–327
  usadas, 327–328
Loza, 101–102

M

Mantillo, 257
Manuales para electrodomésticos, 20
Mascotas, suministros para,
  197–198
MatureRx, 304
Medicamentos. *Vea* Medicinas de
  prescripción
Medicare, 270–272

Medicinas de prescripción, 299, 305
  compradas en Canadá, 305–308
  clubes, 304–305
  deducción de impuestos, 308
  división de pastillas, 297–298
  farmacias por correo, 298–299
  farmacias en la Internet, 302–303,
    305–308
  genéricas, 300–301
  muestras gratis, 301
  programas, 308–309
  programas de ayuda privada,
    311–314
  tarjetas de medicamentos de des-
    cuento, 309–311
Mejoramientos del hogar. *Vea*
  Remodelaciones
Mercado de las pulgas, 114–116
  muebles, 181
Minerales. *Vea* Suplementos
Muebles, 162–163, 166–167,
  171–173
  anuncios para, 173–175
  de casas modelo, 182–183
  colchones de, 177–178
  de cuero, 167–168
  enchapados, 165–166
  de madera, 163–165
  en mercado de las pulgas, 181
  para oficina, 232–234
  renta a compra, 178–179
  retocados, 176–177
  sin acabado, 175
  subastas de, 180, 232–234
  tapizados, 176
  de tiendas de descuento, 168–171
  usados, 179–180
  en ventas de garaje, 181–182
Museos, 153
Música
  bibliotecas y, 283
  CDs usados, 280–281
  clubes de membresía, 277–278
  comprando *CDs* en línea, 276–277
  compras al detalle, 280

T